U0115908

嚴復評傳

總　序

　　中華學術，源遠流長。春秋戰國時期，諸子並起，百家爭鳴，呈現了學術思想的高度繁榮。兩漢時代，經學成為正統；魏晉之世，玄學稱盛；隋唐時代，儒釋道三教並尊；到宋代而理學興起；迨及清世，樸學蔚為主流。各個時代的學術各有特色。綜觀周秦以來至於近代，可以說有三次思想活躍的時期。第一次為春秋戰國時期，諸子競勝。第二次為北宋時代，張程關洛之學、荊公新學、蘇氏蜀學，同時並興，理論思維達到新的高度。第三次為近代時期，晚清以來，中國遭受列強的凌侵，出現了空前的民族危機，於是志士仁人、英才俊傑莫不殫精積思，探索救亡之道，各自立說，期於救國，形成中國學術思想史上的第三次眾說競勝的高潮。

　　試觀中國近代的學風，有一顯著的傾向，即融會中西。近代以來，西學東漸，對於中國學人影響漸深。深識之士，莫不資西學以立論。初期或止於淺嘗，漸進乃達於深解。同時這些學者又具有深厚的舊學根柢，有較高的鑑別能力，故能在傳統學術的基礎之上汲取西方的智慧，從而達到較高的成就。

　　試以梁任公（啟超）、章太炎（炳麟）、王靜安（國維）、陳寅恪四家為例，說明中國近代學術融會中西的學風。梁任公先生嘗評論自

己的學術云：「康有為、梁啟超、譚嗣同輩……欲以構成一種不中不西即中即西之新學派……蓋固有之舊思想既根深蒂固，而外來之新思想又來源淺觳，汲而易竭，其支絀滅裂，固宜然矣。」（《清代學術概論》）所謂「不中不西即中即西」正表現了融合中西的傾向，不過梁氏對西學的瞭解不夠深切而已。梁氏自稱「適成為清代思想史之結束人物」，這未免過謙，事實上梁氏是近代中國的一個重要的啟蒙思想家，誠如他自己所說「為《新民叢報》、《新小說》等諸雜誌……二十年來學子之思想頗蒙其影響……其文條理明晰，筆鋒常帶感情，對於讀者別有一種魔力焉」。梁氏雖未能提出自己的學說體系，但其影響是深巨的。他的許多學術史著作今日讀之仍能受益。

　　章太炎先生在《菿漢微言》中自述思想遷變之跡說：「少時治經，謹守樸學……及囚系上海，三歲不覿，專修慈氏世親之書……乃達大乘深趣……既出獄，東走日本，盡瘁光復之業，鞅掌餘間，旁覽彼土所譯希臘德意志哲人之書……凡古近政俗之消息、社會都野之情狀，華梵聖哲之義諦、東西學人之所說……操齊物以解紛，明天倪以為量，割制大理，莫不孫順。」這是講他兼明華梵以及西哲之說。有清一代，漢宋之學爭論不休，章氏加以評論云：「世故有疏通知遠、

好為玄談者，亦有言理密察、實事求是者，及夫主靜主敬、皆足澄心……苟外能利物，內以遣憂，亦各從其志爾！漢宋爭執，焉用調人？喻以四民各勤其業，瑕釁何為而不息乎？」這是表示，章氏之學已超越了漢學和宋學了。太炎更自讚云：「自揣平生學術，始則轉俗成真，終乃回真向俗……秦漢以來，依違於彼是之間，侷促於一曲之內，蓋未嘗睹是也。乃若昔人所謂專志精微，反致陸沉；窮研訓詁，遂成無用者，余雖無腆，固足以雪斯恥。」太炎自負甚高，梁任公引此曾加評論云：「其所自述，殆非溢美。」章氏博通華梵及西哲之書，可謂超越前哲，但在哲學上建樹亦不甚高，晚歲又回到樸學的道路上了。

王靜安先生早年研習西方哲學美學，深造有得，用西方美學的觀點考察中國文學，獨闢蹊徑，達到空前的成就。中年以後，專治經史，對於殷墟甲骨研究深細，發明了「二重證據法」，以出土文物與古代史傳相互參證，達到了精確的論斷，澄清了殷周史的許多問題。靜安雖以遺老自居，但治學方法卻完全是近代的科學方法，因而取得卓越的學術成就，受到學術界的廣泛稱讚。

陳寅恪先生博通多國的語言文字，以外文資料與中土舊籍相參

證，多所創獲。陳氏對於思想史更有深切的睿見，他在對於馮友蘭《中國哲學史》的《審查報告》中論儒佛思想云：「佛教學說，能於吾國思想史上發生重大久遠之影響者，皆經國人吸收改造之過程。其忠實輸入不改本來面目者，若玄奘唯識之學，雖震動一時之人心，而卒歸於消沉歇絕……在吾國思想史上……其真能於思想上自成系統，有所創獲者，必須一方面吸收輸入外來之學說，一方面不忘本來民族之地位。」這實在是精闢之論，發人深思。陳氏自稱「平生為不古不今之學，思想囿於咸豐同治之世，議論近乎曾湘鄉張南皮之間」，但是他的學術成就確實達到了時代的高度。

此外，如胡適之在文化問題上傾向於「全盤西化論」，而在整理國故方面作出了多方面的貢獻。馮友蘭先生既對於中國哲學史進行了系統的闡述，又於40年代所著《貞元六書》中提出了自己的融會中西的哲學體系，晚年努力學習馬克思主義，表現了熱愛真理的哲人風度。

胡適之欣賞龔定庵的詩句：「但開風氣不為師。」熊十力先生則以師道自居。熊氏戞戞獨造，自成一家之言，讚揚辯證法，但不肯接受唯物論。馮友蘭早年擬接續程朱之說，晚歲歸依馬克思主義唯物

論。這些大師都表現了各自的特點。這正是學術繁榮，思想活躍的表現。

　　百花洲文藝出版社有鑒於中國近現代國學大師輩出，群星燦爛，構成中國思想史上第三次思想活躍的時代，決定編印《國學大師叢書》，以表現近代中西文明衝撞交融的繁盛景況，以表現一代人有一代人之學術的豐富內容，試圖評述近現代著名學者的生平及其學術貢獻，凡在文史哲任一領域開風氣之先者皆可入選。規模宏大，意義深遠。編輯部同仁建議我寫一篇總序，於是略述中國近現代學術的特點，供讀者參考。

　　　　　　　　　　　　　　　　　　　　　張岱年

　　　　　　　　　　　　　　　1992年元月，序於北京大學

重寫近代諸子春秋

《國學大師叢書》在各方面的關懷和支持下，就要陸續與海內外讀者見面了。

當叢書組編伊始（1990年冬）便有不少朋友一再詢問：為什麼要組編這套叢書？該叢書的學術意義何在？按過去理解，「國學」是一個很窄的概念，你們對它有何新解？「國學大師」又如何劃分？……作為組織編輯者，這些問題無疑是必須回答的。當然，回答可以是不完備的，但應該是明確的。現謹在此聊備一說，以就其事，兼謝諸友。

一、一種闡述：諸子百家三代說

中華學術，博大精深；中華學子，向以自強不息、厚德載物之精神著稱於世。在源遠流長的中國學術文化史上，出現過三個廣開風氣、大師群起的「諸子百家時代」。

第一個諸子百家時代，出現在先秦時期。那時，中華本土文化歷經兩千餘年的演進，已漸趨成熟，老莊、孔孟、楊墨、孫韓……卓然穎出，共同為中華學術奠定了長足發展的基脈。此後的千餘年間，漢儒乖僻、佛入中土、道教蘗生，中華學術於發展中漸顯雜陳。宋明時

期，程朱、陸王……排漢儒之乖、融佛道之粹、倡先秦之脈、興義理心性之學，於是，諸子百家時代再現。降及近代，西學東漸，中華學術周遭衝擊，文化基脈遇空前挑戰。然於險象環生之際，又一批中華學子，本其良知、素養，關注文化、世運，而攘臂前行，以其生命踐信。正所謂「鐵肩擔道義，妙手著文章」，康有為、章太炎、嚴復、梁啟超、王國維、胡適、魯迅、黃侃、陳寅恪、錢穆、馮友蘭……他們振民族之睿智，汲異域之精華，在文、史、哲領域篳路藍縷，於會通和合中廣立範式，重開新風而成績斐然。第三個諸子百家時代遂傲然世出！

《國學大師叢書》組編者基於此，意在整體地重現「第三個諸子百家時代」之盛況，為「第三代」中華學子作人傳、立學案。叢書所選對象，皆為海內外公認的學術大師，他們對經、史、子、集博學宏通，但治學之法已有創新；他們的西學造詣令人仰止，但立術之本在我中華從而廣開現代風氣之先。他們各具鮮明的學術個性、獨具魅力的人品文章，皆為不同學科的宗師（既為「經」師，又為人師），但無疑地，他們的思想認識和學術理論又具有其時代的共性。以往有過一些對他們進行個案或專題研究的書籍面世，但從沒有對他們及其業

績進行過集中的、整體的研究和整理，尤其未把他們作為一代學術宗師的群體（作為一個「大師群」）進行研究和整理。這批學術大師多已作古，其學術時代也成過去，但他們的成就惠及當今而遠未過時。甚至，他們的一些學術思想，我們至今仍未達其深度，某些理論我們竟會覺得陌生。正如第一代、第二代「諸子百家」一樣，他們已是中華學術文化傳統的一部分，研究他們，也就是研究中國文化本身。

對於「第三代諸子百家」及其學術成就的研究整理，我們恐怕還不能說已經充分展開。《國學大師叢書》的組織編輯，是一種嘗試。

二、一種觀念：一代人有一代人之學術

縱觀歷史，悉察中外，大凡學術的進步不能離開本土文化基脈。但每一代後起學子所面臨的問題殊異，他們勢必要或假古人以立言、或賦新思於舊事，以便建構出無愧於自己時代的學術。這正是「自強不息、厚德載物」之精神在每一代學子身上的最好體現。以上「三代」百家諸子，莫不如是。《國學大師叢書》所沿用之「國學」概念，亦當「賦新思於舊事」而涵注現時代之新義。

明末清初，王（夫之）、顧（炎武）、黃（宗羲）、顏（元）四傑

繼起，矯道統，斥宋儒，首倡「回到漢代」，以表其「實學實行實用之天下」的樸實學風，有清一代，學界遂始認「漢學」為地道之國學。以今言之，此僅限「國學」於方法論，即將「國學」一詞限於文字釋義（以訓詁、考據釋古文獻之義）之範疇。

《國學大師叢書》的組編者以為，所謂國學就其內容而言，系指近代中學與西學接觸後之中國學術，此其一；其次，既是中國學術便只限於中國學子所為；再次，既是中國學子所為之中國學術，其方式方法就不僅僅限於文字（考據）釋義，義理（哲學）釋義便也是題中應有之義。綜合起來，今之所謂國學，起碼應拓寬為：近代中國學子用考據和義理之法研究中國古代文獻之學術。這些文獻，按清代《四庫全書總目》的劃分，為經、史、子、集四部。經部為經學（即「六經」，實只五經）及文字訓詁學；史部為史志及地理志；子部為諸子及兵、醫、農、曆算、技藝、小說以及佛、道典籍；集部為詩、文。由此視之，所謂「國學家」當是通才。而經史子集會通和合、造詣精深者，則可稱為大師，即「國學大師」。

但是，以上所述仍嫌遺漏太多，而且與近現代學術文化史實不相吻合。國學，既是「與西學接觸後的中國學術」，那麼，這國學在內

涵上就不可能，也不必限於純之又純的中國本土文化範圍。尤其在學術思想、學術理論的建構方式上，第三代百家諸子中那些學貫中西的大師們，事實上都借用了西學，特別是邏輯分析和推理，以及與考據學有異曲同工之妙的實證方法，還有實驗方法、歷史方法，乃至考古手段……而這些學術鉅子和合中西之目的，又多半是「賦新思於舊事」，旨在建構新的學術思想體系，創立新的學術範式。正是他們，完成了中國學術從傳統到現代的轉型。我們今天使用語言的方式、思考問題的方式……乃得之於斯！如果在我們的「國學觀念」中，將他們及其學術業績排除在外，那將是不可理喻的。

至此，《國學大師叢書》之「國學」概念，實指：近代以降中國學術的總稱。「國學大師」乃「近現代中國有學問的大宗師」之意。因之，以訓詁考據為特徵的「漢學」，固為國學，以探究義理心性為特徵的「宋學」及兼擅漢宋者，亦為國學（前者如康有為、章太炎、劉師培、黃侃，後者如陳寅恪、馬一浮、柳詒徵）；而以中學（包括經史子集）為依傍、以西學為鏡鑑，旨在會通和合建構新的學術思想體系者（如梁啟超、王國維、胡適、熊十力、馮友蘭、錢穆等），當為更具時代特色之國學。我們生活在90年代，當取「一代人有一代人

之學術」（國學）的觀念。

《國學大師叢書》由是得之，故其「作人傳、立學案」之對象的選擇標準便相對寬泛。凡所學宏通中西而立術之本在我中華，並在文、史、哲任一領域開現代風氣之先以及首創新型範式者皆在入選之列。所幸，此舉已得到越來越多的當今學界老前輩的同情和支援。

三、一個命題：歷史不會跨過我們這一代

中西文明大潮的衝撞與交融，在今天仍是巨大的歷史課題。如今，我們這一代學人業已開始自己的學術歷程，經過80年代的改革開放和規模空前的學術文化積累（其表徵為：各式樣的叢書大量問世，以及紛至沓來名目繁多的學術熱點的出現），應當說，我們這代學人無論就學術視野，抑或就學術環境而言，都是前輩學子所無法企及的。但平心而論，我們的學術功底尚遠不足以承擔時代所賦予的重任。我們仍往往陷於眼花繚亂的被動選擇和迫不及待的學術功利之中難以自拔，而對自己真正的學術道路則缺乏明確的認識和了悟。我們至今尚未創建出無愧於時代的學術成就。基於此，《國學大師叢書》的組編者以為，我們有必要先「回到近現代」—回到首先親歷中西文

化急劇衝撞而又作出了創造性反應的第三代百家諸子那裡去！

　　經過一段時間的困惑與浮躁，我們也該著實潛下心來，去重新瞭解和領悟這一代宗師的學術生涯、為學風範和人生及心靈歷程（大師們以其獨特的理智靈感對自身際遇作出反應的閱歷），全面評價和把握他們的學術成就及其傳承脈絡。唯其貫通近代諸子，我們這代學人方能於曙色熹微之中，認清中華學術的發展道路，了悟世界文化的大趨勢，從而真正找到自己的學術位置。我們應當深信，歷史是不會跨過我們這一代的，90年代的學人必定會有自己的學術建樹。

　　我們將在溫情與敬意中汲取，從和合與揚棄中把握，於沉潛與深思中奮起，去創建有中國特色的社會主義新文化。這便是組織編輯《國學大師叢書》的出版宗旨。當我們這代學人站在前輩學術鉅子們肩上的時候，便可望伸開雙臂去擁抱那即將到來的中華學術新時代！

錢宏（執筆）

1991年春初稿

1992年春修定

序　言

　　北京大學歷史系博士後流動站第一個入站研究人員、原湖南師範大學歷史系副教授歐陽哲生，繼完成《新文化的源流與趨向》及《自由主義之累—胡適思想的現代闡釋》二書之後，最近又完成了《嚴復評傳》，囑我為之作序。讀後深感此書所勾勒之嚴復形象、精神面貌之完整、清晰，確為先出諸著所不及，給人諸多啟迪。同時，亦引起我對嚴復思想研究現狀的一些想法，借此機會，抒發一二。

　　我認為，目前學術界對嚴復思想的研究已形成一個「模式」，即把他的思想發展道路看成是一個「Ｓ」形：早年「全盤肯定西學，完全否定中國傳統文化」；晚年，從一個極端走到另一個極端，「全盤肯定國粹，盡棄西學」，「回到封建主義懷抱中去」。

　　這種「Ｓ」形的說法由來已久，影響甚廣，已成為人們認識和評價嚴復的學術範式。但是，事實真如此嗎？讀讀嚴復的書，實在令人懷疑。這裡，僅就構成這一「模式」的一個基礎性問題「嚴復早年是不是『盡棄儒學』？」介紹些史料兼談些看法，以期弄清真相。

　　認為嚴復早年「全盤否定儒學」的論者，所根據的史料，不外「四論」（《論世變之亟》、《原強》、《闢韓》、《救亡決論》）和「二傳」（《道學外傳》、《道學外傳餘義》）等六篇文章。的確，在這些文章

中，嚴復曾對儒學作過十分激烈的抨擊，指斥它「無實」、「無用」，不僅「無用」，而且「有害」。……然而，我們是不是僅僅根據這一些，就能作出嚴復「全盤否定儒學」的結論來呢？當然不能。不僅不能，相反，在這六篇文章之中，倒有不少足以證明作者對儒學持充分肯定態度的言論，請看：

一、嚴復在《道學外傳餘義》一文中強烈表示：挽救危亡，振興民族，必須發揚儒學精神。他在《道學外傳餘義》中說：

> 試思以周、朱、張、陽明、蕺山之流，生於今日之天下，有益乎？無益乎？吾知其必有益也。其為國也忠，其愛人也厚，其執節也剛，其嗜欲也澹。此數者，並當世之所短，而宏濟艱難時所必不可少之美德也。使士大夫而能若此，則支那之興，殆不須臾。（《嚴復集》第2冊，第238頁）

詞義如此清晰，可以不必再作解釋。

二、嚴復主張用儒學所提倡之各種美德來改變社會風氣。他認為目前的社會風氣十分敗壞，而那一批被科舉制度炮製出來的「道學先生」就是這種壞風氣的活代表。這批人掛著宋儒招牌反宋儒，他們口

念聖賢書，心想利祿路，當他們的醜行敗露時，過激之人「遂遷怒於宋儒」。由怒宋儒而反宋儒，於是流傳開來「待國如傳舍」，「待人如市易」；生活中「以及時行樂為本懷」，這樣一類的壞習氣「以因人而施為妙道」，「以敷衍為得計」，「以忠憤為痰魔」。假如社會上人人都這樣，那麼，「大事便去，黃種便滅」。因此，只有大力提倡宋儒「為國忠」、「待人厚」、「執節剛」、「嗜欲淡」等美德才能徹底改變社會上的各種壞風氣。

　　三、對學習西學，他認為重要的是「歸求反觀」，以加深對中國文化、政教的認識和理解，從而加強對儒學的信心。他在《救亡決論》中這樣告誡「學西學者」：

　　　　公等從事西學之後，平心察理，然後知中國從來政教之少是而多非。即吾聖人之精意微言，亦必既通西學之後，以歸求反觀，而後有以窺其精微，而服其為不可易也。（《嚴復集》第1冊，第668頁）

他在1917年4月26日給熊純如信中又說：

四書五經，故（固）是最富礦藏，惟須改用新式機器
（指西學）發掘淘煉而已。（《嚴復集》第3冊，第668頁）

兩段話是同一個意思。前者表明，在嚴復看來，中國的政教雖然
「少是而多非」，但畢竟還有一些「是」；更重要的是，他認為儒學中
有「不可易」的道理，也就是所謂有「精意微言」在。不過要想真正
弄通這些道理，瞭解這些「微言」，則恰恰又須在「既通西學」之
後。可見，在他心目中，學西學的目的只在於「歸求反觀」以加深對
儒學的理解。他絕對沒有否定儒學的意思。

以上三點，足以說明：用「全盤否定儒學」來概括嚴復早期思
想，是多麼地不符合事實。我們絕不能像《劍橋中國晚清史》主編費
正清教授等人那樣理解嚴復思想：

嚴復是一個西方文明的十足崇拜者；這導致他對中國的
傳統進行無情的批判。在他看到集體力量充溢現代西方的同
時，他在中國傳統中只看到活力和公益心的萎縮。他在把中
國與現代西方進行對比後著重指出，中國是軟弱的，因為過
去中國的聖賢在培養民眾的力量和能力方面做得很少，而歷

代王朝統治者的所作所為，卻都是在壓制他們的力量和能力。因此，他幾乎是全面地、徹底地駁斥當時思想界唯中國之法是舉的傾向，不但攻擊科舉制度的機械死板的要求，而且籠統地把當時全部儒家學派都視為思想的廢物而不屑一顧，這就不足為奇了。（中國社會科學出版社1985年版，下冊，第340頁）

顯然，用前面所引嚴復自己的話，就足以駁斥費正清教授等人的這一連串「全面」、「徹底」、「不屑一顧」云云的全稱肯定判斷，並使人看出那是多麼不符合事實。我感到奇怪的是：嚴復的文章已經寫得很清楚，為什麼總是不斷有人出來一次又一次地論證嚴復早年曾經「全盤否定儒學」呢？難道他們見不到這些材料嗎？不是的。問題在於他們對中國的歷史和文化瞭解不深不透，特別是對嚴復批儒是在多層次上進行的這一點缺乏認識。因而，如果只從一個單一層面上去把握這樣一個複雜問題，就不能把問題搞清楚，比如在政治層面上批儒和在文化層面上批儒情況就很不相同。而在文化層次內部，嚴復又可以從世界觀、倫理觀等更為細微的層次，去分別把握「四論」、「二

傳」中所說的那些話，主要是在政治層面上對「儒學」的批判，其對象是一種特殊的「儒」，即被專制政治利用和歪曲的「儒」，亦即表現在科舉制度中的那種依據四書五經寫制義文的「儒」。這種「儒」，是假儒，表面上尊崇孔孟之道，實際上則把孔孟之道放到官僚政治的大染缸中加以污染，放到權勢利欲的大熏房中加以蒸熏，把它弄得面目全非、靈魂出殼。對這種「儒」，嚴復確曾猛烈抨擊，全盤否定，毫不手軟，絕不留情，他一針見血地指出，把「致禍亡國」危機招來的，正是它。嚴復對這種「儒」的批判，實際上是對專制主義的批判。他思想上的高明之處正在於此，即他能突破現實的障蔽和歷史的侷限，高瞻遠矚，鞭辟入裡，從紛紜繁複的政治文化現象中，一手抓出這種被專制政治玩弄、利用、扭曲了的「儒」（包括「儒學」和「儒者」，即「假道學」和「道學先生」），痛予鞭笞。批判這種假儒，無疑是中國進步之所必需，對這一點，無論過去和現在，都應給予高度評價，這裡絲毫不涉及是不是否定傳統文化的問題。要知道，嚴復之所以批儒，「非攻儒學也，攻一尊也」，「一尊者，專制之別名也」。「專制定則進化盡滯」，所以他才盡力予以攻擊，並把它當作自己應盡的義務。這才是嚴復之所以為嚴復。此之不明，遑論其他。

在文化層面上，嚴復又是怎樣分析批判地對待儒學呢？下面以他對王學的態度為例，稍作分析。

　　嚴復對儒學的基本態度是揚宋抑漢，在宋學之中又揚程朱，抑陸王。但他對王學也採取分析批判、區別對待的態度。在世界觀上，他對王學「吾心即理」、「心外無物」一類主觀唯心的主張，持否定態度；反之，在倫理觀上，則對王陽明那種悲天憫人，「視民之饑溺為己之饑溺」的天下精神，讚揚備至，認為是肩負「今日之世變」必不可少的一種精神，他在《〈陽明先生集要三種〉序》一文中這樣說：

> 　　王子嘗謂：「吾心即理，而天下無心外之物矣。」……今夫水湍石礙，而砰訇作焉，求其聲於水與石者，皆無當也，觀於二者之衝擊，而聲之所以然得矣。故論理者，以對待而後形者也。使六合曠然，無一物以接於吾心，當此之時，心且不可見，安得所謂理哉？是則不佞所竊願為陽明諍友者矣。

　　嚴復以「水擊石」這種自然現象為例，從心物關係和理物關係兩方面進行分析，用經驗論、自然觀去批判「心外無物」的謬說，但接

著便對王陽明的事功和人格，大加讚揚，他說：

> 雖然，王子悲天憫人之意，所見於答聶某（即聶豹，王
> 氏私淑弟子）之第一書者（書中表述「視民之饑溺若己之饑
> 溺」之心理至為深切），真不佞所低迴流連翕然無間者言
> 也。世安得如斯人者出，以當今日之世變乎！（《嚴復集》
> 第2冊，第238頁）

這裡，嚴復又在大聲疾呼必須發揚王學精神以挽救民族危亡。發
揚唯恐不及，哪裡有「全盤否定」的意思呢？由此可見，嚴復對儒學
的基本態度，確是有取有捨，有揚有棄。他並沒有「籠統地把當時全
部儒家學派都視為思想的廢物而不屑一顧」。

綜上可知，「西學」和「中學」在嚴復頭腦中始終是在不斷地「交
融互釋」著。它們之間並不曾上演一場「互相排斥」、「彼此否定」
的鬧劇。

歐陽哲生的《嚴復評傳》可取之處就在於用「交融互釋」的眼光
來研究和闡釋嚴復的中西文化觀，這樣，出發點早已高出「Ｓ」形模
式，因此必然給人帶來新的啟迪，相信讀後也將隨之而進入理解嚴復

的新層次、新境界。

劉桂生
1994年3月8日於北京

英文提要

P R É C I S

Yan Fu（1854—1921）was a great enlightment thinker, translator, educationist and man of letters in mordern China. Basing itself upon the historical background of modern China's cultural development, this book,starting from the comparative studies of sino-western thought and culture, has systematically discussed Yan Fu's cultural thought and academic research activities. It has reevaluated Yan Fu's historic position and academic achievement in the history of modern China's cultural thought.

The book is divided into five chapters. The first chapter deals mainly with the studies of Yan Fu's early educational career and state of mind,analysing with details has traditional educational background and his experience of being educated in the west.

The second chapter mainly studies Yan Fu's theory during the Wuxu Reform. Awakening and rising from the fact that the nation being at stake, Yan Fu started to turn to reform and modernization, advancing a new systematic theory for reform.There are great differences in academic thoughts between Yan Fu and Kang Youwei, the major leaders of the Reform party,although the two had the same desire of carry out reform in order for the nation to survive,because of their two different educational background and different source of thoughts. Proposals by Yan Fu on the separation of academics from politics,modernization of education, etc. There are the starting of new academic concepts.

The third chapter mainly studies Yan Fu's relation with the occidental studies, fully appraising the positive role by him in translating and disseminating the occidental studies. The writer here carefully analyse, the western ideas introduced by Yan Fu and also discusses his background knowledge of Chinese studies necessary in Yan Fu's translation.

The fourth chapter deals mainly Yan Fu's relation with traditionl.

Chinese studies.It systematically introduces Yan Fu's comments on Laozi and Zhuangzi and its charateristics. The arbiter here has taken an overall examination on Yan Fu's personal literary concepts, literary creative work and the influence of the Evolution theory upon the reform in modern literature. The fifth chapter studies the ideas and thought in Yan Fu's remainly years, focusing on the studies of his cultural concepts of China and the west. On the reason why he tend to become conservative. The writer here unlike traditional concepts,has affirmed some reasonable factors in Yan Fu's late thought.

In general, the writer here hopes that by examining Yan Fu's cultural thought and academic activities,this book can have a clear knowledge of the relation between this man and modern China's cultural thought and help understand the truth of this period of history so as to present a clear picture of this cultural giant—Yan Fu in front of our readers.

目　錄

第一章

孤寂先驅：早期求學生涯

謗毀遍天下，而吾心泰然。自謂考諸三王而不謬，俟諸百世聖人而不惑，於悠悠之毀譽何有哉！

——郭嵩燾：《致朱克敬》

　　1840年以降，西方近世文明以其無可抗拒的強大優勢，狂風暴雨般衝擊、震撼著東方的古老文明，給中華這個老大帝國以空前的挫辱。本來這場以戰爭形式所表現的衝突，實質上是一種文明的衝突，是「擴張的、進行國際貿易和戰爭的西方同堅持農業經濟和官僚政治的中國文明之間的文化對抗」。[1]但當時的中國人除了為之震驚外，卻看不出隱藏在歷史表像背後的深層意義。極個別先進分子經過上下求索，從擠開的門縫，依稀看到外間照射進來的一線光束，找到了自己與時代的結合點，從而也大體找到了自己人生道路的正確指向。嚴復的早期生活道路正是這樣一個過程。他從傳統私塾，走向洋務之「新學」；再遠涉重洋，去西方尋求真理，走在時代的前列。其間歷盡人間滄桑，飽嘗時代風雨的洗練，然而他卻有幸使自己成為一個先進的中國人。

1.1　寒窗苦讀的少年

　　嚴復晚期在給他的弟子熊純如的一封信中，談及他對子女教育的意見時說：「復教子弟，以現時學校之難信，故甯在家延師先治中學，至十四五而後，放手專治西文，一切新學皆用西書，不假譯本，

1　（美）費正清主編、中國社會科學院歷史研究所編譯室譯：《劍橋中國晚清史》上卷，北京：中國社會科學出版社，1985年版，第251頁。

而後相時度力，送其出洋，大抵八年而後卒業，至於所治何科，所執何業，亦就少年性質之所近而喜好者，無所專尚也。」[2]嚴復所設想的這種青少年教育模式及其學習進程安排，並非無中生有，而是他個人經驗的提煉和總結，回溯他的早期求學生涯，我們就可獲致這一認識。

嚴復於1854年1月8日（咸豐三年十二月初十）誕生在福建侯官（今閩侯）縣陽崎鄉一個儒醫家庭。初名嚴傳初，乳名體乾；考入馬江船政學堂，易名宗光，字又陵；走入仕途時始用嚴復，字幾道；晚年號瘉壄老人，又別號尊疑尺庵，別署天演宗哲學家。民國時期，因侯官併入閩縣，故又被人稱為「閩侯」。[3]

侯官地處東南之隅，不過彈丸之地。在晚清，此地卻迅速崛起了一批知名人物，如林則徐、沈葆楨、林昌彝、林紓、劉步蟾、林永升、薩鎮冰、方聲洞、林旭、林覺民等，這些歷史人物在各個領域均取得出色成就，故時人有「晚清風流出侯官」之說。

陽崎「溪山寒碧，樹石幽秀」。外臨大江，中貫大小二溪，左右則有玉屏山、李家山、楞嚴諸丘壑。就其地理環境而言，可以說是山清水秀。當地土著居民唯嚴、陳二姓。「嚴氏族姓寥落，可序而數者，都數十百家，雖傳世逖遠，皆相親附。」據嚴復之子嚴璩回顧，嚴家先祖為河南固始籍，「自李唐末造，始祖懷英公諱仲傑，以朝議

<hr>

2　《與熊純如書》（二十五），收入王栻編：《嚴復集》第3冊，北京：中華書局，1986年版，第626頁。
3　王蘧常：《嚴幾道年譜》，收入牛仰山、孫鴻霓編：《嚴復研究資料》，福州：海峽文藝出版社，1990年版，第20頁。

大夫隨王潮由中州入閩，即家於侯官之陽崎」。高祖煥然，嘉慶庚午年（1810年）舉人，曾任松溪縣學訓導。曾祖秉符以後，「皆以醫為業」，[4] 沒有走上「學而優則仕」的道路。

嚴復父親嚴振先繼承祖業，在鄉間行醫。母親陳氏為一普通人家女子。嚴復之上原有一兄，不幸早夭；其下還有兩妹。

在傳統社會，中醫本身就構成傳統文化的一個重要組成部分。中醫典籍，如《黃帝內經》，也是傳統經籍，非一般讀書人能閱讀；而中醫理論中的「精」「氣」說、陰陽說，如不具備一定的傳統學術根柢，也很不易理解。嚴家之所謂「儒醫」之稱，本身就表明中醫和傳統文化的某種內在聯繫。嚴復生長於這樣一個家庭，受其家風的薰陶，自然承傳著中國傳統文化的精神。

嚴復童年時代的生平事蹟，鮮有記載，有一事為人常道。五歲的時候，「鄰有鑿井，架高丈余，先生竊登之。俯視井底，大呼圓哉！圓哉！陳太夫人聞而出視，大驚，恐其懼而下墜也，不敢斥言。遂佯為驚狀而言曰：『兒能真過人，如憑梯下則更能矣。』及下，始答責之」。[5] 嚴復成熟早，父親望子成龍，期望甚高。他煞費苦心地督促著幼子的學業，以期通過科舉的途徑獲取功名，為這個世代為醫的小康之家帶來真正的榮耀。

嚴復七歲開始進私塾讀書，跟包括他五叔嚴昌煒在內的好幾位地

4　嚴璩：《侯官嚴先生年譜》，收入王栻編：《嚴復集》第5冊，北京：中華書局，1986年版，第1545頁。
5　王蘧常：《嚴幾道年譜》，《嚴復研究資料》，福州：海峽文藝出版社，1990年版，第20頁。

方耆宿學習。嚴昌焞字厚甫，光緒己卯（1879年）舉人。是一位循規蹈矩、不苟言笑的儒生。他希望嚴復走上科舉之途，故所授課程盡是《大學》、《中庸》等儒學經典。由於他老是板著一副冷冰冰的臉孔，加之教學內容枯燥，幼小的嚴復對他沒有什麼好感。1863年，嚴振先聘請同鄉著名宿儒黃少岩執教西席。黃少岩先生「為學漢宋並重」，傳統學術功力深厚，著有《閩方言》一書。課經之餘，喜好給自己的學生「講述明代東林掌故」，表現了一個傳統士大夫不甘寂寞、經世致用的治學傾向。嚴復在他門下受業兩年，對這位教師十分喜歡和敬重。可惜的是，1865年，黃先生不幸去世，嚴復感到「哀慟不已」。有的論者認為，「嚴復後來把對斯賓塞宇宙論的形而上學旨趣的熱忱與對穆勒的歸納邏輯和經驗方法的同樣的熱忱結合起來，在某種程度上反映了他的教師把『漢學與宋學』的價值觀結合起來的努力」。[6]

黃先生臨終前，又將嚴復託付給其子黃孟侑「繼續就館」。黃氏父子「治經有家法，飫聞宋元明儒先學行」。[7]而嚴復早歲聰慧，讀書勤奮，詞采富逸。傳說當時他與同學合賃一屋，住在樓上，每夜樓下演戲，好不熱鬧，他卻「輒命就寢」。等戲散後，他又起來「挑燈更讀」。[8]嚴復早年的這段苦讀生活，為其打下了一個學人在封建科舉時代必須具備的幼學基礎。

1866年7月，福州霍亂流行，嚴振先染上疾疫，被奪去生命。嚴復的家境隨之陷入窘迫，一家生計只能靠母親做女紅來維持。晚年嚴

6　Benjamin Schwartz, *In search of wealth and power: Yen Fu and the West*, Cambridge, Mass.: The Belknap Press of Harvard University, 1964，p.24.
7　陳寶琛：《清故資政大夫海軍協都統嚴君墓誌銘》，《嚴復集》第5冊，第1541頁。
8　林耀華：《嚴復社會思想》，載《社會學界》第7卷，1933年6月。

復為一幅《籌燈紡織圖》題詩的時候，曾經觸景生情。他回首少年時期那段艱苦的生活，感慨萬千：

> 我生十四齡，阿父即見背。
> 家貧有質券，賕錢不充債。
> 陟岡則無兄，同谷歌有妹。
> 慈母于此時，十指作耕耒。
> 上掩先人骸，下養兒女大。
> 富貴生死間，飽閱親知態。
> 門戶支已難，往往遭無賴。
> 五更寡婦哭，聞者驚心肺。[9]

在這種境況下，嚴復自然不可能出資繼續聘師求學，走科舉入仕的道路。恰巧這時，洋務派左宗棠創辦的一所新式學校—福州馬尾船廠附設船政學堂招考學生，所以嚴復抓住了這一機遇。

船政學堂初名「求是堂藝局」。它雖非科舉「正途」，但對那些家道貧窮而又謀求進取的布衣子弟頗為適合。根據學堂的章程規定：凡錄取的學生，伙食費全免，另外還每月給銀四兩，貼補家庭費用；三個月考試一次，成績列一等者，可領賞銀十兩；五年畢業後，不僅可以在清政府中得到一份混飯吃的差使，還可參照從外國請來的職工標準給予優惠待遇。大概是由於經濟方面的待遇不錯，學堂吸引了包括嚴復在內的一大批家境貧寒的讀書子弟。

9　《為周養庵題籌燈紡織圖》，《嚴復集》第2冊，第388、389頁。

招考的作文命題為《大孝終身慕父母論》。嚴復的答卷洋洋數百言。主考官恰為身任福建巡撫的同鄉沈葆楨，他極為賞識這位同邑少年的文采。嚴復遂以第一名被錄取，從而跨進了洋務運動早期人才的行列。嚴復這一選擇，不期迎合了時代的潮流，與新興變革事業聯繫在一起，這無疑是他的幸運。後來，嚴復在給沈葆楨之子沈瑜慶的詩中還無限深情地提及這次考試：「尚憶垂髫十五時，一篇大孝論能奇。」[10]

福州船廠是1866年（同治五年）由閩浙總督左宗棠創辦。設廠不幾個月，左宗棠調任陝甘總督，船廠的工作又委派給洋務派湘軍系統的另一個重要官員沈葆楨負責。設立該廠的目的，主要是製造兵輪，培養「洋務」人才。船廠初設時，即附設船政學堂，其培養人才可分兩種：第一種是學習造船，將來做「良工」；第二種則學習駁船，擬去做「良將」。左宗棠在鎮壓太平天國運動時，曾獲得法國人的支持和援助，雙方建立了密切的關係，所以廠內聘請了一批法國「客卿」，如日意格、德克碑諸人。學堂分為前、後兩堂。前學堂學習造船技術，用法語授課，又名「法語學堂」；後學堂學習駕駛技術，用英語上課，又名「英語學堂」。學堂課程有：英文、法文、算術、幾何、代數、解析幾何、割錐、平三角、弧三角、代積微、動靜重學、水重學、電磁學、光學、音學、熱學、化學、地質學、天文學、航海學等。[11]這些均非傳統學問，而是從西方資本主義國家輸入的新學問。除此以外，在學堂的「訓練科目」中，「凡《聖諭廣訓》、《孝經》

10　《送沈濤園備兵淮揚》，《嚴復集》第2冊，第364頁。
11　嚴璩：《侯官嚴先生年譜》，《嚴復集》第5冊，第1546頁。

必須誦讀，兼習論策，以明義理而正趨向」。[12]課程的設置，反映了洋務運動那種「中體西用」的價值取向。

1867年初，嚴復開始入船政學堂，分在後學堂。入學前他已經娶妻成家，夫人王姓；入學後他改名嚴宗光，字又陵（幼陵）。關於在船政學堂的讀書生活，他在《〈海軍大事記〉弁言》中略有記述：

不佞十有五，則應募為海軍生。當是時，馬江船司空草創未就，借城南定光寺為學舍。同學僅百人，學旁行書算。其中晨夜伊毗之聲與梵唄相答。距今五十許年，當時同學略盡，屈指殆無一二存者。回首前塵，塔影山光，時猶呈現於吾夢寐間也。已而移居馬江之後學堂。[13]

嚴復在船政學堂學習了五年，1871年畢業，成績列最優等。隨後被派到軍艦上實習，先隨「建威」號南至新加坡、檳榔嶼，北至渤海灣、遼東灣；後乘「揚威」艦「巡歷黃海及日本各地」。這時，東鄰日本「亦正開始籌辦海軍，揚武初到長崎、橫濱各處，聚觀者有萬人空巷之況」。[14]帶嚴復航行的艦長是英國中校德勒塞先生（Commander Tracey），他在華任教完後，回國前勉勵嚴復諸人：「君今日於海軍學術，已卒業矣。不佞即將西歸，彼此相處積年，臨別惘然，不能無一言為贈。蓋學問一事，並不以卒業為終點。學子雖已入世治事，此後

12　轉引自顧樹森：《中國歷代教育制度》，南京：江蘇人民出版社，1981年版，第231頁。
13　《〈海軍大事記〉弁言》，《嚴復集》第2冊，第352頁。
14　嚴璩：《侯官嚴先生年譜》，《嚴復集》第5冊，第1546頁。

自行求學之日方長，君如不自足自封，則新知無盡。望諸君共勉之。此不第海軍一業為然也。」[15]這一席話語給嚴復印象至深。他終身勤學不輟，不敢稍有鬆懈。

1874年（同治十三年），剛剛轉入資本主義軌道的日本急於向外拓展殖民地。它一面強迫琉球國王接受其「內蓄」的封號，一面以琉球漁民曾被臺灣居民誤殺為藉口，向清政府施加壓力。這年5月，日本陸軍中將西鄉從道在美國的協助下，率兵三千在臺灣琅𫞩登陸，悍然侵略我國領土。清朝急命提督唐定奎率所部淮軍渡海增防，並諭船政大臣沈葆楨赴台辦理海防。嚴復隨沈葆楨到臺灣，「測量台東旂來各海口，並調查當時肇事情形，計月餘日而竣事」。[16]當時，日本侵略軍不熟悉地形，加上軍內疾疫流行，遭到中國軍民的嚴重打擊，陷入了進退兩難的困境。軟弱的清朝政府迫於英、美、法等西方列強的壓力，卻於同年10月與日本簽訂《台事專條》。以「撫恤」和「修理房屋道路」的名義，賠償白銀50萬兩，換取了日本的撤軍。至此，嚴復在軍艦上實習和工作了四年，隨後被選拔派赴英國留學。

1.2　留學英倫求新知

近代中國，最早飄洋過海、出國留學的是容閎。1847年1月4日，年僅十九歲的容閎隨美國傳教士勃郎先生赴美留學。他先進入孟森中學讀書，後考入耶魯大學。通過七年的奮鬥，他以驚人的毅力和優異

15　嚴璩：《侯官嚴先生年譜》，《嚴復集》第5冊，第1546頁。
16　嚴璩：《侯官嚴先生年譜》，《嚴復集》第5冊，第1546頁。

的成績，完成了學業，取得了學士學位。容閎學成歸國後，就打算「借西方文明之學術以改造東方之文化，必可使此老大帝國，一變而為少年新中國」，[17]「以西方之學術，灌輸於中國，使中國日趨於文明富強之境」。[18]為此，他到處遊說，請派留學生，以實施自己的「教育計畫」，但他的努力遭到清朝官員的白眼。直到十九世紀六十年代洋務運動興起後，曾國藩創辦軍事工業，將容閎羅致到他的門下。在此期間，容閎鼓動丁日昌說服曾國藩派留學生出國，最後曾同意了容閎的建議。他與李鴻章聯名上奏，清廷批准了曾、李的奏摺。1872年（同治十一年），清朝擇優選派第一批留學生赴美，以後三年又續派，每年30名，四年中共派出120名。這些留學生歸國後，絕大部分都列身顯要，或成為政界知名人士，或成為軍、學、商界要人，或成為重要科技人才。

嚴復是清朝政府派遣的第二批留學生。第二批留學生都是由福州船廠選出，他們改去歐洲。船政學堂原不預備選送學生到外國去留學，後來李鴻章、沈葆楨覺得洋員都將期滿回國，而中國的工匠還不能替代洋員支撐這個局面，故主張從已經畢業的學生中選派一些到國外去深造。沈葆楨、李鴻章在《閩廠學生出洋學習折》裡奏議：

察看前後堂學生內秀傑之士，於西人造駛諸法，多能悉心研究，亟應遣令出洋學習，以期精益求精。……後堂學生本習英國語言文字，應即令赴英國水師大學堂及鐵甲兵船學習駕駛，務令精通該國水

17　容閎：《西學東漸記》，長沙：湖南人民出版社，1981年版，第88頁。
18　容閎：《西學東漸記》，第23頁。

師兵法，能自駕鐵船于大洋操戰，方為成效。[19]

沈、李的奏議是在1873年提呈的。但因經費沒有著落，遲遲未派。拖到1877年3月（光緒三年二月），才得以實現。

1877年3月，嚴復等30餘人，搭乘官輪「濟安」號離開福州前往香港。4月5日又登輪離開香港，分別前往英國和法國。

嚴復與薩鎮冰、劉步蟾、方伯謙等12人到達英國後，其中六人即登英國戰艦實習，其餘五人先入學，後仍被派登英艦至海洋實習。唯有嚴復一人始終未經登艦作海軍訓練，他先往朴茨茅斯學校（Portsmouth）學習，肄業後進入皇家海軍學院（Royal Naval College）；在英國完成預訂選修課程後，又被派往法國作修學旅行，再回格林威治皇家海軍學院學習。

格林威治是倫敦的一個自治市鎮，它位於泰晤士河口，是天然的海港，它的發展主要是憑藉皇室的力量和英國的海上擴張。早在1423年，格治斯特公爵圈圍這兒的土地作為獵場；後來皇族又在這裡建造起皇家博物館和王宮。1694年，威廉三世和瑪麗王后邀請當時一批著名建築設計師構建了一批輝煌的建築。喬治二世時期，為安置對法作戰的傷病士兵，創立海軍醫院。1871年，在原海軍醫院舊址創辦皇家海軍學院，為英國以及其他國家海軍培養、輸送專門人才。皇家海軍學院的課程以學習海軍基礎理論為主，並注重教學與實踐相結合。學

19　轉引自舒新城：《中國近代教育史料》上冊，北京：人民教育出版社，1961年版，第167、168頁。

員每天早上六點鐘要分赴各館上課，據嚴復向當時清政府駐英大使郭嵩燾介紹：禮拜一上午學習重學、化學，下午畫炮臺圖；禮拜二上午學習算學、格致學（包括電學），下午畫海道；禮拜三上午學習重學，論德法、俄土戰例，下午自學；禮拜四與禮拜一同，禮拜五與禮拜三同；禮拜六上午論鐵甲船情形，論炮彈情形，下午自學。[20]學院教學十分注意學員能力的培養，嚴復給李丹崖抄錄的「考課問目」（考問課目）是：「一曰流凝二重學合考，二曰電學，三曰化學，四曰鐵甲穿彈，五曰炮壘，六曰汽機，七曰船身浮率定力，八曰風候海流，九曰海島測繪」，而且「其中發問之處，多足增廣見識」。[21]

　　皇家海軍學院這種注重培養學生實際應用能力的教學方式，頗令封閉於滿堂灌和習慣於死記硬背的中國學生大開眼界，他們「在家讀書有疑義，聽講畢，就問所疑，日嘗十餘人，各堂教師皆專精一藝，質問指授，受益尤多。或聽講時無餘力質問，則錄所疑質之，以俟其還答。諸所習者並歸宿練習水師兵法。而水師船又分三等：一管駕，一掌炮，一製造。管駕以繪圖為重，掌炮以下以化學、電學為用，而數學一項實為之本，凡在學者皆先習之。此西洋人才之所以日盛也」。[22]

　　嚴復在格林威治皇家海軍學院學習期間，懷著極大的興趣和熱情，如饑似渴地學習西方先進的近代科學，並將之介紹給國人，體現了他對科學的執著追求。1878年4月9日，嚴復與幾位留學生被邀到清

20　參見郭嵩燾：《倫敦與巴黎日記》，長沙：嶽麓書社，1984年版，第450頁。
21　郭嵩燾：《倫敦與巴黎日記》，第562頁。
22　郭嵩燾：《倫敦與巴黎日記》，第450頁。

政府駐英使館處出席宴會，宴席間，嚴復「議論縱橫」，大談科學發現，從「光速而聲遲」的雷、電，到鐘錶機械原理，到「洋人未有輪船時，皆從南北緯度以斜取風力」的道理，[23]給在場的人留下了深刻的印象。同年5月30日，嚴復又對來學院看望的李丹崖等清朝官員，用薄銅圓片「演示摩擦生電」，[24]並且探究「西洋學術之精深」的原理在於注重基礎科學─「數學和重學」。6月15日，留英學生向李丹崖出示各自的留學日記，嚴復出示的《漚舸紀經》內記錄的又是光、熱、空氣、水和運動，談論兵船發展之趨勢、鐵船之利弊、炸藥的爆炸力等，[25]凝注了嚴復對近代科學研究的心血。

同時，嚴復還十分注意學習英語，其英語水準提高很快。當時駐英大使郭嵩燾稱道他的英語水準「勝於譯員」，以至每與英官員會談和見面，「唯一邀嚴又陵同赴」。精通英語自然使嚴復如魚得水，可以自由任意博覽群書，或與英人交往，接受新近在英國流行的各種社會思潮和科學理論的薰陶；還為他歸國後研讀「西學」，編譯《天演論》等西方學術名著，打下了扎實的語言基礎。

留英期間，嚴復的專業，雖然有「考課屢列優等」之語，但比較其他同學，並不突出。當時，劉步蟾、林泰曾兩人成績出眾，而蔣英超「所造獨深」。其他人如藝徒郭瑞圭、劉懋勳、裘國安等也均列優等；「浦消合考」，鄭清廉得第一名。故後來一般人說嚴復在英國時考試常列第一，陳寶琛《清故資政大夫海軍協都統嚴君墓誌銘》中亦

23　郭嵩燾：《倫敦與巴黎日記》，第533─534頁。
24　郭嵩燾：《倫敦與巴黎日記》，第586、587頁。
25　郭嵩燾：《倫敦與巴黎日記》，第594、595頁。

說「是時日本亦始遣人留學西洋，君試輒最」，[26]恐怕並無依據。嚴復的真正興趣似乎並不在海軍，他未去軍艦上實習就是一個明顯的例證。嚴復當時所懷抱的志趣，已經不以「良將」的人生境界自限了，這一點已被時人所注意。郭嵩燾在向清政府彙報關於英法留學生學習成就時說「水師良才曰劉步蟾、方伯謙、薩鎮冰、何心川」，而嚴宗光「以之管帶一船，實為枉其材」，並說其他學子「其識解遠不逮嚴宗光」，讓嚴「交涉事務，可以勝利」。實際情形也是如此。嚴復在學校讀書之外，還廣泛接觸了英國資本主義社會，這對他的思想發展無疑產生了強烈的刺激作用。這表明當時嚴復的思想已超越了洋務運動所標榜的練兵自強的侷限，已著意於從更深層次探討社會變革和振興中華的根本之途。著名史學家吳相湘對此有中肯評價：「歷來論者均以嚴留英回國後未展所長，不知最初之因材施教計畫，嚴實用得其所。譯述西洋名著，對國家之貢獻，更出意想之外。而同時留學歸來之劉步蟾、方伯謙、林泰曾等於甲午戰爭時身敗名裂。薩鎮冰較幸運且長壽，民國時任海軍總司令，然其成就貢獻比較嚴復實不可同日而語。」[27]至於「嚴復在第一屆留英海軍學生中之被如此特別安排，顯示當局針對嚴之個性特別學識而因材施教，使其注重理論。乃有計劃地培植使其成為教育後進之領導人才。嚴復後來對國家服務即決定於此。而其對國家之貢獻，實遠超過最初計畫」。[28]

19世紀70年代，正值維多利亞女王執政，英國資本主義已發展到

26　陳寶琛：《清故資政大夫海軍協都統嚴君墓誌銘》，《嚴復集》第5冊，第1541頁。
27　吳相湘：《天演宗哲學家嚴復》，《民國百人傳》第1冊，臺北：傳記文學出版社，1982年再版，第337、353頁。
28　吳相湘：《天演宗哲學家嚴復》，《民國百人傳》第1冊，第353頁。

鼎盛。資本主義社會所呈現的繁榮局面，恰與腐朽衰落的清廷，形成鮮明對比。嚴復身臨其境，自然表現出傾慕服膺之情。例如，他去英國法庭，「觀其聽獄，歸邸數日，如有所失」；認為這就是「英國與諸歐之所以富強」[29]的原因。因為他們不僅「司法析獄之有術」，還有「辯護之律師，有公聽之助理，抵暇蹈隙，曲證旁搜，蓋數聽之餘，其獄之情，靡不得者」。既然有這種良善的制度，自然「公理日伸」[30]了。又如他考察英國城市，見其治理得井井有條，認為「莫不極治繕葺完，一言蔽之，無往非精神之所貫注」。[31]再反觀中國當時的情形，則大相徑庭。他覺得造成這種差異的根本原因在於專制政治與立憲政治的不同。他說，在中國「謀國者以鈐制其民之私便，必使之無所得為於其間，乃轉授權於莫知誰何，視此如傳舍之人，使主其地」，這樣的社會自然公理不伸，上下乖離了。而西洋呢？由於有「議院代表之制，地方自治之規」，所以能「和同為治」，「合億兆之私以為公」。生活在這兩種截然不同的社會政治制度下的人民的命運迥然相異。中國人民都是「苦力」，而西洋人民都是「愛國者」，「夫率苦力以與愛國者戰，斷斷無勝理也」。[32]他甚至從生理學的角度，論及英法人民身材的高矮，以及在學時不能婚娶等事實，以為「東方婚嫁太早之俗，必不可以不更，男子三十，女子二十，實至當之禮法，誠當以令複之，不獨有以救前弊也，亦稍已過庶之禍」。[33]由此不難看出，嚴復對英法社會觀察之精細與關切層面之廣了。

29　《法意》卷十一按語，《嚴復集》第4冊，第969頁。
30　《法意》卷十一按語，《嚴復集》第4冊，第969、994頁。
31　《法意》卷十八按語，《嚴復集》第4冊，第985頁。
32　《法意》卷十八按語，《嚴復集》第4冊，第985頁。
33　《法意》卷十八按語，《嚴復集》第4冊，第987頁。

透過西方資本主義繁榮的表層，嚴復把自己研究的觸角伸向了其深層，亦即推動資本主義發展的內驅動力—思想理論。限於繁重的專業學習任務，嚴復不能抽出大量時間廣泛涉獵西方近代思想家的理論著作，但他對於當時業已流行的各種思想理論有一定的掌握和認識。我們可以想像到，嚴復最傾心的，以後又在他的著作中常常提到，或親自翻譯他們的著作，如亞當·斯密、孟德斯鳩、邊沁、穆勒、達爾文、赫胥黎、斯賓塞等人的學術理論，大概在這時應有所接觸。在這些思想家中，特別值得注意的是近代生物學之父達爾文。當時，達爾文的《物種起源》一書已出版二十年之久，這種生物進化的科學原理，經「社會達爾文主義」學派的始祖斯賓塞推衍到社會歷史領域，成為一種極具有影響力的社會決定論學說，這一思潮不僅震撼著當時歐洲的思想界和知識界，引起了一場思想革命；而且後來經嚴復的譯介，傳播到了中國，進而在相當長一段時間，影響和支配了中國社會政治運動和文化思想發展進程。

　　嚴復對西方社會政治的敏銳觀察和他研讀近代自然科學、人文社會科學經典著作的心得體會，曾引起清朝政府第一任駐英公使郭嵩燾的驚奇與賞識。這位開明的長者一向自命為最瞭解世界大勢的洋務派先驅人物，對作為一個普通留學生的青年嚴復的才華卓識卻很折服，引為忘年交，這也可以說是一件極不尋常的事。嚴復的名字最初出現在郭嵩燾的日記裡是在1878年2月2日（光緒四年一月一日）。在當日的日記裡，郭嵩燾這樣寫道：「格林威治肄業生六人來見，嚴又陵（宗光）談最暢。」[34]以後每逢假日和課餘之暇，嚴復常去使館，或

34　郭嵩燾：《倫敦與巴黎日記》，第449頁。

向郭介紹西洋學術，或為郭抄錄格林威治學館「考問課目」，或譯示蒲日耳遊歷日記和報紙評論。兩人「論析中西學術政制之異同，往往日夜不休」。郭嵩燾為此曾寫信給朋友說：「有出使茲邦，惟嚴君能勝其任。如某者，不識西文，不知世界大事，何足以當此！」[35]同年6月21日（光緒四年五月二十一日），郭嵩燾先去巴黎，他的隨行人員李湘甫、李丹崖、羅豐祿則於7月1日趕往巴黎，嚴復等人與之偕行。在巴黎期間，嚴復隨郭嵩燾參觀了天文臺、下水道、聖西爾陸軍士官學校、凡爾賽的議政院等處。此外，嚴復還參觀了當時在巴黎舉辦的萬國博覽會。[36]

郭嵩燾是近代中國最早的駐外使節，也是早期維新思想的先驅者，他的眼界和識見早已越出了洋務運動的藩籬，所撰《使西紀程》一書受到封建頑固派的猛烈攻擊。嚴復與郭嵩燾的交誼與投契，說明他們兩人思想主張的相通和高度一致。儘管我們對兩人在英期間的交往不得其詳，對嚴復留英的思想狀況也欠缺詳細的材料，但我們可從郭嵩燾當時的著述中，窺見到他們思想交流的某些線索。

郭嵩燾是1877年1月21日抵達倫敦，1879年1月31日離英回國，在英時間整整兩年。作為「天朝帝國」親歷西方世界的高級知識份子，他精通傳統文化，熟悉傳統政治，瞭解「洋務」內情，因此在出國以後，通過對西洋政教的考察和研究，他就有可能將中西方社會政治和文化思想進行比較和審察，進一步具體地認識資本主義文明的優越性和封建主義制度的落後性，這是中國維新運動萌芽時期具有歷史意義

35　王蘧常：《嚴幾道年譜》，收入牛仰山、孫鴻霓編：《嚴復研究資料》，第25頁。
36　參見郭嵩燾：《倫敦與巴黎日記》，第657、664、665、667頁。

的思想探索。細加分析，郭嵩燾維新思想傾向主要表現為：（一）他考察了以議會民主和自由選舉為特徵的西方民主政治的現狀和歷史，接觸了以亞當·斯密的經濟學說為代表的資本主義經濟理論和英國資本主義發展的實際情形，認識到「非民主之國，則勢有所不得」，對「中國秦漢以來二千餘年適得其反」的封建專制主義提出了批評。（二）他從歐洲看到了教育在建設近代化中的關鍵作用，認為泰西學校「一皆致之實用，不為虛文」，比中國崇尚「時文小楷」（八股文）傳統教育優越得多，於是力倡開辦學校、多派遣留學生，像日本那樣大規模向西方學習。（三）他作為一位資深的、有地位的舊學者，從中國到歐洲系統地考察了西方的文化歷史，開始對中西政治哲學和倫理觀念做了比較研究，並借用西方的思想武器來批判中國的傳統觀念，使近代意義的批判理性主義達到了前所未有的深度。（四）他反對中國傳統士大夫「內中國而外夷狄」的虛驕習氣，主張開放，向西方學習。（五）他對西洋社會的實際情形進行考察以後，對於國內在60年代以後興辦的「洋務」，提出了不少尖銳的批評；對於辦洋務的方針和指導思想，提出了中肯的意見。[37]郭嵩燾的這些思想，可以說與嚴復是不謀而合，這也是他們兩人能破除年齡界限和地位差別，有著許多共同語言的真正原因。後來發生的維新運動實際上也是郭嵩燾思想的繼承者和遺業的執行者。

郭嵩燾的上述思想在暮氣沉沉的士林宦海中得不到應有的反響，他也在充滿敵意的環境中度過了餘生。在淒涼的晚景中，他心情落

37　參見鍾叔河：《走向世界》第十三章《西方文明對郭嵩燾的影響》，北京：中華書局，1985年版，第193-237頁。

寞，去世前抱病撰成《玉池老人自敘續記》，謂：

> 吾在倫敦，所見東西兩洋交涉利害情形，輒先事言之……而一不
> 見納。已先之機會不復可追，未來之事變且將日伏日積而不知所窮
> 竟，鄙人之引為疚心者多矣！

這便是郭嵩燾對他自己後半生涉獵洋務的最後感想，真可謂「鳥
之將死，其鳴也哀」矣。郭嵩燾逝世後，嚴復感念當年海外的知遇之
誼，心情沉鬱地送上了這樣一副挽聯：「平生蒙國士之知，而今鶴翅
氄氄，激賞深慚羊叔子；惟公負獨醒之累，在昔蛾眉謠諑，離憂豈僅
屈靈均。」[38]對這位先驅者一生所遭受的境遇，表現了極大的悲憤不
平。

嚴復留學英倫只有兩年多的光景，但在他的一生中，這卻是一次
重要的轉折。他目睹了西方資本主義的繁榮景象，實地考察了英、法
兩國的政治、法律、教育等機構，耳濡目染各種業已流行的思想理論
和五花八門的學術新潮，這些為他維新思想的醞釀和形成提供了重要
養料。嚴復成為「向西方尋求真理」的先行者，在思想上遠遠走在同
時代的人前面，與他個人的這段經歷是密不可分的。

38　嚴璩：《侯官嚴先生年譜》，收入《嚴復集》第5冊，第1548頁。

1.3 仕途維艱，科舉落第

1879年6月（光緒五年五月），嚴復自英倫學成歸國。那時福州船政學堂亟需教員，船政大臣吳贊誠遂聘他充任該學堂後學堂的教習。第二年，直隸總督李鴻章在天津新創一所海軍學校—北洋水師學堂，經陳寶琛推薦，調嚴復去任總教習（即相當於教務長）。自此，嚴復在該學堂任事20年，直到1900年（光緒二十六年），義和團運動發生，他為避難，離津赴滬，才脫離這個學堂。

就在嚴復回國的那一年冬天，發生了一件對他個人前途極為不利的事，這就是沈葆楨的去世。在洋務派的幾位大員中，嚴復與沈葆楨的個人關係最為密切。本來福州船廠是湘軍系統的左宗棠、沈葆楨所創辦，由於沈葆楨的賞識，嚴復才以第一名的資格錄取為船政學堂第一屆學生，後來又因沈葆楨與李鴻章的會奏，嚴復這一批學子才赴歐州留學。可以說，沈葆楨是嚴復個人事業發展的恩主。光緒初年，沈憑藉兩江總督的顯赫地位，努力擴充南洋水師，發展個人勢力，與李鴻章的北洋水師形成分庭抗禮之勢。以這種勢態發展下去，嚴復自然可以得到沈葆楨的羅致和提攜。不料嚴復剛回國幾個月，1879年（光緒五年）冬沈葆楨就病卒，全部海軍勢力逐漸落到北洋大臣李鴻章的手中，也就是在這種背景下，嚴復與李鴻章發生了長期的主屬關係。

嚴復不屬於李鴻章嫡系的人物，李自然難以引其為心腹使用，加上嚴復個性狂傲，不易與人相處，其升遷自然受到影響。早先嚴復在英留學期間，深諳世情的郭嵩燾對他的個性就頗為擔憂，「又陵才分，吾甚愛之，而氣性太涉狂易。吾方有鑒於廣東生之乖戾，益不敢

為度外之論。亦念負氣太盛者，其終必無成，即古人亦皆然也」。[39]嚴復後來在仕途的經歷雖然並不像郭氏預言的那樣慘，但其「負氣大盛」「太涉狂易」的孤傲性格不可能不給他帶來某些障礙。他在北洋水師學堂的職位是總教習。實際上，卻承擔了總辦（校長）的責任。總辦須由候補道一級的官僚充任，而嚴復當時的資格僅是武職的都司。過了九年，也就是1889年（光緒十五年）嚴復37歲時，才連捐帶保弄到一個「選用知府」的官銜，由此升任為會辦（副校長）；1892年（光緒十八年），再升任總辦；又過兩年，從「選用知府」擢升到「選用道員」。[40]而這時嚴復已是40歲的人。

　　仕途發展不順，嚴復的心態自然表現出不滿。本來海軍是他的專業，在北洋水師學堂供職應說可以施展一技之長。可是，北洋水師學堂在李鴻章及其親信的嚴密控制下，嚴復深感「公事一切，仍是有人掣肘，不得自在施行」。[41]因此，他雖在該學堂任職長達20年，只不過是徒具虛名，根本沒有實權。誠如陳寶琛後來所言：「文忠大治海軍，以君總辦學堂，不預機要，奉職而已。」[42]嚴復對此不免產生苦惱，他在《送陳彤卣歸閩》詩中悲歎道：「四十不官擁皋比，男兒懷抱誰人知？」苦悶到極點時，甚至悔恨「當年誤習旁行書」，如今落得「舉世相視如髦蠻」，[43]覺得自己從西方刻苦鑽研所得的一切完全是多餘，於仕途無補。不然，自己為什麼會被人視如「髦蠻」？在官

39　郭嵩燾：《倫敦與巴黎日記》，第654頁。
40　參見嚴璩：《侯官嚴先生年譜》，《嚴復集》第5冊，第1547、1548頁。
41　嚴復：《與堂弟觀瀾書》（四），《嚴復集》第3冊，第731頁。
42　陳寶琛：《清故資政大夫海軍協都統嚴君墓誌銘》，《嚴復集》第5冊，第1541頁。
43　《送陳彤卣歸閩》，《嚴復集》第2冊，第361頁。

場上被人輕視，在現實中屢受挫折呢？！

組織關係的疏離，在嚴復和李鴻章之間橫下了一道天然鴻溝。思想觀念上的歧異，更使他們變得難以理解對方。19世紀60年代至甲午戰爭前夕，正是打著「自強」「求富」旗號的洋務運動轟轟烈烈開展之時，嚴復在英國獲得的經驗和他個人歸國後的遭遇，使他切實意識到李鴻章這位顯赫人物「洋務」觀的缺陷，他不相信「移花不移木」式的洋務運動可以拯救中國，可以使中國復興，海軍就是一個最典型的例子。洋務派只願採西方「技藝」之長，建船廠，造軍艦，不願完全按近代化的標準對海軍進行管理和訓練，結果新裝備的水師都經不起實戰的考驗。當時在華擔任海關總稅務司的英國人赫德對嚴復說：「海軍之於人國，譬猶樹之有花，必其根干支條，堅實繁茂，而與風日水土有相得之宜，而後花見焉；由花而實，樹之年壽亦以彌長。今之貴國海軍，其不滿於吾子之意者眾矣。然必當於根本求之，徒苟於海軍，未見其益也。」[44]赫德的這番話對嚴復刺激很大，他深悉清朝海軍內部的腐敗情形；中法戰爭海戰的失敗，更加強了他這一意識。

洋務運動舉步維艱，難期成效，而瀕海相望的日本挾持明治維新蒸蒸日上的氣勢，咄咄逼人。嚴復「慨夫朝野玩愒」，就常語人，「不三十年，藩屬且盡，纓我如悖牛耳！」[45]他的這種憤激言論，自然不為保持謹慎和溫和姿態的洋務大僚李鴻章所接受。李「患其激烈，不之近也」。[46]這就無形之中拉開了他和李鴻章的距離。加上中法戰爭

44　《〈海軍大事記〉弁言》，《嚴復集》第2冊，第352、353頁。
45　王蘧常：《嚴幾道年譜》，收入牛仰山、孫鴻霓編：《嚴復研究資料》，第26頁。
46　陳寶琛：《清故資政大夫海軍協都統嚴君墓誌銘》，《嚴復集》第5冊，第1541頁。

後，李鴻章與法國公使談判於天津，為廣東稅務司德璀琳所紿，「皇遽定約，甚言者摘發」，疑忌及嚴復，他「憤而自踈」。雙方產生了不解的疙瘩。

在京、津的上層官僚機構中，嚴復目睹了官場的腐化、糜爛情形，他在給家人的信中不無失望地寫道：

> 自來津以後，諸事雖無不佳，亦無甚好處……至於上司，當今做官，須得內有門馬，外有交遊，又須錢鈔應酬，廣通聲氣。兄（嚴復）則三者無一焉，何怪仕宦之不達乎？置之不足道也。[47]

官場的黑暗，世態的炎涼，無情地擊破了嚴復的理想之夢，也增添了他幾分思鄉的憂愁之情。他寫信給伯兄觀濤說：「弟自笑到家時忽忽過日，足履津地，便思鄉不置。天下茫茫，到處皆是無形之亂，饑驅貧役，何時休息，興言至此，黯然神傷；擬二三年後，堂功告成，便當瀝求上憲，許我還鄉，雖粥食苦，亦較他鄉為樂也。」[48]這些推心置腹的話從一個側面反映了嚴復內心孤獨、寂寞和懷才不遇的心境。

嚴復的仕途坎坷，歸國的同學卻平步青雲。林永升、方伯謙、林泰曾當上了管帶（艦長），劉步蟾則由參將、副將擢升到北洋水師右翼總兵，即分艦隊司令，職位僅次於水師提督丁汝昌。相比之下，嚴

47　《與四弟觀瀾書》（四），《嚴復集》第3冊，第731頁。
48　《與伯兄觀濤書》，《嚴復集》第3冊，第730頁。

復的失落感可想而知。也就在這時，他染上了鴉片癮，這多少反映了他對國家的苦難和自己的遭際的無奈和消極。的確，當黑暗吞噬整個社會時，自然也可能吞噬它最優秀的精英。但是，對於一個已經有幸接受了西方先進科學知識，經歷了近代啟蒙思想的洗禮，已經打開了面向世界的眼睛，又有志於改造社會的先進分子，這畢竟是一個極大的不幸。

為了尋找個人的出路，從李鴻章的行政走卒的地位中擺脫出來，嚴復試圖另謀出路。他曾與王綏雲（慈劭）投資創辦河南修武縣的煤礦，資本逾萬，嚴復約占其半。這種在私人工礦企業中投資的做法，反映了他兩重的願望。一是爭取經濟上的自立和富足。在北洋水師學堂的20年間，嚴復的個人生活發生了很大變化，他已成為三個兒子的父親。原配夫人王氏殁於1892年，他續娶了造室江氏，離津前又娶繼室朱夫人，這二妻一妾共給他生育了五男四女，組成一個龐大的家庭，成為他一生無時不予操憂的生活負累。二是實現他從英國帶回來的價值觀，即發展工商業是一個社會近代化的基礎。但嚴復投資工礦業的舉措，並無補於他的政治活動，故他仍不得不為躋身上層官僚社會作不懈的努力。他曾聽說張之洞對他「頗有知己之言」，於是打算捨北就南，「冀或乘時建樹」，[49]可此事並未如願以償。

在另謀發展的嘗試中，嚴復最寄予希望，且費力最勤，卻再三碰壁的是科舉考試。原來嚴復學成歸國時，「見吾國人事事竺舊，鄙夷新知，於學則徒尚詞章，不求真理。每向知交痛陳其害，自思職微言

---

49 《與四弟觀瀾書》（三），《嚴復集》第3冊，第731頁。

輕，且不由科舉出身，故所言每不見聽」。因此，他想博取功名，提高社會地位，「以與當軸周旋。既已入彀中，或者其言較易動聽，風氣漸可轉移」，[50]他自信學問根柢不錯，乃「發憤治八股，納粟為監生」，以為可以在科舉考場上打通一條道路，由舉人、進士、翰林而至公卿，以實現自己平日的抱負，或至少也可以提高自己言論的社會影響。1885年（光緒十一年）秋，嚴復回福建原籍參加鄉試。遺憾的是，八股文與格林威治皇家海軍學院的高材生沒有緣分，嚴復名落孫山。以後，1889年、1890年他又兩度參加北京的順天鄉試；1893年，再到福建參加鄉試，結果一一落第。「熒冥短檠鐙，淒慘長屈蠖」[51]的詩句，道出了嚴復科舉失敗後那種淒慘的狀態。

科舉考場上的敗北，自然不能說明嚴復智力能力的低下，或者表明他忽視自己的經學修養。它只能說明，嚴復尚無法迎合當時八股文的考試方式，沒有摸透其中的訣竅；陳舊的考試制度亦不能容納和接受具有「新知」的飽學之士，為其才學的發揮提供用武之地。科舉考場將嚴復摒絕在上層官僚社會之外，也排斥了一批與嚴復有類似經歷的知識份子，結果造成了清朝官僚政治機制的萎縮和僵化。就嚴復個人來說，這些羞辱的經歷，除了給他帶來重重痛苦外，也使他在甲午戰爭後更為猛烈地攻擊這種不合理的考試制度。

在仕途不順、科舉失敗的那些暗淡日子裡，嚴復的思想和學術卻有幸獲得潛滋暗長。北洋水師學堂環境幽雅，設施齊備，「堂室宏敞整齊，不下一面餘椽。樓臺掩映，花木參差，藏修遊息之所，無一不

50　嚴璩：《侯官嚴先生年譜》，《嚴復集》第5冊，第1547頁。
51　《太夷繼作有「被刪」諸語見誚，乃為複之》，《嚴復集》第2冊，第368頁。

備。另有觀星台一座，以備學習天文者登高測望，可謂別開生面矣」。[52]在教務之余，嚴復可靜心閱讀中西書籍，從事著譯活動。這時，他繼續追蹤西方人文社會科學理論研究的前沿動態，閱讀那些能反映時代水準的西方名著。1881年，嚴復通讀了英國學者斯賓塞（Herbert Spencer）的《群學肄言》（Study of Sociology，現譯為《社會學研究》，作者注），對社會達爾文主義經典理論，有了進一步的瞭解。後來，他在為這部著作的中譯本所撰的「譯餘贅語」中，回顧了自己閱讀此書的體會，寫下了一段深刻的感言：

> 不佞讀此在光緒七八之交，輒歎得未曾有，生平好為獨往偏至之論，及此始悟其非。竊以為其書實兼《大學》、《中庸》精義，而出之以詳實，以格致誠正為治平根本矣。每持一義，又必使之無過不及之差，于近世新舊兩家學者，尤為對病之藥。雖引喻發揮，繁富弔詭，顧按脈尋流，其意未嘗晦也。其《繕性》以下三篇，真西學正法眼藏，智育之業，舍此莫由。斯賓塞氏此書，正不僅為群學導先路也。[53]

由於斯賓塞的著作對嚴復以後的思想發展有著極為重要的影響，因而我們有必要分析一下他在閱讀此著的最初反應。

《群學肄言》是斯賓塞應熱情的美國信徒尤曼斯教授的要求所寫，原書出版於1873年。斯賓塞在該著中並未和盤托出他的社會學理

52　張燾：《津門雜記》卷中，天津：天津古籍出版社，1986年版，第67頁。
53　《〈群學肄言〉譯餘贅語》，《嚴復集》第1冊，第126頁。

論體系，他對自己社會學理論的系統闡釋是在後來完成的另一部巨著《社會學原理》中，《群學肄言》則可視為《社會學原理》的入門之作。「它為創立社會學（科學的皇后）概述了所有情感的、倫理的、理智的預見。斯賓塞描述了妨礙真正客觀的科學的社會學產生的一切主觀偏見和客觀困難，然而在許多篇章裡又錯綜地交織著無數他自己的偏見。」[54]

嚴復閱讀斯賓塞的《群學肄言》一書時，他的獨特感受是什麼呢？首先，他驚奇地發現這部書的某些思想命題與中國傳統文化有某些相通之處，這就加強了他將斯賓塞的思想理論應用於分析中國文化學術和社會政治的信心。

嚴復在讀斯賓塞的著作以前，他「嘗言生平獨往偏至之論」，而《群學肄言》一書，則「實兼《大學》、《中庸》精義」。例如，《大學》中有一句名言：「欲正其心者，先誠其意；欲誠其意者，先致其知；致知在格物。」這裡討論的是在誠意、正心和致知三者之間的內在關係，它強調道德的發展和完善伴隨著知識的進化，道德修養應與知識成熟「同步」。而斯賓塞也認為，追求知識是與克服情感及道德的扭曲，亦即與某種程度的超脫相聯繫，這種超脫從根本上說是一種道德上的修養。

也許嚴復當時已認識到，指出西方科學的高度倫理性的基礎，可以提高「蠻夷之學」在充滿敵意的傳統士大夫心目中的地位，可以有

---

54 Benjamin Schwartz, *In search of wealth and power:Yen Fu and the West*, Cambridge, Mass.:The Belknap Press of Harvard University, 1964，p.33.

助於西學在中國的傳輸。因此，他不僅肯定斯賓塞的思想與中國儒家經典《四書》有其相通之處，兩者之間並不矛盾；而且他還力圖證明，真實的知識恰恰是要運用西方科學方法發現的知識。這種知識既是「誠意」的反映，又將人們導向「誠意」。嚴復在福州船政學堂和留學英國所獲得的科學知識，使他自己切身體會到，這些科學知識不僅具有特殊的實踐意義，而且還包含著提高人們精神境界的作用。在人類獲取知識、智慧的道路上，只有科學的進化才能真正獲取古代聖人所夢想的澄清所有情感蒙蔽的結果。從這個意義上說，貫穿著理性精神的西方科學蘊含了道德的品格，堅持了《中庸》中所追求的「中庸」之道。

其次，嚴復在斯賓塞的思想中找到了解開西方「成功」之謎的線索，發現了西方科學方法與建設近代社會文明的內在聯繫，這就為他的維新變革思想提供了重要理論基礎。

「科學、真誠和正直構成正常社會的基礎。」斯賓塞如是說。為此，他探討了各門具體科學與社會學之間的關係。「因為社會學是一門包括所有其他科學的科學。」每一具體科學則提供一種「特定的思維習慣」，例如，數學和邏輯學「提高關於聯繫的必然性的不可動搖的信念」；物理學和化學「增強人們對原因、效用和結果的認識」；生物學則教導人們懂得「連續性、複雜性、因果關係的偶然性」等。[55]這種思維習慣對於掌握所有科學的最高綜合科學（社會學），是必不可少的。

55　Benjamin Schwartz, *In search of wealth and power:Yen Fu and the West*, Cambridge, Mass.:The Belknap Press of Harvard University, 1964.pp.35-36.

斯賓塞的上述探討主要是在該書的第十三至十六章中展開，它們冠以「規範」的章名。由於斯賓塞對社會學的含義所作的寬泛解釋，這就不僅為嚴復提供了一個科學體系的框架，而且為他認識世界提供了一種具有普遍意義的科學方法。正如後來他在《原強》一文中所說：

斯賓塞爾者……宗天演之術，以大闡人倫治化之事。……又用近今格致之理術，以發揮修齊治平之事。[56]

嚴復將斯賓塞的思想由一種社會學理論推廣到實際的社會生活，視其為變革社會的藥方，亦即達到國家富強的目標的藥方，這與斯賓塞的初衷已相去甚遠。斯賓塞當初寫作這部書，並不是為那些前近代化的社會而寫，而社會學與一般的「應用科學」不同，它不是作為有意識地改造社會的工具而構造出來的。但斯賓塞的社會學理論試圖為一個合理化的近代社會發展過程作出解釋，僅此一點對嚴復來說也許就夠了。嚴復的當務之急是要尋找導向西方社會走向近代化的基本線索，並將他所發現的這條基本線索貫穿到中國社會變革中去，斯賓塞的社會學理論能深深吸引和打動他的關鍵原因就是在此。嚴復自以為在斯賓塞的社會學理論中已經找到了解開西方成功之謎的線索，找到了能供迷茫無助的國人擺脫困境、「修齊治平」的思想武器。

除了閱讀斯賓塞的《群學肄言》一書外，嚴復還翻譯了斯賓塞的

56　《原強修訂稿》，《嚴復集》第1冊，第16頁。

《群誼篇》、柏捷特（Bagehot Walter，今通譯白芝浩）的《格致治平相關論》（Physics and Politics）兩書，可惜這兩部譯稿已佚失。大約在1892年（光緒十八年），嚴復認識了一位元名叫宓克（A.Michie）的英國人。當時長江流域一帶「教案蜂起」，宓克「深憂夫民教不和，終必禍延兩國；而又憫西人之來華傳教者，膠執成見，罕知變通，徒是己而非人，絕不為解嫌釋怨之計」，[57]故特著書《支那教案論》（Missionaries in China，現譯為《傳教士在中國》）。書分四篇：「首發端，次政治，次教事，終調輯大旨。」[58]宓克的宗教觀點是非正統的，寫作此書的目的也是為了批評傳教士在中國「膠執成見」的做法；另一方面嚴復翻譯此書，則是希望借一個外國人反對傳教士的觀點，「為他的知識界同胞提供有威力的新武器」。[59]但他的這一舉動，在社會上並沒有引起什麼反響。

有關嚴復在這一期間與「中學」方面的關係，我們沒有詳細的史料可資討論。可以斷定的是，他為準備參加科舉考試，必須在傳統經學、考據學和古文寫作方面作一番必要的準備，他的這些工作儘管在科舉考場上沒有取得成功，但在後來的政論、譯文和古籍評點等方面卻獲得了淋漓盡致的發揮，以至人們不得不承認他是「中學」「西學」皆一流的人物。

57　王蘧常：《嚴幾道年譜》，收入牛仰山、孫鴻霓編：《嚴復研究資料》，第29頁。
58　王蘧常：《嚴幾道年譜》，收入牛仰山、孫鴻霓編：《嚴復研究資料》，第29頁。
59　② Benjamin Schwartz, *In search of wealth and power: Yen Fu and the West,* Cambridge, Mass.: The Belknap Press of Harvard University, 1964，p.38.

第二章

維新巨擘：開新文化之先河

嗚呼！觀今日之世變，蓋自秦以來未有若斯之亟也。夫世之變也，莫知其所由然，強而名之曰運會。運會既成，雖聖人無所為力，蓋聖人亦運會中之一物。

——嚴復：《論世變之亟》

　　戊戌維新運動成為中國近代史上一件引人注目的大事，不僅在於它在政治上實行變法，將變革的鋒芒指向政治制度層面；而且在於它破除中國知識界的沉悶局面，除舊佈新，啟迪民智，推動了一場具有近代意義的思想啟蒙運動，成為中國新文化運動的先導。

　　嚴復是在戊戌維新時期走上歷史舞臺，並取得廣泛影響的一位重要人物。他在維新陣營與其他領袖人物的區別之處在於他不單純擁有堅實的「中學」基礎，還具備深厚的「西學」素養，他在當時的士林學子中，堪稱中學西學皆一流的人物。這就使得他在建構自己的維新理論時，能運用西方近代的哲學理論，通過中西文化比較，從更接近現代意義的角度，提出自己的維新思路。他別具一格的維新思想和西學譯介，使他在維新陣營中獨樹一幟。他獨自一人組成維新派的一個方面軍。對於嚴復的思想獨特之處，前人因其過於濃厚的「西學」色彩和在行動上對維新變法的某些保留，都頗不以為然，這不能不說是嚴復研究的一個嚴重的缺失。其實，作為一個啟蒙思想家來說，這正是嚴復超出同儕之處。

2.1 從救亡走向維新

甲午中日戰爭的爆發，中國海軍陸軍一敗再敗，洋務派三十年苦心經營的自強事業毀於一旦。泱泱大國敗於彈丸小國的嚴酷事實，猶如一聲驚雷將沉睡的國人震醒，對沉浸於科舉考場的嚴復也不啻是當頭棒喝。「日本以寥寥數艦之舟師，區區數萬人之眾，一戰而剮我最親之藩屬，再戰而陪都動搖，三戰而奪我最堅之海口，四戰而威海之海軍燼矣。」[1]噩耗哀訊接踵而來，他再也無法平靜地呆坐在自己的書齋裡。這位青年學子心中澎湃的愛國激情，迅速化成了急迫的救亡使命感。

恰巧在1894年下半年，嚴復「因不與外事，得有時日多看西書」。[2]這時候，他俯讀西書，仰觀時艱，感受特別深刻。二十餘年的西學積累和生活閱歷，至此似乎水到渠成，豁然貫通。他「覺世間惟有此種是真實事業，必通之而後有以知天地之所以位、萬物之所以化育，而治國明民之道，皆舍之莫由」。[3]相形之下，他強烈感受到中西學術之間的反差太大：

> 西人篤實，不尚誇張，而中國人非深通其文字者，又欲知無由，所以莫複尚之也。且其學絕馴實，不可頓悟，必層累階級，而後有以通其微。及其既通，則八面受敵，無施不可。以中國之糟粕方之，雖其間偶有所明，而散總之異，純雜之分，真偽之判，真不可同日而語

1　《原強修訂稿》，《嚴復集》第1冊，第19頁。
2　《與長子嚴璩書》（一），《嚴復集》第3冊，第780頁。
3　《與長子嚴璩書》（一），《嚴復集》第3冊，第780頁。

也。[4]

　　從中西學術比較中，嚴復旋即體察到迫在眉睫的民族危難。他得出一個重要論斷：「中國今日之事，正坐平日學問之非，與士大夫心術之壞，由今之道，無變今之俗，雖管、葛複生，亦無能為力也。」[5]「四千年文物，九萬里中原，所以至於斯極者，其教化學術非也。」[6]中國要振興，當從此入手。嚴復油然而生的思想啟蒙的責任感，正如他後來致梁啟超信中所憶：「甲午春半，正當東事桌兀之際，覺一時胸中有物，格格欲吐，於是有《原強》、《救亡決論》諸作，登布《直報》。」[7]

　　1895年2月至5月間，嚴復陸續在天津《直報》上，發表了四篇重要文章：《論世變之亟》、《原強》、《闢韓》和《救亡決論》。如果說，同一時期康有為、梁啟超等人發動的「公車上書」著重從政治角度，運用傳統三世說，揭開了維新變法的序幕，那麼嚴復的這些論文則主要立足於學術，通過中西對比，對中國的社會政治和文化學術做了更深層次的探討，開中國新文化之先河。

　　《論世變之亟》是嚴復「維新」思想的導論。他以強烈的危機意識，抨擊了一切頑固守舊的論調，強調要適應歷史的發展規律，即所謂「運會」。嚴復開宗明義地指出中國的危難處境不是一時出現的社會政治危機，而是千古未有的文化危機，「今日之世變，蓋自秦以

4　《與長子嚴璩書》（一），《嚴復集》第3冊，第780頁。
5　《與長子嚴璩書》（一），《嚴復集》第3冊，第780頁。
6　《救亡決論》，《嚴復集》第1冊，第53頁。
7　《與梁啟超書》（一），《嚴復集》第3冊，第514頁。

來，未有若斯之亟也」，「則我四千年文物聲明，已澳然有不終日之慮」，我國人不虛心以求西方真相，「徒塞一己之聰明以自欺」。在這種危機面前，只有認清時勢，把握歷史的進化規律，才能渡過危機，否則，即使聖人復生，也無能為力。他說：「運會既成，雖聖人無所為力。」聖人的作用只在「知運會之所由趨，而逆睹其流極……於是裁成輔相，而置天下於至安」。他批評守舊者故步自封，一廂情願地將中國和外部世界隔絕開來，「使至於今，吾為吾治，而跨海之汽舟不來，縮地飛車不至，則神州之眾，老死不與異族相往來，富者常享其富，貧者常安其貧」，結果使中國文化失去了與西方文化交流、溝通的機會，中國社會的生機窒息殆盡。「夫士生今日，不睹西洋富強之效者，無目者也。謂不講富強，而中國自可以安；謂不用西洋之術，而富強自可致；謂用西洋之術，無俟於通達時務之真人才，皆非狂易失心之人不為此。然則印累綬若之徒，其必矯尾厲角，而與天地之機為難者。其用心蓋可見矣。」[8]

嚴復還進一步剖析了中西文明的差異，指出造成中西之間差距的根本原因在於「自由」：

今之夷狄，非猶古之夷狄也。今之稱西人者，曰彼善會計而已，又曰彼擅機巧而已。不知吾今茲之所見所聞，如汽機兵械之倫，皆其形下之粗跡，即所謂天算格致之最精，亦其能事之見端，而非命脈之所在。其命脈云何？苟扼要而談，不外於學術則黜偽而崇真，於刑政則屈私以為公而已。斯二者，與中國理道初無異也。顧彼行之而常

8　《論世變之亟》，《嚴復集》第1冊，第4頁。

通，吾行之而常病者，則自由不自由異耳。[9]

　　由於中國「歷古聖賢」畏懼自由，而西洋各國則持「唯天生民，各具賦異，得自由者乃為全受」。故雙方的特點大相徑庭，譬如「中國最重三綱，而西人首明平等；中國親親，而西人尚賢；中國以孝治天下，而西人以公治天下；中國尊主，而西人隆民；中國貴一道而同風，而西人喜黨居而州處；中國多忌諱，而西人多譏評。其於財用也，中國重節流，而西人重開源；中國追淳樸，而西人求歡虞。其接物也，中國美謙屈，而西人務發舒；中國尚節文，而西人樂簡易。其於為學也，中國誇多識，而西人尊新知。其於禍災也，中國委天數，而西人恃人力」。[10]嚴復在這裡提供的一幅中西文明對照表，雖「未敢遽分其優絀」，但他用詞的褒貶，非常清楚地表明他提倡什麼；而他指出西方學術精神是「黜偽而崇真」，政治精神是「屈私以為公」，貫穿於其二者之中的又是「自由」，可謂說透了「夷之長技」的根本，找到了中國人學習西方的正確之途。

　　《論世變之亟》揭示了中國社會危機的深層原因在於文化學術，《原強》則希圖找到謀求解決這一問題的途徑。為此，嚴復提出了一套自己的救國理論。

　　嚴復首先根據英國斯賓塞（H. Spencer）的學說，認為一個國家的強弱存亡，取決於那一個國家國民的「血氣體力之強」、「聰明智慮之強」、「德行仁義之強」。文章開首就讚歎達爾文的貢獻，稱自從

9　　《論世變之亟》，《嚴復集》第1冊，第2頁。
10　《論世變之亟》，《嚴復集》第1冊，第3頁。

1859年達氏的《物種原始》（即《物種起源》）出版後，「歐美二洲幾於家有其書，而泰西之學術政教，一時斐變」。隨後，斯賓塞又將生物學的達爾文主義推廣到社會生活領域，創造了社會的達爾文主義。這樣，斯賓塞「則宗天演之術，以大闡人倫治化之事。號其學曰『群學』，猶荀卿言人之貴於禽獸者，以其能群也，故曰『群學』。……其宗旨盡於第一書，名曰《第一義諦》，通天地人禽獸昆蟲草木以為言，以求其會通之理，始於一氣，演成萬物。繼乃論生學、心學之理，而要其歸於群學焉。夫亦可謂美備也已」。[11]據此，他提出斯賓塞所說國家強弱存亡的三大標準：「體力」、「智慮」、「德行」。「是以西洋觀化言治之家，莫不以民力、民智、民德三者斷民種之高下，未有三者備而民生不優，亦未有三者備而國威不奮者也。」[12]這是社會達爾文主義所塑造的富強觀的雛形，也是西方進化論系統介紹和輸入中國的肇始。

　　嚴復然後運用「智」、「德」、「力」三個標準，說明了當時中國民族危亡的處境。他揭示中國自從甲午戰爭中所暴露出來的諸種敗象：國防的潰弱、官場的腐敗和人才的凋零。且看在外的將士，「將不素學，士不素練，器不素儲，一旦有急……曳兵而走，轉以奉敵」。再看居廟堂之上的官吏，「人各顧私……於時事大勢，嘗未有知。……其尤不肖者，且竊幸事之糾紛，得以因緣為利」。朝中的文武官員是如此，遭受封建專制壓迫的民間人士，更呈現出一派凋零寂滅的景象，「乃吾轉而求之草野閭巷之間，則又消乏彫亡，存一二於

11　《原強修訂稿》，《嚴復集》第1冊，第16—17頁。
12　《原強修訂稿》，《嚴復集》第1冊，第18頁。

千萬之中，意謂同無，何莫不可」。長此以往，則「歲月悠悠，四鄰
眈眈，恐未及有為，已先作印度、波蘭之續」。他大聲疾呼，要救亡
圖強：「嗚呼！吾輩一身無足惜，如吾子孫與四百兆之人種何！」[13]
勾畫了一幅中國文明沒落衰亡的歷史圖像，從而為他的維新主張提供
了一個深刻而有說服力的背景。

中國社會存在深刻的文明危機。克服這種危機的辦法在哪裡呢？
嚴復的看法是只能求助於漸進。他認為，中國社會固然處在危機的煎
熬上，但要謀求解決又不宜操之過急。他一再引申斯賓塞的話，認為
「民之可化，至於無窮，惟不可期之以驟」，欲謀國家的富強，必須
「相其宜，動其機，培其本根，衞其成長，則其效乃不期而自立」。[14]
他從漸進的社會改良論出發，拒斥了當時比較激進的社會主義革命的
政治主張。他深知，在西方資本主義繁榮的表面現象背後，還存在著
貧富懸殊，所以西洋近代就出現了「均貧富之黨起，毀君臣之議興」
的社會主義革命運動，但他認為「此之為患，又非西洋言理財講群學
者之所不知也。彼固合數國之賢者，聚數百千人智慮而圖之，而卒苦
於無其術。蓋欲救當前之弊，其事存於人心風俗之間。夫欲貴賤貧富
之均平，必其民皆賢而少不肖，皆智而無其愚而後可，否則雖今日取
一國之財而悉均之，而明日之不齊又見矣」。[15]嚴復強調改造社會宜
從「人心風俗」入手的重要性，主張通過提高民力、民智、民德的辦
法解決當前存在的異乎尋常的文明危機。他的結論是「是故國之強弱
貧富治亂者，其民力、民智、民德三者之征驗也。必三者既立而後其

13　《原強修訂稿》，《嚴復集》第1冊，第19、20頁。
14　《原強修訂稿》，《嚴復集》第1冊，第25、26頁。
15　《原強修訂稿》，《嚴復集》第1冊，第25頁。

政法從之」。[16]嚴復的這些認識為其翻譯赫胥黎（T.Huxley）的《進化論與倫理》（即《天演論》）一書，做了思想準備，他以後持行「教育救國」的主張，反對一蹴而就的社會革命，也與這一思想密切相關。

最後，嚴復對其提出的「三民說」，也就是「鼓民力」、「開民智」、「新民德」，作了詳細的闡釋。

所謂鼓民力，主要是禁止鴉片與纏足。所謂開民智，就是廢除八股，提倡西學。他認為中國傳統學術與近代西方學術的根本差異在於，西方學術「先物理而後文詞，重達用而薄藻飾。且其教子弟也，尤必使自竭其耳目，自致其心思，貴自得而賤因人，喜善疑而慎信古」。西方大思想家赫胥黎常言：「讀書得智，是第二手事，唯能以宇宙為我簡編，民物為我文字者，斯真學耳。」相形之下，「中土之學，必求古訓。古人之非，既不能明，即古人之是，亦不知其所以是。記誦詞章既已誤，訓詁注疏又甚拘，江河日下，以致於今日之經義八股，則適足以破壞人才，復何民智之開之與有耶？」[17]這兩種完全異旨的治學傳統所造成的結果自然也不一樣，西方近代學術，以實際事物為研究對象，讀書只供參考，故其能不斷進步，對社會發展有推動作用；而中國傳統學術，完全以書本為研究對象，讀書就是治學的正途，所以始終跳不出古人的圈子，學問終歸無用。因此，嚴復堅決主張大講西學，廢除八股，「欲開民智，非講西學不可，欲講西學，非另立選舉之法，另開用人之途，而廢八股、試貼、策論諸制科

16　《原強修訂稿》，《嚴復集》第1冊，第25頁。
17　《原強修訂稿》，《嚴復集》第1冊，第29頁。

不可」。[18]

　　嚴復認為，西方的長處在於政治與學術，而政治又以學術為根本。他說：「其為事也，一一皆本諸學術；其為學術也，一一皆本於即物實測，層累階級，以造於至精至大之塗，故蔑一事焉可坐論而不足起行者也。苟求其故，則彼以自由為體，以民主為用。一洲之民，散為七八，爭馳並進，以相磨礱，始於相忌，終於相成，各殫智慮，此既日異，彼亦月新，故若用法而不至受法之弊，此其所以為可畏也。」政治與學術相輔相成，其中的原因在於西方文化的根本是「以自由為體，以民主為用」。[19]

　　所謂新民德，就是設議院。嚴復分析中國積弱不振的基本原因是歷代君王視臣民如奴隸，他說：「諸君亦嘗循其本而為求其所以然之故與？蓋自秦以降，為治雖有寬苛之異，而大抵皆以奴虜待吾民。」「夫上既以奴虜待民，則民亦以奴虜自待。夫奴虜之于主人，特形劫勢禁，無可如何已耳，非心悅誠服，有愛于其國與主，而共保持之也。」[20]西方的民主政治制度相比之下，要高明、優越得多。法令由議院制訂，官吏由人民推舉，人民遵守法令不過是「各奉其所自主之約」，「出賦以庀工，無異自營其田宅，趨死以殺敵，無異自衛其室家」。因此，嚴復主張：「居今之日，欲進吾民之德於以同力合志，聯一氣而禦外仇，則非有道焉，使各私中國不可也。……然則使各私中國奈何？曰：設議院于京師，而令天下郡縣各公舉其守宰。」有了

18　《原強修訂稿》，《嚴復集》第1冊，第30頁。
19　《原強修訂稿》，《嚴復集》第1冊，第23頁。
20　《原強修訂稿》，《嚴復集》第1冊，第31頁。

這樣健全的議會和民選制度，那麼「民之忠愛」、「地利之盡」、「道裡之辟」、「商務之興」以及「民各束身自好而爭濯磨於善」，都可以借此獲得發展。[21]可以說，嚴復的所謂「新民德」就是用西方資本主義的民主、自由、平等，來替代中國傳統的宗法制度和君主專制。

總之，嚴復在《原強》中提出了一套維新綱領，希望通過漸進改良的道路，來培養民力、民智、民德，從而達到振興中華這一總體目標。接著發表的《闢韓》和《救亡決論》可以說是《原強》觀點的進一步發揮和補充。

《闢韓》一文著重闡揚了「新民德」一方面的思想。其立意是反駁韓愈所作《原道》中的專制思想，借古諷今，指桑　槐，進而達到批判中國封建專制主義政治制度的目的。他先例舉韓愈《原道》中主張專制的典型理論，韓愈說：

> 君者，出令者也；臣者，行君之令而致之民者也；民者，出粟米麻絲、作器皿、通貨財以事其上者也。君不出令，則失其所以為君；臣不行君之令，則失其所以為臣；民不出粟米麻絲、作器皿、通貨財以事其上，則誅。

這裡所提出的問題是君與民之間的關係問題，究竟是君為民而存在，還是民為君而存在？韓愈認定是民為君而存在。嚴復指出，這既違背了孟子所說的「民重君輕」的天下之通義，也不合乎近代西方的

21　《原強修訂稿》，《嚴復集》第1冊，第31-32頁。

民主政治原則。「孟子曰：『民為重，社稷次之，君為輕。』此古今之通義也。而韓子不爾云者，知有一人而不知有億兆也。老子言曰：『竊鉤者誅，竊國者侯。』夫自秦以來，為中國之君者，皆其尤強梗者也，最能欺奪者也。」[22]中國有著反專制的政治傳統，西方則有遏制專制的民主政治。「是故西洋之言治者曰：『國者，斯民之公產也，王侯將相者，通國之公僕隸也。』」既然如此，「西洋之民，其尊且貴也，過於王侯將相，而我中國之民，其卑且賤，皆奴產子也。設有戰鬥之事，彼其民為公產公利自為鬥也，而中國則奴為其主鬥耳。夫驅奴虜以鬥貴人，固何所往而不敗？」[23]這裡，嚴復對中國傳統政治已是下了一個總的診斷，他把封建社會的君主專制與中國的積弱聯繫在一起，尤顯示了他思想的深刻之處。

在批駁韓愈《原道》的基礎上，嚴復又進一步提出了自己的民主政治理論。他依據「民約論」的理論構架，認為正因為社會上「有其相欺，有其相奪，有其強梗，有其患害」，而普通民眾忙於生產勞作，勢不能兼顧，於是人民就會自然地根據「通功易事」的原則，「擇其公且賢者，立而為之君」。在嚴復看來，這就是國家之所以產生，國君之所以需要的理論根據。這種類似「民約論」的思想，在近代西方啟蒙思想家的著作中早有表述，它構成近代民主政治的理論基礎。

《闢韓》言辭激烈，對封建君主專制的批判一針見血，故很快招來守舊勢力的反對。它發表後兩個月，張之洞就指使屠守仁作了一篇

22　《闢韓》，《嚴復集》第1冊，第33、34頁。
23　《闢韓》，《嚴復集》第1冊，第36頁。

《辨闢韓書》，大罵嚴復說：「今闢韓者溺於異學，純任胸臆，義理則以是為非，文辭則以辭害意，乖戾矛盾之端，不勝枚舉。」嚴復大有大難臨頭之感，後經鄭孝胥從中疏解才安然無事。由此也不難看出這篇文章發表後的極大反響。

《救亡決論》一文則就廢除八股取士的科舉制的主張作了更為透徹的發揮和闡釋。文章開首就說：「天下理之最明而勢所必至者，如今日中國不變法則必亡是已，然而變將何先？曰：莫亟於廢八股。」[24]接著，嚴復力陳八股取士的科舉制的三大弊害：一是「錮智慧」，二是「壞心術」，三是「滋遊手」。他以為「然則救亡之道當何如？曰：痛除八股而大講西學，則庶乎其有瘳耳。東海可以回流，吾言必不可易也」。[25]在對科舉制度加以抨擊後，嚴復又將鋒芒轉向傳統舊學。他在清理中國「舊學」時將其分為三大門類—宋學義理、漢學考據和辭章。關於辭章和漢學考據，嚴復這樣斥責道：

自有制科來，士之舍干進梯榮，則不知焉所事學者，不足道矣。超俗之士，厭制藝則治古文詞，惡試律則為古今體，鄙摺卷者，則爭碑版篆隸之上游；薄講章者，則標漢學考據之赤幟。於是此追秦漢，彼尚八家，歸、方、劉、姚、惲、魏、方、龔；唐祖李、杜，宋禰蘇、黃；七子優孟，六家鼓吹。魏碑晉帖，南北派分，東漢刻石，北齊寫經。戴、阮、秦、王，直闖許、鄭，深衣幾幅，明堂兩個。鐘鼎校銘，珪琮著考。秦權漢日，穰穰滿家。諸如此倫，不可殫述，然吾

<hr>

24　《救亡決論》，《嚴復集》第1冊，第40頁。
25　《救亡決論》，《嚴復集》第1冊，第43頁。

得一言以蔽之，曰：無用。[26]

對於宋學義理，嚴復如是評價：

於是侈陳禮條，廣說性理。周、程、張、朱，關、閩、濂、洛。學案幾部，語錄百篇。《學蔀通辨》、《晚年定論》。關學刻苦，永嘉經制。深寧、東發，繼者顧、黃，《明夷待訪》、《日知》著錄。褒衣大袖，堯行舜趨。聲顏，距人千里。灶上驅虜，折箠笞羌。經營八表，牢籠天地。夫如是，吾又得一言以蔽之。曰：無實。[27]

「無用」、「無實」，這是嚴復對當時「官學」的總結。而那些祖述古文辭賦和唐宋八大家的古文家們，那些宗奉許慎、鄭玄的漢學家們，那些承繼程、朱而廣說性理的義理考辨之士們，在他筆下也都成了「侏儒小丑」一類的人物。

嚴復的上述四篇論文成為他一生思想發展的重要界標，戊戌維新運動期間，他的文化活動和思想闡釋大都可從這裡找到根由。這些文章在當時發表後，為戊戌維新思潮的興起發揮了重要的先導作用。如將這四篇論文置於整個近代文化學術史來看，它們也為後人開闢了一條新路。對此，馮友蘭先生曾有過高度評價：「嚴復在《論世變之亟》中提出政治和學術兩點，在《救亡決論》中他只提到學術一點，這說明他認為學術的改變是最根本的。這不是他迂闊，二十多年後的新文

26　《救亡決論》，《嚴復集》第1冊，第43、44頁。
27　《救亡決論》，《嚴復集》第1冊，第44頁。

化運動正是這樣說和這樣做的，文化是一個外來的名詞，如果用中國的舊名詞，那就是學術。嚴復的《救亡決論》中所提出的主張，如果發展為一個運動，就可以成為新學術運動。新文化運動提出『民主與科學』這個口號，指出此二者是西方的『長技』的根本。上面所說的嚴復的四篇文章雖然沒有說得這樣明確，但有這個意思。」[28]客觀評析嚴復這些文章所表述的思想主張和理論傾向，可以說，馮友蘭先生的這一評價並不過譽。

2.2　嚴、康學術思想之分野

嚴復與康有為均是戊戌維新時期走上歷史舞臺並發出耀眼光輝的兩位啟蒙思想大師。他們的共同之處是都力促清朝進行變法維新，以期變革圖存。有趣的是，同屬於維新陣營的兩位主要代表卻在當時並未真正進行過合作，甚至未發生直接接觸。馮友蘭先生對這種狀況有過一段評述：「那時（指1895年），嚴復的影響已經很大，聲望很高，為什麼康有為不找嚴復合作呢？嚴復既然主張變法，為什麼也不找康有為合作呢？這兩個大人物誰也不找誰，誰也不提到誰，這兩個人好像是並世而不相知，這是為什麼呢？原來這兩個人並不是『志同道合』，而是志同道不合。他們都主張變法，這是志同，但是變法的內容不同，這是道不合。因為志同，誰也不批評誰，因為道不合，誰也不擁護誰，所以就似乎是並世而不相知了。」[29]那麼，嚴復與康有為的思想，特別是學術思想，究竟有什麼歧異呢？

28　馮友蘭：《中國哲學史新編》第6冊，北京：人民出版社，1989年版，第159頁。
29　馮友蘭：《中國哲學史新編》第6冊，第161頁。

（一）「格義」方式的不同。所謂「格義」是指在兩種文化接觸的時期，接受外國文化的人們喜歡把所接受的外國文化的某一方面，比附在本國文化的某一方面。例如魏晉時期，談佛學的人喜歡把佛學比附于老莊，這種比附在當時稱為「格義」。

近代中國是中西文化激烈撞碰和交融的時代。處在這一歷史時期的知識份子為了更好地理解世界大勢，適應時代潮流，有時候利用過去解釋現在，或用現在解釋過去。換句話說，他們將外來的西方文化與中國本土文化聯繫起來，使之變成中國人可以理解的東西。這樣，他們或以中國文化解釋西方文化，或以西方文化解釋中國文化，這種解釋與評論是中西文化接觸的產物，它構成中國近代文化思想史、學術史的重要內容。

一般來說，「五四」以前中國知識份子的「格義」方式主要是運用中國傳統文化的觀點分析、吸取西方文化，用中國傳統文化的模式去套用西方近世文化；「五四」以後，人們的主要傾向則是借用西方文化的觀點評析、批判中國傳統文化，用西方文化的模式去解釋中國傳統文化。前者實質上從舊文化的立場批評或讚賞新文化，後者則用新文化批評或讚賞舊文化。[30]

康有為在提出維新變法的各項主張時，披著「公羊三世說」的外衣，宣傳社會進化論，以「托古改制」的方式宣傳其變法政治理論。他把公羊三世比附為君主、君民共主、民主三種社會制度，認為人類

30　參見馮友蘭：《中國哲學史新編》第六冊，北京：人民出版社，1989年版，第124—125頁。

社會按照這一順序進化。他竭力改裝孔子為變法服務，說孔子主張平等、民主，「所謂民者，民主之謂，孔子稱民蓋予知民主」。[31]他煞費苦心地把孔子說成是「托古改制」的大師，說先秦諸子無不借用三代聖人之名，宣傳自己的政治主張；孔子也是借堯、舜、文王之名，闡發自己的政治主張，諸子之所以採用曲折的方式表述自己的政治要求，因為「布衣改制，事大駭人，故不如與之先王，既不驚人，自可避禍」。[32]康有為常與人說明，他所要做的，並不是採用西方新文化，倒是實現孔丘的教義；他並不排拒外來文化，倒是能欣賞它們的價值。不過，他的讚賞只以合乎據說是孔丘的三世教義為限。他是以舊釋新，以中國固有文化的眼光去批評外來的西方文化。

追根究源，康有為的「托古改制」思想是由「西學中源」說發展而來。甲午戰爭以前，封建頑固派反對向西方學習，主要理由有二：一、學習西方就是「以夷變夏」，故要嚴防「夷夏之大變」；二、學習西方「奇技淫巧」違背曆古聖賢重道不重器的遺訓，而破壞「夷夏之大防」，不遵守先聖先賢遺教就是非聖無法。鑒於這種情況，思想先進的知識份子則力圖證明：西方技術、文字、議會等政制教藝無不源於中國。於是，西方文字為倉頡之兄伕盧所發明，格致（物理）出於墨子，數學源于《周髀》，「黃帝明堂之議，實即今議院之權輿」等說法，也就應運而生了。西方輸入中國文化和科技，遂成今日之富強。既然如此，學習西方正是「禮失求野」，絕不是「以夷變夏」。康有為受「西學中源」說影響，稱「近年西政西學，日新不已，實則

31　康有為：《春秋董氏學》，樓宇烈整理，北京：中華書局，1990年版，第25頁。
32　康有為：《孔子改制考》，北京：中華書局，1958年版，第267頁。

中國聖經之義，議院實謀及庶人，機器則開物利用，歷代子史百書著述，亦多有之，但研究者寡，其流漸堙，正宜恢復舊學，豈可讓人獨步？」[33]19世紀末，孔子仍是一般士大夫心目中的偶像，康有為借用他的權威來為自己服務，其意就是要獲得更大的支援。

嚴復所走的路子與康有為相反。他是站在西學的立場，從西學的觀點把握中學，並以中學對西學做格義。試援一例：

司馬遷曰：「《易》本隱而之顯，《春秋》推見至隱。」此天下至精之言也。始吾以謂本隱之顯者，觀象繫辭以定吉凶而已；推見至隱者，誅意褒貶而已。及觀西人名學，則見其於格物致知之事，有內籀之術焉，有外籀之術焉。內籀雲者，察其曲而知其全者也，執其微而會其通者也。外籀雲者，據公理以斷眾事者也，設定數以逆未然者也。乃推卷起曰：有是哉，是固吾《易》、《春秋》之學也。遷所謂本隱之顯者，外籀也；所謂推見至隱者，內籀也。其言若詔之矣。[34]

在嚴復看來，特殊的事物是「顯」，一般的規律是「隱」。《周易》講一般的規律，把它應用到特殊的事物，這是從一般到特殊，即由「隱」至「顯」。《春秋》記載諸侯各國歷史中的特殊事例，從中找出規律，作為「春秋大義」，這是從特殊到一般，「推見至隱」。西方的邏輯學有演繹法和歸納法範疇。嚴復認為演繹法從一般到特殊，這是《周易》之學；歸納法從特殊到一般，則是《春秋》之學。他在解釋

33　《兩粵廣仁善堂聖學會緣起》，收入姜義華、吳根梁編校：《康有為全集》第2冊，上海：上海古籍出版社，1990年版，第621頁。
34　《天演論》自序，《嚴復集》第5冊，第1319、1320頁。

中國傳統經典中的這對範疇時，大體是採用西方邏輯學的方法。

　　嚴復已經意識到，中西學術不僅僅是民族之爭，而且是時代之差，也就是古今之別。因此，他指出，西學是西方人實際生活的產物，「西學中源」論不過是「揚亡抑人，誇張博雅」，「於實際從未討論」的幼稚可笑的議論。[35]救補的辦法就是「以西釋中」，「以今釋古」。他說：「雖然，由斯之說，必謂彼之所明，皆吾中土所前有，甚者或謂其學皆得於東來，則又不關事實適用自蔽之說也。夫古人發其端，而後人莫能竟其緒；古人擬其大，而後人未能議其精，則猶之不學無術未化之民而已。祖父雖聖，何救子孫之童婚也哉！大抵古書難讀，中國為尤。二千年來，士徇利祿，守闕殘，無獨辟之慮。是以生今日者，乃轉于西學，得識古之用焉。此可為知者道，難與不知者言也。」[36]由於嚴復的格義方式是「以西釋中」，故在他的文章中，達爾文、斯賓塞、牛頓、柏拉圖、赫胥黎等西方學者的名字大量出現，他們的思想也隨時被發揮和介紹；相形之下，中國孔孟的語錄則很少被引用。實際上，他花費大量精力投身翻譯，也可以說是他的「格義」觀的體現。

　　人所皆知，近代以降，文化史上所出現的中西之分，本質上是古今之爭。以中學為主，對西學進行格義，實際上是以古釋今，這是一種傳統的思維方式；以西學為主，對中學進行格義，本質上以今釋古，則是一種近代的思維方式。

35　《救亡決論》，《嚴復集》第1冊，第52頁。
36　《天演論》自序，《嚴復集》第5冊，第1320、1321頁。

在中西文化的衝撞和融會中，嚴復當時獨樹一幟，能以今釋古，這是其超出同儕的地方，也是他比康有為高明之處。雖然他的解釋不免有牽強附會之處，但在當時畢竟開啟了一條新路，以後，「五四」新文化人大體是沿著他的這個方向發展。

（二）對居於「官學」地位的經學的態度有別。由於兩人的「格義」不同，因此雙方對經學的態度自然也產生了裂縫。

康有為尚未擺脫「中體西用」思想的桎梏，甲午戰爭前後一段時間他在萬木草堂「以孔學、佛學、宋明學為體，以史學、西學為用」教導學生。[37]1895年，他在上海強學會章程中載明，學習中西各門學問「皆以孔子經學為本」。戊戌變法時，康有為再次提出「經學」為變法之本：「竊謂今日，非維持人心，激勵忠義，不能立國，而非尊崇孔子無以維人心而厲忠義。此為變法之本。」康有為授意梁啟超為禦史宋伯魯所起草的奏稿中明確地指出：「夫中學體也，西學用也，無體不立，無用不行，二者相需，缺一不可。」[38]故此，康有為提出要立孔教，「使人知君臣父子之綱，家知仁恕忠愛之道」。[39]康有為的變法思想是以今文經學為武器，他認為儒家的最重要的經典是《周易》與《春秋》。他說：《周易》「專明變易之義」，「孔子之道，至此而極矣」。他極為欣賞《周易·繫辭》中的這一段話：「窮則變，變則通，通則久」，以此來闡釋和建構自己的變法理論。可以說，康有

37　梁啟超：《康有為傳》，收入翦伯贊等編：中國近代史資料叢刊《戊戌變法》第4冊，上海：神州國光社，1953年版，第9頁。

38　《奏請經濟歲舉歸併正科並各省歲科試迅即改試策論折》，收入湯志鈞編：《康有為政論集》上冊，北京：中華書局，1981年版，第294頁。

39　康有為：《請商定教案法律厘正科舉文體，聽天下鄉邑增設文廟，謹寫〈孔子改制考〉，進呈御覽以尊聖師而保大教折》，收入《傑士上書匯錄》卷二。

為的學問範圍基本上仍以傳統學術為主。

　　嚴復則激烈批評「中體西用」的思維模式，他在《天演論》的譯序中就說：「西學之事，問塗日多，然亦有一二鉅子，然謂彼之所精，不外象數形下之末；彼之所務，不越功利之間。逞臆為談，不諮其實。」[40]對先前的洋務派「西學」觀提出了批評。隨後，他在《與〈外交報〉主人書》中明確指出，「體」、「用」不可分割，一個國家的政教學術就好像具備各種器官的生物，它的各個組成部分是完整的統一物。它們的功能（「用」）與其結構（「體」）不能分開，不能把馬的四個蹄子加在牛的身上，「有牛之體，則有負重之用；有馬之體，則有致遠之用。未聞以牛為體，以馬為用者也」[41]。「故中學有中學之體用，西學有西學之體用」，如果「合而為一物」，連道理名義都講不通，更不要說能行得通了。

　　嚴復對傳統經學，不管是漢學考據，還是宋明理學都直截了當地給予斥責。所謂漢學考據，「一言以蔽之，曰：無用」；所謂程朱理學、永嘉經制，黃宗羲的《明夷待訪錄》、顧炎武的《日知錄》，「一言以蔽之，曰：無實」。且其「所托愈高，去實滋遠，徒多偽道，何裨民生也哉！故由後而言，其高過於西學而無實；由前而言，其事繁于西學而無用。均之無救危亡而已矣」[42]。

　　康有為深受陸王心學的影響，他認為陸王心學「直捷明誠，活潑有用」，有利於發揚主觀能動性。他說：「欲救亡無他法，但激勵其

---

40 《天演論》自序，《嚴復集》第5冊，第1321頁。
41 《與〈外交報〉主人書》，《嚴復集》第3冊，第558、559頁。
42 《救亡決論》，《嚴復集》第1冊，第44頁。

心力，增長其心力，念茲在茲，則爝火之微，自足以爭光日月，基於濫觴，流於江河，果能合四萬萬人人人熱憤，則無可不為者，奚患於不能救。」[43]嚴復則與之相反，他對陸王心學持嚴厲批判的態度。他說：「夫陸王之學，質而言之，則直師心自用而已。自以為不出戶可以知天下，而天下事與其所謂知者，果相合否？不逕庭否？不復問也。自以為閉門造車，出而合轍，而門外之轍與其所造之車，果相合否？不齟齬否？又不察也。……忘言性求故……強物就我。後世學者，樂其徑易，便於情窳敖慢之情，遂群然趨之，莫之自返。其為禍也，始於學術，終於國家。」[44]

對於傳統儒家經典，嚴復也予以有力批評。他說：「六經五子以君子而束縛天下，後世其用意雖有公私之分，而崇尚我法，劫持天下，使天下必從己而無或敢為異同者則均也。因其劫持，遂生作偽；以其作偽，而是非淆、廉恥喪，天下之敝乃至不可複振也。」[45]六經系指《詩經》、《書經》、《禮經》、《樂經》、《易經》、《春秋》，五子則指宋朝道學家周敦頤、程頤、程顥、張載和朱熹，他們在清朝居有正統地位，尤其是朱熹集注的《四書》為欽定的士人必讀書，科舉考試亦以其為參考，故批判六經五子實質上是對正統思想和官方意識形態的挑戰。

由於對傳統文化的歷史判斷有明顯差異，自然在現實的價值判斷上也會作出不同反應。康有為上了一個奏摺——《請尊孔聖為國教，

43　《京師保國會第一集演說》，收入湯志鈞編：《康有為政論集》上冊，北京：中華書局，1981年版，第241頁。
44　《救亡決論》，《嚴復集》第1冊，第44、45頁。
45　《救亡決論》，《嚴復集》第1冊，第54頁。

立教部、教會，以孔子紀年，而廢淫祀折》，明確提出「教旨」方面的改革，要求立孔教為國教。他說：「竊惟孔子之聖，光並日月；孔子之經，流亙江河；豈待臣愚，有所贊發。惟中國尚為多神之俗，未知專奉教主，以發德心。」他認為西方的文明國家都是信一神教，落後的國家則信多神教。中國民間信仰還是多神教，故為西方國家所笑話，所以他認為也要建立一個一神的宗教。「夫大地教主未有不托神道以令人尊信者，時地為之。若不假神道而能為教主者，惟有孔子，真文明世之教主，大地所無也。乃劉歆起，偽作古文經，托于周公，於是以六經為非孔子所作，但為述者。唐世遂尊周公為先聖，抑孔子為先師，於是僅以孔子為先師，於是僅以孔子為純德懿行之聖人，而不知為教主矣。」「遂令中國誕育大教主而失之，豈不痛哉！臣今所編撰，特發明孔子為改制教主，六經皆孔子所作，俾國人知教主，共尊信之。」[46]康有為不僅這樣說，而且還照此去做。嗣後，他就發起成立了保教會。

嚴復對康有為的做法頗不以為然。他說：「今日更有可怪者，是一種自鳴孔教之人，其持孔教也，大抵於（與）耶穌、謨罕爭衡，以逞一時之意氣門戶而已。不知保教之道，言後行先則教存，言是行非則教廢。諸公之所以尊孔教而目餘教為邪者，非以其理道勝而有當于人心多耶？……以此而雲保教，恐孔子有知，不以公等為功臣也。」[47]他之所以反對設立保教會，主要理由是孔子學說流傳至今，已發展成

46　康有為：《請尊孔聖為國教，立教部、教會，以孔子紀年，而廢淫祀折》，收入翦伯贊等編：中國近代史資料叢刊《戊戌變法》第2冊，上海：上海人民出版社，1961年版，第234頁。
47　《有如三保》，《嚴復集》第1冊，第82頁。

多種流派，可以說紛紜複雜，設立保教會無所適從，不知保哪一派。「據史以觀，則知歷代同奉孔教以為國教。然二千年來，改變極多。西漢之孔教，異于周季之孔教；東漢後之孔教，異于西漢之孔教；宋後之孔教，異于宋前之孔教。國朝之孔教，則又各人異議，而大要皆不出於前數家。故古今以來，雖支派不同，異若黑白，而家家自以為得孔子之真也。夫孔教之行於中國，為時若此之久，為力若此之專，即中國人之斤斤與外人相持，亦均以新法之有礙孔教為辭，若欲以國殉之者。」[48]自然，設孔教又有何益？！

（三）對西學的理解程度和興趣所在不同。康有為對西學的把握較為膚淺，有時甚至是誤解；嚴復對西學精義的闡釋相對要全面、深刻。

康有為對於西方近代學術源流缺乏基本的瞭解，他之尋求「西學」主要是為了變法決策尋找理論依據，因此，他對西學的介紹側重在政治理論方面。他提出「立憲法，開國會」，「設議院以通下情」，但他對西方的君主立憲制和國會制的實質卻欠缺基本的瞭解。他替當時的一個內閣學士寫了一篇奏稿，內中說：「臣竊聞東西各國之強，皆以立憲法開國會之故。國會者，君與國民共議一國之政法也。蓋自三權鼎立之說出，以國會立法，以法官司法，以政府行政，而人主總之，立定憲法，同受治焉。人主尊為神聖，不受責任，而政府代之。東西各國，皆行此政體。故人君與千百萬之國民，合為一體，國安得不強？吾國行專制政體，一君與大臣數人共治其國，國安得不弱？蓋

48　《保教餘義》，《嚴復集》第1冊，第83、84頁。

千百萬之人，勝於數人者，自然之數矣。」「伏乞上師堯舜三代，外采東西強國，立行憲法，大開國會，以庶政與國民共之，行三權鼎立之制，則中國之治強，可計日待也。」[49]這裡提出的問題是光緒帝如何將政權下放，以求君臣上下同心協力抵抗外辱，達到救國強國的目的。有趣的是，康有為當時主張下放政權，但不主張全部下放政權。他所理解的君主立憲並不是西方所已實行的君主立憲制，君主立憲制的實質是君主把統治權全部交給內閣，而自己居於一個有名無實的虛位。最早實施這一制度的是英國，後來日本等國也起而模仿。在戊戌維新時期，康有為還不知道「虛君」是君主立憲制的實質。他雖已提出「三權分立」、「憲法」等名詞，也僅限於談談而已，並無實行之意。他所理解的君主立憲制的真正內容是「君民合治」，所謂「君民合治」，也就是介乎君主和民主之間的君民共主。這也可以說得上是一種中國特色的君主立憲制構想。即使如此，戊戌變法也未做到這一點。民國成立以後，康有為結束在國外的流亡生活，回國參政，提出「虛君共和」，以示與孫中山為代表的民主派相對抗，然而這一口號除了為封建的遺老遺少所利用外，已無任何歷史進步意義。

嚴復對西方近代科學發展背景有比較系統的瞭解，他之評介「西學」主要是為了更新中國士人的思維方式，所以，他對西學的介紹側重在哲學理論和科學方法上。

關於西方近代的科學精神，他說：「一理之明，一法之立，必驗之物物事事而皆然，而後定之為不易。其所驗也貴多，故博大；其收

49　康有為：《請定立憲開國會折》，收入翦伯贊等編：中國近代資料從刊《戊戌變法》第2冊，上海：上海人民出版社，1961年版，第236—237頁。

效也必恒，故悠久；其究極也，必道通為一，左右逢原，故高明。方其治之也，成見必不可居，飾詞必不可用，不敢絲毫主張，不得稍行武斷，必勤必耐，必公必虛，而後有以造其至精之域，踐其至實之途。」[50]科學精神不僅是一種實事求是的精神，而且也是對人的思維的一種嚴格訓練。他說：「且西土有言：凡學之事，不僅求知未知，求能不能已也。學測算者，不終身以窺天行也；學化學者，不隨在而驗物質也；講植物者，不必耕桑；講動物者，不必牧畜。其絕大妙用，在於有以煉智慮而操心思，使習於沈者不至為浮，習於誠者不能為妄。是故一理來前，當機立剖，昭昭白黑，莫使聽熒。凡夫洞（恫）疑虛猲，荒渺浮誇，舉無所施其伎焉者，得此道也，此又《大學》所謂『知至而後意誠』者矣」[51]這裡所批評的「恫疑虛猲，荒渺浮誇」正是傳統士人治學所存的嚴重缺失。

嚴復對近代西方科學發展源流作了回顧。西洋「制器之備，可求其本於奈端（牛頓）；舟車之神，可推其原於瓦德（瓦特）。……而二百年學運昌明，則又不得以柏庚氏（培根）之摧陷廓清之功為稱首。學問之士，倡其新理，事功之士，竊之為術，而大有功焉。……至於晚近，言學則先物理而後文詞，重達用而薄藻飾。且其教子弟也，尤必使自竭其耳目，自致其心思，貴自得而賤因人，喜善疑而慎信古。其名數諸學，則藉以教致思窮理之術；其力質諸學，則假以導觀物察變之方，而其本事，則筌蹄之於魚兔而已矣」[52]嚴復當時所具備的這些近代科學知識不僅康有為不能及，而且在同時代人中也是

50　　《救亡決論》，《嚴復集》第1冊，第45頁。
51　　《救亡決論》，《嚴復集》第1冊，第45、46頁。
52　　《原強修訂稿》，《嚴復集》第1冊，第29頁。

鳳毛麟角。

關於西方近代的科學方法，嚴復指出：「大抵學以窮理，常分三際。一曰考訂，聚列同類事物而各著其實。二曰貫通，類異觀同，道通為一。」考訂或稱「觀察」，或稱「演驗」。在聚列同類事物的時候，有些「非人力所能變換者，如日星之行，風俗代變之類」，對於這些事物只能用「觀察」之法；有些「可以人力駕馭移易者，如爐火樹畜之類」，對於這些事物只能用「演驗」之法。「考訂既詳，乃會通之以求其所以然之理，於是大法公例生焉」。古代中西學術大致只做到考訂和貫通這兩步，「故所得之大法公例，往往多愆」，近代科學發明了一種補救方法—試驗。「試驗愈周，理愈靠實矣。」上述科學方法的三個層次從邏輯上來說就是「內導」和「外導」，也就是現代人們所說的歸納法和演繹法。「內導者，合異事而觀其同，而得其公例」，這就包括考訂和貫通兩層；「外導」則是用一個已有的公例作為前提，「合例、案、斷三者，於名學中成一聯珠」，由此推出「斷案」，如果這個斷案合乎事實，這就證明公例是正確的，所以外導是「印證愈多，理愈堅確也」。[53] 這實際上指的是試驗。

嚴復上述對西方科學方法的介紹，可以說是抓到了近代科學的實質。在中國傳統學術中，人們一般注意到「考訂」（搜集材料）和「貫通」（尋求規律），但很少能進入第三層——「試驗」。因而近代科學實驗法與「中學」無緣。鑒於清代士人鑽故紙堆的傾向，嚴復還特別強調，研究科學「第一要知讀無字之書」。他說：「赫胥黎言：『能觀

53　《西學門徑功用》，《嚴復集》第1冊，第93、94頁。

物觀心者，讀大地原本書；徒向書冊記載中求者，為讀第二手書矣。」讀第二手書者，不獨因人作計，終當後人；且人心見解不同，常常有悞。而我信之，從而悞矣，此格物家所最忌者。」[54]他這裡所說的「無字之書」，就是自然和社會本身。

（四）在治學方式上，康有為主要是治傳統經學，嚴復則偏重於開拓新學。

梁啟超在《清代學術概論》談及他的老師康有為時說：「有為早年，酷好《周禮》，嘗貫穿之著《政學通議》，後見廖平所著書，乃盡棄其舊說。」轉向今文經學。證以康有為《自編年譜》：1878年（光緒四年），他「在九江禮山草堂從九江先生學。大肆力於群書，攻《周禮》、《儀禮》、《爾雅》、《說文》、《水經》之學」；1879年（光緒五年），他「捨棄考據帖括之學，專意養心。既念民生艱難，天與我聰明才力拯救之，乃哀物悼世，以經營天下為志，則時時取《周禮》、《王制》、《太平經國書》、《文獻通考》、《經世文編》、《天下郡國利病全書》、《讀史方輿紀要》，緯劃之。俯讀仰思，筆記皆經緯世宙之言」；1880年（光緒六年），「是歲治經及公羊學，著《何氏糾繆》，專攻何劭公者。既而自悟其非，焚去」，《公羊》是今文主要典籍，何休是東漢今文大師，康有為著《何氏糾繆》，表明他已轉向今文經學；1886年（光緒十二年），他「又著《教學通議》成，著《韻學戹言》，既而棄之」。[55]這裡所截取的只是康有為早年的幾個年份，它說明康有為於經學下力甚勤，其經學根柢十分深厚。其後，他著

54　《西學門徑功用》，《嚴復集》第1冊，第93頁。
55　康有為：《康南海自編年譜》，北京：中華書局，1992年9月版，第7—10頁。

058　嚴復評傳

《新學偽經考》、《孔子改制考》，奠定了其在清代經學史上的地位。

　　查閱嚴復的年譜，除了他童年時代入私塾、讀經書的那段經歷外，我們無法再找到他師從經學大師的閱歷，更找不到他留下的一部經學著作。他從十五歲考入福州學堂以後，其職業限定了他的主要興趣不外乎近代自然科學和社會科學。據人們回憶，在1895年前，他翻譯了斯賓塞的《群誼篇》、柏捷特的《格致治平相關論》和宓克的《支那教案論》（此三部譯稿均佚）。[56]這說明嚴復的興趣已開始投入譯事。而嚴復在1898年出版譯著《天演論》，更是將其志趣表露無遺。

　　晚清學者俞樾曾說，學人士子在當時只有兩條路可走，不是做攻古籍、「法先王」的「孟子之徒」，就是做就西學、「法後王」的「荀子之徒」。[57]如照此標準，在治學方式上，康有為頗似一個治經學、究古籍的「孟子之徒」；而嚴復則是一個攻西學、譯洋著的「荀子之徒」。應該說明的是，康有為的經學研究既不同於傳統意義上的經學研究，又超越了學術研究的範疇。他的《新學偽經考》和《孔子改制考》除了在經學史上引起了一場變革外，還為維新變法運動提供了理論依據。因此，儘管他與嚴復的治學方式和側重點截然不同，但其指向意義卻是殊途同歸，都是為了推動一場維新運動。

　　嚴復和康有為之所以在學術思想和中西文化觀上呈現出明顯的分野，這與他們的早年經歷和教育背景密切相關。康有為屬於從傳統文

56　參見王蘧常：《嚴幾道年譜》，收入牛仰山、孫鴻霓編：《嚴復研究資料》，第27頁。

57　參見俞樾：《詁經精含課藝第八集序》，轉引自湯志鈞編：《章太炎年譜長編》上冊，北京：中華書局，1979年版，第34頁。

化壁壘中蛻化出來的士人，他雖受到西方文明衝擊的刺激，對外來新鮮事物有所感觸，要求維新變法，但他畢竟受到所受教育的限制；他飽受傳統文化的薰陶，熟稔經、史、子、集，對有關西方的文化學術和社會政治只有間接的瞭解，因而他只能利用傳統經史知識去發明新義，製造出「不中不西，即中即西」的新學問。嚴復則從少年時代進入船政學堂，學習西方語言文字、科學技術，隨後又留學英倫，對西方社會政治有直接的經驗，對近代科學文化有系統的學習，因而他能以全新的面目投入維新運動。對康、嚴之間的差別，梁啟超後來有一段評價極為中肯：

　　蓋當時之人，絕不承認歐美人除能製造能測量能駕駛能操練之外，更有其他學問。而在譯出西書中求之，亦確無他種學問可見。康有為、梁啟超、譚嗣同輩，即生育於此種「學問饑荒」之環境中，冥思枯索，欲以構成一種「不中不西即中即西」之新學派，而已為時代所不容。……

　　時獨有侯官嚴復，先後譯赫胥黎《天演論》、斯密亞丹《原富》、穆勒約翰《名學》、《群己權界論》、孟德斯鳩《法意》、斯賓塞《群學肄言》等數種，皆名著也。雖半屬舊籍，去時勢頗遠，然西洋留學生與本國思想界發生關係者，復其首也。[58]

　　在戊戌維新時期，真正對當時的維新運動發生主導作用的是康有為的思想，嚴復的主張雖有影響，但不構成運動的主流。20世紀初，

58　梁啟超：《清代學術概論》，收入朱維錚校注：《梁啟超論清學史二種》，上海：復旦大學出版社，1985年版，第79—80頁。

康有為的思想因其舊的色彩過於濃厚，已不為時代所容，故逐漸失去了原有的影響力。而嚴復的思想隨著時代的進步，尤其是新學堂的興辦和大批留學生的派遣，逐漸得以傳播，為廣大新型知識份子所接受，進化論成為思想界的主流，西學成為眾望所歸的新學。因而兩人在學術史上的地位，則代表著兩個截然不同的學術時期，康有為的學術意味著舊學術時代的終結，嚴復的學術則預告了新學術時代的來臨。這也是「五四」那一代人捨棄康有為，願意奉嚴復為其思想圭臬的一個重要原因。

2.3　文化維新，教育救國

嚴復在《直報》上發表的四篇文章，在社會上引起了強烈的反響，他自己從此聲名鵲起。也許是出於思想家好思不好動的天性，也許是出於對康有為等人維新思想及其活動的保留態度，嚴復並沒有直接捲入維新派的政治活動。自甲午戰爭至戊戌政變的三年裡，他守著北洋水師學堂總辦的職位，其活動區域大體侷限於天津，只是偶爾去過北京幾次。這期間，嚴復與維新運動發生關聯的活動主要是兩件事：一是在天津創辦《國聞報》，一是「應詔」會見光緒皇帝。

1897年11月（光緒二十三年十月），嚴復與王修植、夏曾佑等人在天津創辦了一份具有維新傾向的日報—《國聞報》。該報登載國內外時事新聞，發表社論時評。除了日報之外，「略仿英國《泰晤士報》之例」，另闢有一種旬刊，名為《國聞彙編》。凡是「重要三事」，「其消息議論，足備留存考訂者，皆登之十日合印之《彙編》」。這兩份

報紙各有職守，「大抵閱日報者，則商賈百執事之人為多，而上焉者或嫌其陳述之瑣屑；閱旬報者，則士大夫讀書之人為多，而下焉者或病其文字之艱深」。[59]兩份報紙各有自己的讀者對象，其社會影響可相得益彰。

關於《國聞報》的創刊宗旨，它的發刊詞明確宣佈：「閱茲報者，觀于一國之事，則足以通上下之情；觀於各國之事，則足以通中外之情。上下之情通，而後人不自私其利；中外之情通，而後國不自私其治。人不自私其利，則積一人之智力，以為一群之智力，而吾之群強；國不自私其治，則取各國之政教，以為一國之政教，而吾之國強。此則本館設報區區之心所默為禱祝者也。」[60]也就是說，創辦《國聞報》的主要目的，一方面是要「通上下之情」，打破各個階層壁壘森嚴的局面，發揮眾人才智，造成一種講求民主的氣氛；一方面又要「通中外之情」，溝通中外文化交流，瞭解世界政治、經濟、文化各方面的發展大勢，形成一種對外開放的格局。在當時，《國聞報》與《時務報》遙相呼應，成為北方最具影響力的維新報刊。

《國聞報》自創刊至維新運動失敗（1897年11月—1898年9月），維持了不到一年，共發表42篇社論。據王栻考證，內中有27篇為嚴復所撰。[61]這些文章筆調尖銳、潑辣，顯示了嚴復熾熱的愛國主義熱情和對維新變革的強烈嚮往。

59　《〈國聞報〉緣起》，《嚴復集》第2冊，第454頁。
60　《〈國聞報〉緣起》，《嚴復集》第2冊，第455頁。
61　參見王栻：《嚴復在〈國聞報〉上發表了哪些論文》，《嚴復集》第2冊，第421—452頁。

19世紀末，帝國主義掀起瓜分中國的狂潮。1897年11月，《國聞報》創辦不到一個月，就發生了膠州灣事件，德國侵佔我國膠州灣，守衛當地的清朝文武官員不作任何抵抗，便退出陣地。為此，嚴復特撰寫《駁〈泰晤士報〉論德據膠澳事》、《論膠州章鎮高元讓地事》、《論膠州知州某君》等文章，一方面嚴厲譴責德國的侵略行徑是「盜賊野蠻」，是「海盜行劫，清晝攫金」；一方面憤慨於清朝文武官吏臨陣脫逃的可恥行為。德國與清朝本來締有和約，然而「談笑未畢，鞭楚相隨，奪我要隘，毀我電線，逼我守土之官，逐我駐防之兵，儼然以敵國相待」。[62]這種「背公理，蔑公法」的行為，實與「海盜行動，清晝攫金」無異。而據守膠州的總兵章某在德國人的脅迫下，「葸懦畏死，而致外人視之如犬豕也」。[63]嚴復怒斥這種貪生怕死的退縮行為。然而，這不過是腐敗的清朝軍隊的縮影。「中國兵官，大都紛華靡麗，日事酣嬉，以幸國家之無事。一旦有事，其不敗者誰哉！」[64]武官退陣脫逃，文官則棄職而去。膠州知州某君奴顏婢膝、拱手讓地，怠忽職守。奇怪的是這並非個別現象，是整個官場的典型代表。他們「慈祥愷悌，恩如父母，非愛民也，為其所求耳；嚴刑峻法，惡過焰摩，亦非有仇於民也，亦為其所求耳；苞苴所及，上窮碧落，下入黃泉，非好施也，為其所求耳；脅肩聳體，媚於優倡，排擠夤緣，幽於鬼蜮，非不憚勞也，俱為其所求耳」。他們在官場混慣了，「既熟思之既深，始為之猶有所苦，繼則忘疲，終則與之為化，而若有味存焉。若此之人，其形體雖存，其人心已死，其不知人間有

62　《駁英〈泰晤士報〉論德據膠澳事》，《嚴復集》第1冊，第56頁。
63　《論膠州章鎮高元讓地事》，《嚴復集》第1冊，第57頁。
64　《論膠州章鎮高元讓地事》，《嚴復集》第1冊，第58頁。

羞恥事久矣。一旦而有非常之變，彼之心目，安能辨來者為敵人，而我當為國而拒之哉！」[65]這些官吏們只知「請安、磕頭、辦差、乞憐」，「夫以數千年之教化，以成今日之風俗，而遂有如此之人才」。[66]這真是一件極為可悲的事了。嚴復結合實際情況，抨擊了整個政治機構中的腐敗現象，並從深層挖掘造成這些現象之原因，這是其維新變法思想的進一步展開。

中國曆古政教合一，官僚機構滲透了腐臭味，士人階層也相差無幾。嚴復撰寫了一篇《道學外傳》，生動描繪了當時士大夫們的醜惡形象：

自明以八股文取士，而義必限以朱注，迄於今日，六百餘年。遂至無論何鄉，試遊其地，必有面帶大圓眼鏡，手持長杆煙筒，頭蓄半寸之髮，頸積不沐之泥，徐行傴背，闊領扁鼻，欲言不言，時複冷笑，而號為先生長者其人者。觀其人，年五六十矣；問其業，以讀書對矣；問其讀書始於何年，則又自幼始矣。……試入其室，筆硯之外，有《四書味根錄》、《詩韻合璧》、《四書典林》，無他等書。其尤博雅者，乃有《五經匯解》之經學，《綱鑒易知錄》之史學，《古文觀止》之古文，《時務大成》之西學。微問之曰：「先生何為樂此？」答曰：「國家之功令在是也。」問曰：「功令脫改，先生奈何？」答曰：「功令曷為而改哉！天下之文，未有時文若者，惟時文之義理格律乃能入細，凡文之不從時文出者，盡鹵莽滅裂耳。且功令

65　《論膠州知州某君》，《嚴復集》第1冊，第60頁。
66　《論膠州知州某君》，《嚴復集》第1冊，第60頁。

若改，則國家將亡矣。汝毋為此亡國之言。」問曰：「然則，先生于時文觀其深乎？」答曰：「然。余之文崇理法。」問曰：「不識時文之理法，上帝所令乎？教主所制乎？國憲所頒乎？且時文之義理，即聖門之義理乎？」則色然而不應。知其怒，哀其既老，思有以慰之，曰：「先生之齒長矣，歲所入似若為豐矣，盍謀所以娛此暮年者。」答曰：「予不敢稍縱也，將以遺之子孫。」問曰：「度先生之力，即極約，量不能致千萬金，子孫而賢，何以此為？子孫而賴此，則又非先生之所望矣。」則又色然而不應。知其不可告，思以他辭亂之，曰：「先生亦閱報乎？」答曰：「亦偶閱之。然今日之報，即今日天下之亂民也。西人之來，謀利而已，本無大志；且窮奢極欲，衰將及之。而各報乃日日以瓜分為言，是不啻導西人之至，而脅中國以必從，愚而自用，賤而自專，災必及之矣。況民主者，部落簡陋之習也，各報豔稱之，不知支那即改民主，汝未必即伯理璽天德；支那即開議院，汝未必即議員。若支那真瓜分，吾輩衣食自若也，汝胡以此嘵嘵為。甚矣！各報之為今日天下之亂民也。」於是問者亦遂不敢複請。[67]

這是一幅絕妙的道學先生肖像畫。既不做作，也非誇張。當時士大夫階層的實際情形就是如此。「夫學術之歸，視乎科學；科舉之制，董以八股；八股之義，出於集注；集注之作，實惟宋儒；宋儒之名，美以道學。」這些由宋明儒學和八股文章造就出來的迂夫子，真是可憐可笑可恨可悲！令人可悲的是「支那積二千年之政教風俗，以

67　《道學外傳》，《嚴復傳》第2冊，第484、485頁。

陶鑄此輩人材！為術密矣，為時久矣」。他們全是一些「生為能語之牛馬，死作後人之僵石」的廢物。他們正是「亡國致禍」的根源。

既然明代以來支配意識形態領域的科舉制度已完全成為禍國殃民的痼瘤，自然應予革除。為此，嚴復提出了一套與傳統學術有別的文化思想。

首先，嚴復認為，治學宜以學術為本，而不應以仕途為依歸。傳統科舉制度把學校變成造就官宦的場所，士人治學莫不以入仕為依歸，因而傳統學術就其本質而言是以政治為本位，帶有「治事」的性質，其本身欠缺獨立的意義。嚴復覺察到這一問題，他在《論治學治事宜分二途》一文中指出：「天下之人，強弱相柔，千殊萬異，治學之材與治事之材，恒不能相兼。嘗有觀理極深，慮事極審，宏通淵粹，通貫百物之人，授之以事，未必即勝任而愉快。而彼任事之人，崛起草萊，乘時設施，往往合道，不必皆由於學。」[68]政治學術不分，混同為一，這與一個國家的文明開化程度有關。「土蠻之國，其事極簡，而其人之治生也，則至繁，不分工也。國愈開化，則分工愈密，學問政治，至大之工，奈何其不分哉！」[69]嚴復認為，將學術政治混為一談，不僅有礙於維新事業發展，而且窒息學術之生機。「今新立學堂，革官制，而必曰，學堂之學，與天下之官相應，則必其治學之材，幸而皆能治事則可，倘或不然，則用之而不效，則將疑其學之非，其甚者，則將謂此學之本無用，而維新之機礙，天下之事去矣。」嚴復力主將學術與政治分立，「有學問之名位，有政治之名

68　《論治學治事宜分二途》，《嚴復集》第1冊，第89頁。
69　《論治學治事宜分二途》，《嚴復集》第1冊，第89頁。

位。學問之名位，所以予學成之人；政治之名位，所以予入仕之人」[70]，各施其才，各有其應占之地位。

其次，嚴復強烈批判那種向後看的傳統守舊思維模式，主張對新生事物持容忍的態度，使之獲得應有的發展。

嚴復比較了中西之間對待新發明、新創造的態度。「嘗考歐人之富強，由於歐人之學問與政治。當其聲光化電動植之學之初發端時，不過一二人以其餘閒相論討耳。……其始一童子之勞，鍥而不捨，積漸擴充，遂以貫天人之奧，究造化之原焉。」[71]但是此類事如發生在中國，「以若所為，若行之中國，必群目之曰獸子」，「其菲薄揶揄，不堪視聽，或微詞婉諷，或目笑不言，始事者本未有心得之真，觀群情如此，必自疑其所學之非，而因以棄去。故不必有刀鋸之威，放流之禍，僅用呆狂二字，已足沮喪天下古今人材之進境矣」。[72]中西方對待新生事物的差異造成的結果大相逕庭。在西方社會「天下之善政，自民權議院之大，以至灑掃臥起之細，當其初，均一二人托諸空言，以為天理人心，必當如此，不避利害，不畏艱難，言之不已；其言漸著，從者漸多，而世事遂不能不隨空言而變」，進而新思潮代替舊思潮，時勢為之轉移。中國社會則另有一番情形，「人材既無進境，則教宗政術，自然守舊不變，以古為宗。夫數千年前人所定之章程，斷不能範圍數千年後之世變，古之必敝，昭然無疑，更僕難終，不能具論。綜其大要，不過曰：政教既敝，則人心亦敝而已。人心之

70　《論治學治事宜分二途》，《嚴復集》第1冊，第89頁。
71　《論中國之阻力與離心力》，《嚴復集》第2冊，第466頁。
72　《論中國之阻力與離心力》，《嚴復集》第2冊，第466、467頁。

敝也，浸至合群之理，不復可言，不肖之心，流為種智，即他人之善政，而我以不肖之心行之，既有邪因，必成惡果，守舊之見，因之益堅」。[73]由於整個社會形成了一種扼殺新生事物的機制和氣氛，所以整個社會循規蹈矩，固守舊見。「士林無橫議，布帛菽粟之談，遠近若一，即有佻達，亦其小小。朝士彬彬，從容文貌，威儀繁縟，踰于古初。聽天下之言，無疾言也；觀天下之色，無遽色也；察天下之行事，無輕舉妄動也。而二萬里之地，四百兆之人，遂如雲物之從風，夕陽之西下，熟視不見其變遷，踰時即泯其蹤跡，其為慘慄，無以復踰。」[74]

再次，嚴復主張改變傳統的教育結構，引進西方的教學內容和教學方法，使中國的教育漸次走向近代化。

嚴復認為傳統學校已腐朽不堪，弊端百出，不能適應富國強兵的需要，造就新人才。他說：「至於吾民，則姑亦無論學校已廢久矣，即使尚存如初，亦不過擇凡民之俊秀者而教之。至於窮簷之子，編戶之氓，則自繦褓以至成人，未嘗聞有孰教之者也。」[75]整個學校教育趨向保守，毫無新的刺激，因此「師無所為教，弟無所為學，而國家乃徒存學校之名，不復能望學校之效。」[76]雖曾有所變動，但「其所課者，仍不離乎八股試貼，或詩賦雜體文」。[77]

為更新教學內容，嚴復主張加重自然科學在教學內容中的分量。

73　《論中國之阻力與離心力》，《嚴復集》第2冊，第466、467頁。
74　《論中國之阻力與離心力》，《嚴復集》第2冊，第466頁。
75　《原強修訂稿》，《嚴復集》第1冊，第30頁
76　《論治學治事宜分二途》，《嚴復集》第1冊，第88頁
77　《論治學治事宜分二途》，《嚴復集》第1冊，第88頁。

他說：「格致之事不先，偏頗之私未盡，生心害政，未有不貽誤家國者也。是故欲為群學，必先有事于諸學焉。」[78]他還援引日本為例：「日本年來立格致學校數千所，以教其民，而中國忍此終古，二十年以往，民之愚智，益複相懸，以與逐利爭存，必無幸矣。」[79]日、中在教育內容改革所呈現的差距，導致了國民智力相差懸殊的結果。在當時科舉之風尚盛的情況下，嚴復極其重視自然科學的學習，這是難得的先見之明。

　　輸入近代西方的自然科學，其必不可少的一條途徑就是學習西文。然而，「自中土士大夫欲通西學，而以習其言語文字為畏塗，於是爭求速化之術，群起而談譯書」。[80]鑒於這種情況，嚴復駁斥了那種想靠他人譯書來暸解「西學」的懶怠想法，指出：「且西書萬萬不能遍譯，通其文字，則後此可讀之書無窮，僅讀譯書，則讀之事與譯相盡，有志之士，宜何從乎？」[81]他還特別批評了鄙視學習西文的狹陋之見，「若以通他國語言為鄙事，則東西洋諸國當軸貴人，例通數國語言，而我則舍倉頡下行之字不能讀，非本國之言語不能操，甚且直用鄉談，援楚囚之說以自解，孰鄙孰不鄙，必有能辯之者矣」。[82]以後，嚴復多次強調學習西方的重要性，「至於十五以後，則必宜使習西文，英、法、德、意擇一皆可。其所以必習西文者，因一切科學美術，與夫專門之業，彼族皆已極精，不通其文，吾學斷難臻極，一也；中國號無進步，即以其文字與外國大殊，無由互換智識之故。惟

78　《原強修訂稿》，《嚴復集》第1冊，第17頁。
79　《救亡決論》，《嚴復集》第1冊，第49頁。
80　《論譯才之難》，《嚴復集》第1冊，第90頁。
81　《論譯才之難》，《嚴復集》第1冊，第90頁。
82　《論譯才之難》，《嚴復集》第1冊，第90頁。

通其文字，而後五洲文物事勢，可使如在目前，資吾對勘，二也；通西文者，固不必皆人才，而中國後此人才，斷無不通西文之理，此言殆不可易，三也；更有異者，中文必求進步，與欲讀中國古書，知其微言大義者，往往待西文通達之後而後能之，此亦赫胥黎之言也，四也；且西文既通，無異入新世界，前此教育雖有缺憾，皆可得此為之補苴」。[83] 把是否通曉西文的重要性提到能否走向世界的高度來對待，並斷言以後要成為人才，非精通西文不可。這在當時不能不說是極富遠見的見解。

嚴復還破除傳統禁例，大力提倡女子教育，認為這是中國走向強盛的基礎，也是中國教育邁向近代化的重要內容。他說：「中國婦人，每不及男子者，非其天不及，人不及也。自《烈女傳》、《女誡》以來，壓制婦人，待之以奴隸，防之以盜賊，責之以聖賢。」[84] 結果使廣大婦女陷入一種愚昧無知、任人宰割的悲慘境地。「故使國中之婦女自強，為國政至深之根本；而婦女之所以能自強者，必宜與以可強之權，與不得不強之勢。禁纏足、立學堂固矣，然媒妁之道不變，買妾之例不除，則婦女仍無自立之日也。」[85] 為此，嚴復親自為《女子教育會》寫序，為中國婦女的解放搖旗吶喊。

嚴復的這些思想主張，本質上是要推進中國學術、文化、教育由傳統向近代轉型，這自然會招來守舊勢力的反對，甚至得罪許多人，但他已顧不上這些。他曾感慨報刊文章難做。中國辦報三十多年了，

83　《論今日教育應以物理科學為當務之急》，《嚴復集》第2冊，第285、286頁。
84　《論滬上創興女學堂事》，《嚴復集》第2冊，第468、469頁。
85　《論滬上創興女學堂事》，《嚴復集》第2冊，第469頁。

「向見各報，其論事也，詭入詭出，或洋洋數千言，而茫然不見其命意之所在。其記事也，似是而非，若有若無，確者十一，虛者十九。方怪其何以若是，反其後經於世故者漸深，乃知人間世之情偽相攻，愛惡相取，崎嶇險阻，不可方軌而馳也。彼之為此，蓋有不得不然之道焉」。他自己不願這樣做，寧肯「就吾見聞，敬告天下」，如果一定要八面玲瓏討好，那就寧願不辦報。「則何如無此報館之為愈乎？」[86]由此不難看出，戊戌維新時期，嚴復還保有朝氣蓬勃的精神面貌。

在戊戌變法的一百多天裡，維新派力量頗盛，嚴復遂被人推薦出山。當時貴州學政嚴修曾向光緒皇帝奏議，為提拔起用維新人才，應於八股取士的普通進士科之外，另闢一種特別的進士科─經濟特科，凡在內政、外交、理財、軍事、科技等方面有一技之長的人，無論已任未任，仿照博學鴻詞科例，由上層官僚推薦。凡被推薦之人，即可參與考慮，錄取後，其地位和安排和普通進士一視同仁。光緒帝採納了這一建議，遂囑內外大臣薦舉，且令「俟諮送人數匯齊至百人以上，即可奏請定期舉行特科」。[87]於是，各地官員紛紛推薦，被薦者二百多人，嚴復亦是其中一員。推舉他的是順天府尹胡燏芬和詹事府詹事王錫蕃。王稱他是「通達時務」的人才，應該「量才器使」。推薦按語如是寫道：「北洋水師學堂總辦嚴復，本船政駕駛學生，出洋學習，于西國典章名理之學，俱能探本溯源，精心研究，中學亦通貫

86　《說難》，載《國聞報》光緒二十四年六月十八一十九日，收入王栻編：《嚴復集》第2冊，第491—492頁。
87　《清實錄·德宗實錄》卷四一四，第6冊，北京：中華書局，1987年，第411—412頁。

群籍，著述甚富，水師情形，尤其所熟知專習。久在北洋供差，奉公之外，閉戶寡合，其立品尤為高卓。」[88]在這種背景下，光緒帝詔令嚴復來京覲見。有關兩人這次會見的情形，《國聞報》有詳細記錄：

上月二十九日嚴又陵觀察蒙恩召見乾清宮，垂詢辦理海軍並開辦學堂事，甚為詳細。語次，上問：「本年夏間，有人參汝在天津《國聞報》主筆，其中議論可都是汝的筆墨乎？汝近來尚在《國聞報》館主筆否？」嚴對曰：「臣非該報主筆，不過時有議論交與該館登載耳。」上又問：「汝所上報之文，其中得意文章有幾篇？」嚴對曰：「無甚得意者，獨本年正月間有《擬上皇帝書》一篇，其文頗長，當時分作六七日登報，不知曾蒙御覽否？」上雲：「他們沒有呈上來，汝可錄一通進來，朕急欲觀之。」嚴對曰：「臣當時是望皇上變法自強，故書中多此種語，今皇上聖明，業已見之行事，臣之言論已同贅疣。」上曰：「不妨，汝可繕寫上來，但書中大意是要變什麼法？」嚴對曰：「大意請皇上於變法之先，可先到外洋一行，以聯各國之歡，並到中國各處，縱人民觀看，以結百姓之歡云云。」上微歎曰：「中國就是守舊人多，怎好？」此外，垂問事甚多，約奏對三刻鐘之久。嚴觀察既退，遂回寓，將春間登報稿本上緊修繕，以備進呈，想日內已經御覽矣。[89]

這是發生在1898年9月14日的事。事隔一周後，慈禧就發動了政

88　王錫蕃：《奏保人才折》，收入翦伯贊等編：中國近代史資料叢刊《戊戌變法》第2冊，上海：神州國光社，1953年版，第375頁。
89　載《國聞報》光緒二十四年八月初四。

變，嚴復的上皇帝萬言書還未遞到光緒帝手裡，光緒就被幽禁於瀛台，嚴復也匆忙趕回天津。

嚴復的《擬上皇帝書》，言辭相對謹慎。他痛沉現狀：「臣竊嘗自忘其愚賤，曠觀時變，蚤夜以思，既深識大局之自為難圖，又大願陛下之不可不勉。得未變法之前，陛下之所亟宜行者三；既變法之時，陛下之所先宜行者四。」[90]未變法前所亟宜實行的三事是：「一曰聯各國之歡」，「二曰結百姓之心」，「三曰破把持之局」。為什麼要先做這三件事呢？「蓋不聯各國之歡，則侮奪之事，紛至沓來，陛下雖變法而不暇；不結百姓之心，則民情離渙，士氣衰靡，無以為禦侮之資，雖聯各國之歡，亦不足恃；而不破把持之局，則搖手不得，雖欲變法而不能也。一其事在各國，二其事在萬民，而三則在陛下之一心。」[91]嚴復的這封上皇帝書，並沒有什麼實質性的變革要求，只是一些權宜之計，即使如此，隨著戊戌變法的流產，也失去了其見諸實踐的機會。

嚴復對維新派的政治活動持相對保留的態度，這與康有為、梁啟超等人的積極參與，形成了一定的反差。之所以造成這種現象，與他們之間的維新思路不同和前此所述的中西文化觀不同密切相關。嚴復當時傾向「教育救國」，從思想文化下手，其具體主張就是「鼓民力」、「開民智」、「新民德」。這三者之中他又認為「以民智為最急」。他篤信斯賓塞的一句話：「民之可化至於無窮，惟不可期之以驟。」他在《闢韓》等文中雖然宣傳了盧梭的「民約論」，但並沒有接受盧

90　《擬上皇帝書》，《嚴復集》第1冊，第69頁。
91　《擬上皇帝書》，《嚴復集》第1冊，第77頁。

梭有關革命的觀點。盧梭主張推翻封建君主專制，建立民主共和，以恢復人民主權。嚴復則謂：「然則及今而棄吾君臣，可乎？曰：是大不可。何則？其時未至，其俗未成，其民不足以自治也。」[92]以為中國徹底變革的條件仍不夠成熟。相形之下，康有為、梁啟超則急於求成。他們主張「速變」和「突變」。康有為主張政治、經濟、教育、衛生、軍事各方面都立即學習西方，使「庶政盡舉，民心知戴」。[93]他認為非全變、驟變不為功。他說洋務派之失在於，「大率就一二事上變之，而不就本原之法變之，故枝枝節節，迄無寸效」。[94]他大言不慚地說，按他的方法變法，「若以中國之廣土眾民，近采日本，三年而宏規成，五年而條理備，八年而成效舉，十年而霸圖定矣」。[95]嚴復則預計，中國欲達富強至少尚需六十年。[96]時間上的差距，表明嚴、康二人，一個有漸進思想，一個持突變觀念。

既然嚴復熱衷於「教育救國」，因而他對新興教育事業極力支持。1896年（光緒二十二年），清朝授權嚴復在天津創辦一個俄文館，並任總辦。俄文館課程的設置、教師的聘請以及館內其他工作，都由他親自負責。1898（光緒二十四年），嚴復曾兩次應約，前往張元濟在京創辦的通藝學堂，為學生「考訂功課，講明學術」，「演講西學源流旨趣，並中西政教之大源」。來聽他講課者，「除本學堂肄業諸生外，京官之好學者，相約聽講，不期而集者數十人」。於是「嚴（復）觀察登臺說法，口講指畫數點鐘之久，孜孜不倦」。聽眾

92　《闢韓》，《嚴復集》第1冊，第34、35頁。
93　《上清帝第五書》，收入湯志鈞編：《康有為政論集》上冊，第207頁。
94　康有為：《請飭門誓眾開制度局以統籌大局折》，收入《傑士上書匯錄》卷二。
95　《進呈日本明治變政考序》，收入湯志鈞編：《康有為政論集》上冊，第224頁。
96　《闢韓》，《嚴復集》第1冊，第35頁。

「有聞其緒論者，退而語人曰：西人之精義妙道，乃至如此，此真吾輩聞所未聞；或者嚴君別有心得，托之西人，亦未可知」。[97]嚴復對通藝學堂始終熱情贊助，校名「通藝」二字即他所取；校中兩名教習，教授英文、數學，其中一人就是他的族侄嚴君潛。在他的幫助之下，張元濟悉心將該校打造成一個講求西學、培養人才、設施俱全的新學堂。百日維新的一項重要措施就是創辦京師大學堂，清廷曾一度決定以刑部主事張元濟為總辦，擬請嚴復為總教習。後因頑固守舊勢力的阻撓，未能成為事實。但也可見，當時人們認為張元濟、嚴復兩人辦理通藝學堂，具有一定經驗，並且有資望來辦理規模較大的京師大學堂。

戊戌維新的慘重失敗，六君子灑血都門，嚴復的心情極為悲痛。「伏屍名士賤，稱疾詔書哀」[98]這兩句詩，明確表明了他對六君子犧牲及光緒帝被囚禁的無比憤慨。但相對其他的維新派人物或被捕殺，或流亡異域而言，嚴復當時卻安然無恙。究其原因，一說是榮祿袒護他，一說是他所辦的《國聞報》，背後有日本人支持，因而慈禧、榮祿未對嚴復輕舉妄動。這些因素也許發生了作用，不過如就當時嚴復的情形來說，他與康、梁為代表的維新派並無密切的組織聯繫，思想上也有一定距離，行動上更無密切合作，他在政變後平安過關，自然也就不難理解了。

97　參見《國聞報》光緒二十四年六月初三日，收入翦伯贊等編：中國近代史資料叢刊《戊戌變法》第3冊，上海：神州國光社，1953年版，第412頁。
98　《戊戌八月感事》，《嚴復集》第2冊，第414頁。

第三章

辛苦迻譯：近世西學第一人

「一名之立，旬月踟躕；我罪我知，是存明哲。」嚴譯的書所以能成功，大部分是靠著這「一名之立，旬月踟躕」的精神。有了這種精神，無論用古文白話，都可以成功。

——胡適：《五十年來中國之文學》

　　近代中國是中西文化激烈衝撞和相互交匯的時代，這個時代的中國文化、藝術和思想都發生了前所未有的變革，大量地譯介外國作品、介紹西方的科學知識和思想理論是當時知識界的一項重要活動。嚴復和林紓便是19世紀末20世紀初最負盛名的翻譯家。1896年林紓翻譯了法國文學家小仲馬的小說《巴黎茶花女遺事》，使中國讀者瞭解到西方大都市中青年男女的情感生活；1897年嚴復在《國聞彙編》上連載他自己所譯的赫胥黎的《天演論》，讓中國知識份子接觸到當時最新的西方思想。兩人都獲得了巨大的成功。故康有為在一首詩中說：「譯才並世數嚴林。」[1]對這個評價，嚴、林兩人皆有異議。林紓雖譯了170多種外國文學作品，但他不屑於做個「翻譯徒」，自許是古文高手，而康有為和後人卻偏偏讚賞他的「譯才」。嚴復則認為「康有為胡鬧，天下哪有一個外國字不識的『譯才』，自己真羞與為伍」。[2]的確，他所譯的那些西方理論名著，別說不識外文的文人不能翻譯，就是一般譯才也無法勝任。嚴復的辯白是可以理解的，就他本人在近代翻譯史上的地位及其貢獻而言，確實是同時代的其他翻譯家所無法匹敵。

1　康有為：《林琴南先生寫萬木草堂圖，題詩見贈，賦謝》，載《庸言》1913年3月第1卷第7號「詩錄」。
2　錢鍾書：《林紓的翻譯》，收入氏著《舊文四篇》，上海：上海古籍出版社，1979年版，第92頁

3.1　譯事楷模，西學泰斗

　　嚴復在中國近代文化思想史上之所以擁有顯赫的地位，很大程度與他對西學的譯介分不開。梁啟超曾指出，19世紀末20世紀初，「時獨有侯官嚴復，先後譯赫胥黎《天演論》，亞當·斯密《原富》，約翰·穆勒《名學》、《群己權界論》，孟德斯鳩《法意》，斯賓塞《群學肄言》等數種，皆名著也。雖半屬舊籍，去時勢頗遠，然西洋留學生與本國思想界發生關係者，復其首也」。[3]「五四」運動前夕，魯迅在一篇雜文中以熱情的言辭稱道嚴復「是一個19世紀末年中國感覺銳敏的人」。[4]魯迅所指的「感覺銳敏」，既不是指嚴復在康有為、梁啟超「公車上書」以前，就寫過批判封建專制、提倡實行民主政治的《論世變之亟》、《救亡決論》、《原強》及《闢韓》等文，也不是指嚴復與夏曾佑一起寫過《國聞報館附印說部緣起》，駁斥傳統士人把小說貶低為「小道」的錯誤觀點，高度評價了小說對天下人心風俗的影響超於經史之上，提高了小說的文學地位。它是指嚴復「先前認真的譯過好幾部鬼子書」，[5]從而奠定了他在中國近代文化史上的地位。胡適談及19世紀後半期中國知識界的情況時，也推許「嚴復是介紹西洋近世思想的第一人」。[6]毛澤東在總結中國近代民主革命經驗時，也把嚴復和洪秀全、康有為、孫中山並列，稱之為「在中國共產黨未出世以前

3　　梁啟超：《清代學術概論》，收入朱維錚校注：《梁啟超論清學史二種》，第80頁。
4　　魯迅：《熱風·隨感錄二十五》，收入《魯迅全集》第1冊，北京：人民文學出版社，1981年版，第295頁。
5　　魯迅：《花邊文學·趨時和復古》，收入《魯迅全集》第5冊，第536頁。
6　　胡適：《五十年來之中國文學》，收入《胡適文存二集》，上海：亞東圖書館，1924年，第113頁。

向西方尋求真理的一派人物」。[7]近人對嚴復在譯介西方思想中的先導作用都給予了充分的肯定。

的確，從維新變法運動（1898年）到辛亥革命爆發（1911年）以前的十餘年間，也即在嚴復一生中精力最旺盛、學問造詣最為巨集厚、思想和認識最為成熟的年代裡，他將其主要精力投入到翻譯十八、十九世紀西方政治學、經濟學、社會學、法學、哲學、邏輯學諸方面的代表性作品，向中國知識份子系統地介紹了「西學」的精華，即其所說的西學「命脈之所在」。[8]他的這些具有成效的翻譯工作，不僅使當時中國人耳目為之一新，發現了一片新的文化天地，而且為中國學術的更新，為中國近代社會科學的創建奠定了重要基礎。

現有的材料表明，嚴復共翻譯了八部西方名著，時人稱「嚴譯名著」，1931年、1981年商務印書館曾兩度彙集出版，現據有關資料，將嚴復譯著的大致情況例表如下：

7　毛澤東：《論人民民主專政》，收入《毛澤東選集》第4卷，北京：人民出版社，1968年12月版，第1358頁。
8　嚴復：《論世變之亟》，《嚴復集》第1冊，第2頁。

書名	作者	原書出版年份	譯述時間	譯文（最初）出版時間	出版情況	字數
天演論（Evolution and Ethics）	赫胥黎（T.H. Huxley）	1894年（英國）	1896年	1897年12月	1897年12月—1898年2月以《天演論懸疏》為名（署侯官嚴復達旨）在《國聞彙編》第2、4—6冊刊載。1898年4月題名《天演論》，由湖北沔陽盧氏慎始基齋木刻出版。1898年10月，《天演論》由侯官嗜奇精舍石印出版。1905年，《天演論》由商務印書館排印出版。	近6萬字（其中按語30條，約1.7萬字）
群肄言（Study of Sociology）	斯賓塞（H. Spencer）	1873年（英國）	1897—1903年	1897年12月	1897年12月—1898年1月題名《勸學篇》，載《國聯彙編》第1、3—4冊。1901年，《勸學篇》第一篇由南昌讀有用書之齋作為「侯官嚴氏叢刻本」木刻出版。1902年，《群學》（即《勸學篇》）由杭州史學齋鉛印出版。1903年4月，以《群學肄言》為書名，分4冊由上海文明編譯書局出版。同年，《訂正群學肄言》由上海商務印書館出版。	
支那教案論	宓克	1892年	1899年4月	上海南洋公學譯書院出版		

原富（Inquiry into the Nature and cause of the Wealth of Nations）	亞當・斯密（Adam Smith）	1776年（英國）	1897—1900年	1901—1902年	分八冊，由上海南洋公學（上海交大前身）譯書院陸續出版	約55萬字（其中按語300餘條，約8萬字）
群己權界論（On Liberty）	穆勒（J.S. Mill）	1859年（英國）	1899年	1903年9月	由上海商務印書館出版	約8萬字
社會通詮（History of Politics）	甄克思（E. Jenks）	1900年（英國）	1903年	1904年1月	由上海商務印書館出版	約11萬字（其中按語18條，約4千字）
英文漢詁	據英人馬孫摩傑思等著作編譯			1904年	由上海商務印書館出版	
穆勒名學（A System Of Logic）	穆勒（J.S. Mill）	1843年（英國）	1900—1902年	1905年	由金陵鄲氏金栗齋木刻出版前半部1912年，由商務印書館分三冊鉛印出版。1959年，三聯書店出了新的標點本。	約29萬字
法意（DeL'espritdes des lois）	孟德斯鳩（Baron de Montesquieu）	1743年（法國）	1900（？）—1909後	1904—1909年	分七冊，由上海商務印書館陸續出版	約52萬字

名學淺說（Primer of Logic）	耶方斯（W.S. Jevons）		1903年	1909年	由上海商務印書館出版	1959年，三聯書店出了新的標點本。
中國教育議	衛西琴（A. Westharp）			1914年	載《庸言報》第2卷第3、4期同年，先後由天津《庸言報》館和上海文明書局出版。	
歐戰緣起	根據外國報刊的消息和社論編譯		1915年		載於送呈袁世凱閱覽的資料集《居仁日覽》，非賣品	
《嚴譯名著叢刊》（共八種）				1931年	由商務印書館匯集嚴譯名著八種（《天演論》、《原富》、《群學肄言》、《群己權界論》、《社會通詮》、《法意》、《名學》、《名學淺說》而成 1981年重印，經校勘，並改為新式標點。	

在嚴復翻譯的著作中，影響最大、使他最負盛名的，當推他所翻譯的第一本書—《天演論》。它是英國生物學家赫胥黎（T.H.Huxley）的論文，英文名Evolution and Ethics，可譯為《進化與倫理學》，其主要內容是宣傳生物進化論。可以說，進化論之輸入中國，是從嚴復翻譯該書開始。《天演論》譯成出版後，立刻轟動一時，在社會上產生巨大的反響。一年內即出現了湖北沔陽木刻刊行的版本和天津嗜奇精舍的石印版本。1905年商務印書館出版後，到1921年就印行了20版。這本書對社會影響之廣，渴求新思想的人士對此書傾慕之熱情，由此

可見一斑。在晚清文壇據有重要地位的桐城派古文大家吳汝綸閱讀了譯稿後，傾倒之情油然而生，他致書嚴復說：

> 得惠書並大著《天演論》，雖劉先生之得荊州，不足為喻。比經手錄副本，秘之枕中。蓋自中土繙譯西書以來，無此宏制。匪直天演之學，在中國為初鑿鴻濛，亦緣自來譯手，無似此高文雄筆也。[9]

> 前讀《天演論》，以赫胥氏名理，得我公雄筆，合為大海東西奇絕之文，愛不忍釋，老懶不復甄錄文字，獨此書則親書細字，錄副襲藏，足以知鄙人之于此文，傾倒至矣！[10]

吳汝綸欣然為嚴譯《天演論》作序文。至於當時維新派的其他人物，更是對它稱羨不已。康有為一向自視甚高，目空一切，但從梁啟超處看到《天演論》譯稿後，亦謂「眼中未見此等人」，承認嚴譯《天演論》為「中國西學第一者也」。梁啟超一直欽佩嚴復，他是較早讀到《天演論》譯稿的一個人，隨後推薦給康有為看，《天演論》還未正式出版，他就加以宣傳，並根據《天演論》做文章。所以，《天演論》在正式出版之前，就已譽滿主張維新的士大夫間。及至1898年（光緒二十四年）出版以後，其社會影響就更深遠了。當時，小學教師往往拿這本書作為課堂教本，中學教師則用「物競天擇，適者生存」做作文題目，青年們也不顧長輩的反對，偷偷地閱讀《天演論》。事實上，不過幾年，《天演論》便變成志士仁人救國理論的根

9　　《吳汝綸致嚴復書》1897年3月9日，《嚴復集》第5冊，第1560頁。
10　　吳生編：《桐城吳先生（汝綸）日記》「西學下第九」，（近代中國史料叢刊第三十七輯），臺北：文海出版社，1969年出版，第703頁。

據，而「物競天擇」、「適者生存」等新名詞，也成了社會上最流行的口頭禪。許多人甚至將這些名詞作為他們自己或子女的名字。胡適、魯迅對這段心路歷程有很生動的描繪，胡適在《四十自述》中說：

《天演論》出版之後，不上幾年，便風行到全國，竟做了中學生的讀物了。讀這書的人，很少能瞭解赫胥黎在科學史和思想史上的貢獻。他們能瞭解的只是那「優勝劣敗」的公式在國際政治上的意義。在中國屢次戰敗之後，在庚子辛丑大恥辱之後，這個「優勝劣敗」的公式，確是一種當頭棒喝，給了無數人一種絕大的刺激。幾年之中，這種思想像野火一樣，延燒著許多少年人的心和血。「天演」、「物競」、「淘汰」、「天擇」等等術語，都漸漸成了報紙文章的熟語，漸漸成了一班愛國志士的「口頭禪」。還有許多人愛用這種名詞做自己或兒女的名字，陳炯明不是號競存嗎？我有兩個同學，一個叫做孫競存，一個叫做楊天擇。我的名字也是這種風氣底下的紀念品。……[11]

魯迅回憶自己少時在南京求學的情形：

看新書的風氣便流行起來，我也知道了中國有一部書叫《天演論》。星期日跑到城南去買了來，白紙石印的一厚本，價五百文正。翻開一看，是寫得很好的字，開首便道：
「赫胥黎獨處一室之中，在英倫之南，背山而面野，檻外諸境，

---

11 胡適：《四十自述·在上海》（一），上海：亞東圖書館，1947年第8版，第99頁。

歷歷如在幾下。乃懸想二千年前，當羅馬大將凱撒未到時，此間有何景物？計惟有天造草昧……」

哦！原來世界上竟還有一個赫胥黎坐在書房裡那麼想，而且想得那麼新鮮？一口氣讀下去，「物競」「天擇」也出來了，蘇格拉第、柏拉圖也出來了，斯多噶也出來了。[12]

胡適、魯迅的上述回憶，頗具代表性，同時期大多數青年知識份子都經歷了類似的思想歷程。一句話，《天演論》是19世紀末20世紀初啟蒙中國青年的理論教科書。

為什麼嚴譯《天演論》能成為一本暢銷書，能在當時產生轟動一時的社會效應？康有為賦詩「譯才並世數嚴林」，林紓翻譯的作品體裁是小說，自然容易引起讀者的興趣，而嚴復所譯則都是理論著作，不是消遣讀物，但它同樣吸引了相當數量的讀者，並引起人們嚴肅認真的思考，其故安在？這得從19世紀下半期西學輸入狀況談起。在《天演論》出版以前，人們所接觸到的西學書籍，只是江南製造局和廣學會傳教士所出版的一些譯著，它們大致分為三類：「第一類是宗教的書，最重要的是《新舊約全書》的各種譯本。第二類為科學和應用科學的書，當時稱為『格致』的書。第三類為歷史、政治、法制的書，如《泰西新史攬要》、《萬國公法》等書。」[13]這些書當然不能滿足人們追求新知、瞭解世界大勢的要求。甲午戰爭以後，從鴉片戰爭

12　魯迅：《朝花夕拾·瑣記》，收入《魯迅全集》第2卷，北京：人民文學出版社，1981年版，第295—296頁。
13　胡適：《五十年來中國之文學》，收入《胡適文存二集》卷二，上海：亞東圖書館，1924年9月版，第113頁。

以來積累的民族矛盾，已使人們對中國的前途和命運深感憂慮，恰好在《天演論》出版的那一年—1898年（光緒二十四年），德國、沙俄、英國、法國、日本等帝國主義國家爭先恐後地掠奪「勢力範圍」，要求租借地與築路權，中國面臨西方列強「瓜分豆剖」的嚴重局面。中國的每一個愛國志士都不禁要發出這麼一個問題：中國是真的要亡國了嗎，還是可以奮發圖強、重新振興呢？《天演論》就回答了這一問題。它告知人們：中國面臨真正的民族危機，因為侵略中國的國家，無論在德、智、力諸方面，都要比中國具有優勢，根據《天演論》中「優勝劣敗」的規律，中國將要滅亡了！但是該書又誘導人們：人們只要「任天而治」，按照歷史規律運動，邁上近代化的軌道，人治日新，國家就可永存，種族就可免於滅亡之險。嚴復借著《天演論》的翻譯而呼籲：只要發憤自強，中國仍可得救，存亡生死之權仍舊操之於我。《天演論》就這樣在民族危難中敲起了「救亡」的警鐘。

但是僅有外部的社會氛圍是不夠的，如果沒有嚴復在翻譯上所下的工夫，要在讀者中產生深刻影響並滿足他們的好奇心也不易做到。我們先從微觀上找一個例子，也許有助於我們對嚴譯的認識。當代著名翻譯家王佐良先生曾將嚴譯《天演論》與赫胥黎原著作了比較，發現嚴復對原著作了戲劇化的文字處理，試以開場白為例，譯著為：

赫胥黎獨處一室之中，在英倫之南，背山而面野。檻外諸境，歷歷如在幾下。乃懸想二千年前，當羅馬大將凱撒未到時，此間有何景物。計惟有天造草昧，人功未施，其借徵人境者，不過幾處荒墳，散

見坡陀起伏間。而灌木叢林，蒙茸山麓，未經刪治如今日者，則無疑也。

再看原文：

It may be safely assumed that, two thousand years ago, before Caesar set foot in southern Britain, the whole countryside visible from the windows of the room in which I write, was in what is called "the state of Nature". Except, it may be, be raising a few sepulchral mounds, such as those which still, here and there, break the flowing contours of the downs, mans hands had made no mark upon it；and the thin veil of vegetation which overspread the broad-backed heights and the shelving sides of the combs was unaffected by his industry.

兩相對照，就可以發現嚴復是把整段原文拆開而照古文習見的方式重新組句，原文裡的複合長句在譯文裡變成了若干平列短句，主從關係不見了，讀起來反而更加流暢，原文裡的第一人稱「I」在譯文裡變成了第三人稱「赫胥黎」，這就使譯文讀起來像中國古代的說部與史書，史書的開頭往往是太史公曰、臣光曰之類。再從風格上看，原文系理論著作，故開頭就一板正經，而譯文則比較戲劇化，將人們置身於某種歷史場景之中。嚴復之所以要做這樣的文字處理，其中一個原因是他要把此書譯成一本有強烈的歷史意識的著作，所以他也就調動他所掌握的種種風格手段來增強讀者的歷史感。這對於一部縱論人類億萬年來通過物競天擇的無情鬥爭而演化到今天的重要著作，無

疑是完全適合的。[14]

從整體上來把握嚴復的翻譯，它確實不同於一般的譯品，其超出同儕之處表現在：首先，嚴復對於原著有一番嚴格的審讀和研究。嚴復是一個啟蒙思想家，他譯書的目的就是借助譯介「西學」的聲勢，溝通中西文化，宣傳自己的思想主張，啟迪人們走上救亡圖存的道路。他在《天演論》的序中如是說：「風氣漸通，士知弇陋為恥；西學之事，問塗日多。然亦有一二鉅子然謂彼之所精，不外象、數、形下之末；彼之所務，不越功利之間，逞臆為談，不諮其實。討論國聞，審敵自鏡之道，又斷斷乎不如是也。」這是他的卓識。「自從《天演論》出版（1898年）以後，中國學者方才漸漸知道西洋除了槍炮兵船之外，還有精到的哲學思想可以供我們的採用。」[15]嚴復翻譯的著作都是反映西方資本主義社會政治、經濟及其價值觀念中富有代表性的作品，它們共同構築一個比較系統的思想體系，大體反映了資本主義社會的文化背景和理論基礎。這對中國人認識西方，看清世界大勢，具有震撼心靈的啟蒙作用。因此，嚴復不是一般意義上的翻譯家，胡適稱其為「介紹西洋的近世思想的第一人」可謂恰如其分。

嚴復譯書不僅以啟蒙為職志，而且是將之作為一項學術工作來做。凡與原書有關的書，他都涉獵。他所作按語，旁徵博引，解說詳明，或批評原著，或闡發意旨，或觸類旁通，或中西對比。這對讀者理解原著和譯者的思想，自然有極大的幫助。「通觀翻譯史上，關於

14　參見王佐良：《嚴復的用心》，收入商務印書館編輯部編：《論嚴復與嚴譯名著》，北京：商務印書館，1982年版，第23—25頁。

15　胡適：《五十年來中國之文學》，《胡適文存二集》卷二，上海：亞東圖書館，1924年版，第114頁。

選擇原書一層，處處顧到，如像嚴復的，實未之見。」[16]

　　作為一個翻譯家，嚴復被人們稱譽且被後人引為典範的還有他一絲不苟的翻譯態度。嚴復譯著不多，字數也不過170多萬字，[17]他所譯的八種著作，只有《原富》、《法意》、《群學肄言》、《社會通詮》四書系取原書全譯。《群己權界論》不過是長篇論文。《天演論》也只是赫胥黎著《進化論與倫理學》中的導論和其中兩節。至於《穆勒名學》尚不及原書一半。故嚴氏的譯本與同時期林紓的譯書相比，在數量上明顯見少。但在質的方面，林紓的譯作卻絕不可與嚴譯同日而語，這也是嚴復羞與林紓為伍的原因。如從翻譯的態度和譯品的高低比較林、嚴兩人，嚴復也遠在林紓之上。嚴復譯書，字字推敲，句句勘酌，可謂煞費苦心，以他自己的話說就是「一名之立，旬月踟躕」，「字字用戥子稱出」，用功之精尤為後人所推重。他自己提出「信、達、雅」的翻譯標準，常被後人稱道，在近代翻譯史上，幾乎成為一個不可移易的翻譯原則。嚴復首次系統談及自己的翻譯觀時，有一精闢的見解：

　　譯事三難，信、達、雅。求其信已大難矣。顧信矣，不達，雖譯猶不譯也，則達尚焉。

　　……此在譯者將全文神理，融會於心。則下筆抒詞，自然互備。至原文詞理本深，難於共喻，則當前後引襯，以顯其意。凡此經營，皆以為達，為達即所以為信也。

16　賀麟：《嚴復的翻譯》，收入《論嚴復與嚴譯名著》，第32頁。
17　據王栻：《嚴復與嚴譯名著》一文統計，收入《論嚴復與嚴譯名著》，第17頁。

《易》曰：「修辭立誠。」子曰：「辭達而已。」又曰：「言之無文，行之不遠。」三者乃文章正軌，亦即為譯事楷模。故信、達而外，求其爾雅。此不僅期以行遠已耳。實則精理微言，用漢以前字法、句法，則為達易；用近世利俗文字，則求達難，往往抑義就詞，毫釐千里。審擇於斯二者之間，夫固有所不得已也，豈釣奇哉！[18]

嚴復提出的這三個標準，雖少有人能做到，但對中國近現代翻譯界的影響極大，在此之後從事翻譯工作的人幾乎都不免以之為標準來要求自己。

嚴復本人的譯作是否已做到信、達、雅兼備呢？他每譯一書是否忠實地遵守自定的標準呢？後人對此臧否不一。最早對他的譯著作出評價的是吳汝綸，他說：「今西書雖多新學，顧吾之士以其時文、公牘、說部之詞，譯而傳之，有識者方鄙夷而不知顧，民智之瀹何由？此無他，文不足焉故也。文如幾道，可與言譯書矣。……今赫胥黎之道……嚴子一文之，而其書乃駸駸與晚周諸子相上下。然則文顧不重耶。」[19]對嚴氏譯文大加讚賞。

蔡元培先生認為：「他（指嚴復）的譯文，又都是很雅馴，那時候的學者，都很讀得下去。所以他所譯的書，在今日看起來，或嫌稍舊；他的譯筆，也或者不是普通人所易解。但他在那時候選書的標準，同譯書的方法，至今還覺得很可佩服的。」[20]承認嚴譯在當時雅

18　嚴復：《天演論・譯例言》，《嚴復集》第5冊，第1321—1322頁。
19　吳汝綸：《天演論・吳序》，《嚴復集》第5冊，第1318頁。
20　《五十年來中國之哲學》，收入高平叔編：《蔡元培全集》第4卷，北京：中華書局，1984年版，第351、352頁。

而且達，但或非今日普通人所易解。

胡先驌說：「嚴氏譯文之佳處，在其殫思竭慮，一字不苟，『一名之立，旬月踟躕』。故其譯筆信雅達三善俱備。吾嘗取《群己權界論》、《社會通詮》，與原文對觀，見其義無不達，句無賸義。……要為從事翻譯者永久之模範也。」[21]

近期對嚴復的翻譯給予高度評價的是王佐良。他認為：「在翻譯實踐上，嚴復不斤斤於求得與原文的形似，而著意使譯文合乎中國古文傳統的體式。例如他翻譯赫胥黎的《天演論》，往往以單句譯複句，以平列代主從，改第一人稱為第三人稱，化平實的敘述為生動的敷演，用意在於以傳統的史家筆法迻譯這部論人類進化的名著，以增強讀者的歷史感。另一方面，嚴復對於科學術語的翻譯則勇於創新，而又絲毫不苟。他所立的某些譯名一直沿用至今。」[22]

否定嚴譯的也大有人在。傅斯年就說：「嚴幾道先生譯的書中，《天演論》和《法意》最糟……這都因為他不曾對於原作者負責任，他只對於自己負責任。」又說：「嚴幾道先生那種『達旨』的辦法，實在不可為訓，勢必至於改旨而後已。」[23]

張君勱對嚴譯批評道：「以古今慣用之語，譯西方科學中之義理。故文字雖美，而義轉歧混。」又說：「總之，嚴氏譯文，好以中

21　轉引自賀麟：《嚴復的翻譯》，收入《論嚴復與嚴譯名著》，第33頁。
22　Wang Zuoliang（王佐良）：*Two Early Translators Reconsidered*，載《外語教學與研究》，1981年第1期。
23　傅斯年：《譯書感言》，原載1919年3月1日《新潮》第1卷第3號。

國舊觀念，譯西洋新思想，故失科學家字義明確之精神。」[24]

　　上述對嚴譯評價的歧議，與其說是對嚴譯本身的爭議，不如說是對翻譯標準的看法不同，傾向意譯的肯定嚴譯的價值，堅持直譯的則否定嚴譯的道路。關於翻譯標準的爭論，即意譯與直譯的爭論，一直延續到當代，至今難分軒輊。但嚴譯在文壇的影響力卻是不爭的事實。

　　不管人們如何評判嚴譯，嚴復自己確曾對譯作下了很大的工夫和氣力，他稱自己譯書「步步如上水船，用盡氣力，不離舊處，遇理解奧衍之處，非三易稿，殆不可讀。而書出以示同輩，尚以艱深為言；設其輕心掉之，真無一字懂得矣」。[25]憑藉他深邃的思想見解，深厚的中西文字功底和鍥而不捨的勤奮精神，他的譯作也非一般譯者所能幾及。後人在論及近代中國文學史、哲學史、思想史、學術史時，都不能不給嚴譯名著留下一個重要的地位。魯迅對此深有感觸地說：「現在嚴譯的書都出版了，雖然沒有什麼意義，但他所用的工夫，卻從中可以查考。據我所記得，譯得最費力，也令人看起來最吃力的，是《穆勒名學》和《群己權界論》的一部作者自序，其次就是這論，後來不知怎地又改稱為《權界》，連書名也很費解了。最好懂的自然是《天演論》，桐城氣息十足，連字的平仄也都留心。搖頭晃腦的讀起來，真是音調鏗鏘，使人不自覺其頭暈。這一點竟感動了桐城派老頭子吳汝綸，不禁說是『足與周秦諸子相上下』了。」[26]歷來對文言

24　張嘉森：《嚴氏復輸入之四大哲學家學說及西洋哲學之變》，收入申報館《最近五十年》，上海：申報館，1923年版，第1頁。

25　《與張元濟書》（二），《嚴復集》第3冊，第527頁。

26　魯迅：《二心集・關於翻譯的通信》，收入《魯迅全集》第4卷，北京：人民文

文持貶責態度的胡適也認為嚴譯是功力之作，他說：「嚴復的英文與古中文的程度都很高，他又很用心，不肯苟且，故雖用一種死文字，還能勉強做到一個『達』字。他對於譯書的用心與鄭重，真可佩服，真可做我們的模範。他曾舉『導言』一個名詞作例，他先譯『卮言』，夏曾佑改為『懸談』，吳汝綸不贊成；最後他自己又改為『導言』。他說：『一名之立，旬月踟躕；我罪我知，是存明哲。』嚴譯的書所以能成功，大部分是靠著這『一名之立，旬月踟躕』的精神。有了這種精神，無論用古文白話，都可以成功。後人既無他的功力，又無他的精神；用半通不通的古文，譯他一知半解的西書，自然要失敗了。」[27]又說：「嚴復的譯書，有幾種——《天演論》、《群己權界論》、《群學肄言》——在原文本有文字價值，他的譯本，在古文學史也應該占一個很高的地位。」

嚴復在談到《天演論》的翻譯過程時，也說：「不佞此譯，頗貽艱深文陋之譏，實則刻意求顯，不過如是。」[28]又稱：「海內讀吾譯者，往往以不可猝解，訾其艱深，不知原書之難，且實過之，理本奧衍，與不佞文字固無涉也。」[29]他所附加的按語小注，也有助於讀者對原著的瞭解。他有一部分譯作，如《天演論》、《原富》等，偏重意譯，對此他有明白交代。「譯文明取深義，故詞句之間，時有所顛到附益，不斤斤於字比句次，而意義則不倍本文。」又承認這種譯法，不可為訓，「題曰達恉，不云筆譯，取便發揮，實非正法」。[30]這

　　　　學出版社，1981年版，第380-381頁。
27　胡適：《五十年來中國之文學》，收入《胡適文存二集》卷二，第116頁。
28　《天演論‧譯例言》，《嚴復集》第5冊，第1322頁。
29　嚴譯名著叢刊《群己權界論》譯凡例，北京：商務印書館，1981年版，第3頁。
30　《天演論‧譯例言》，《嚴復集》第5冊，第1321頁。

種真實態度，也可說不背「信」字；他另一部分譯作，如《群學肄言》，略近直譯，較少議議。

嚴復對自己的譯作頗為自負。《天演論》出版後一年，他說：「有數部書，非僕為之，可絕三十年中無人為此者。」事實也確是這樣，嚴譯名著問世前，沒有一本適應時代需要的「新學」書出現。以後，嚴譯《原富》、《法意》等西方名著也長期不見新譯本問世。由此我們也不難得出結論，嚴復在中國近百年的翻譯史上是系統譯介西方近世名著的第一人。他的譯著、他在翻譯方面的理論觀點和實踐經驗，是我國翻譯工作者的一筆寶貴遺產。

3.2　嚴譯展現的「西學」世界

嚴復翻譯西方名著，是經過一番慎重考慮和精審才定奪譯著，故每譯一書都含有其深刻的用意。或根據時勢的需要，對症下藥；或選擇他所信奉的理論原著，為之佈道；或填補士人階層的知識空白，提倡新知。他絕不是無的放矢，視翻譯為玩意兒。蔡元培先生對此曾分析道：「嚴氏譯《天演論》的時候，本來算激進派，聽說他常常說『尊民叛君，尊今叛古』八個字的主義。後來他看得激進的多了，反有點偏於保守的樣子。他在民國紀元前九年，把他四年前舊譯穆勒的On Liberty特避去『自由』二字，名作《群己權界論》。又表示他不贊成漢人排滿的主張，譯了一部甄克思的《社會通詮》（E.Jenks：History of Politics），自序中說『中國社會，猶然一宗法之民而已』。嚴氏介紹西洋哲學的旨趣，雖然不很徹底，但是他每譯一書，必有一番用

意。」[31]嚴復自己也毫不掩飾這一點，他為譯著《原富》所寫的「譯事例言」，就是一個明證：

計學以近代為精密。乃不佞獨有取於是書，而以為先事者，蓋溫故知新之義，一也；其中所指斥當軸之迷謬，多吾國言財政者之所同然，所謂從其後而鞭之，二也；其書于歐亞二洲始通之情勢，英法諸國舊日所用之典章，多所纂引，足資考鏡，三也；標一公理，則必有事實為之證喻，不若他書勃窣理窟，潔淨精微，不便淺學，四也。[32]

這是嚴譯的一個特色，也是他的譯著在當時取得巨大影響的一個重要原因。

有趣的是，作為中國啟蒙思想家的嚴復，他所選擇的西方名著，大都並非17、18世紀西方啟蒙思想家（孟德斯鳩除外）的理論著作，而是19世紀西方社會進化論、自由主義經濟學理論、功利主義和實證主義的代表作。這些理論是西方社會工業化後的產物，它們與其說是對啟蒙理論的發展，不如說是對啟蒙思想的反動。嚴復信奉他們的思想，自然也對西方啟蒙思想家（特別是盧梭的學說）持貶斥的態度。嚴復的這一思想特點，亦即用西方的後啟蒙思想的理論作中國的思想啟蒙，對中國社會的影響如何，我們暫且不論，但它多少表明了中國近代思想發展的早熟。後來「五四」新文化人在從事啟蒙工作時，也帶有這一特點。

31　蔡元培：《五十年來中國之哲學》，高平叔編：《蔡元培全集》第四卷，第353頁。
32　嚴譯名著叢刊《原富》上冊，北京：商務印書館，1981年版，第9頁。

赫胥黎《進化論與倫理學》出版於1894年。嚴復翻譯該書當在1896年，正式出版於1898年，為湖北沔陽盧氏慎始基齋本。該書從翻譯到定稿，前後共經三年時間，其中又有多次修改，內容變化很大。不僅表現在文字的增刪、潤色上，更重要的是表現在嚴復為該書所加的大量按語中。現存中國歷史博物館的《天演論》手稿及陝西「味經」本《天演論》，就是嚴復早期的翻譯品，其中卷上《卮言》18篇，沒加嚴復一條按語，而慎始基齋本卻把18篇《卮言》改名為《導言》，並增加了16條按語。手稿卷下有《論》17篇，按語九條（其中一條為補寫）；慎始基齋本則有按語十二條，比手稿多三條。就研究嚴復的思想來說，我們應主要依據嚴復的按語。嚴復翻譯是以「信」、「達」、「雅」為原則，因而嚴復所譯《天演論》與原著《進化論與倫理學》相比，文句次序雖有所不同，但卻沒有違背赫胥黎的本意。至於嚴復如何看待赫胥黎的思想，則只能通過他所附加的按語表現出來。嚴復在《譯例言》中對自己所加按語的原因亦有所交代：「今遇原文所論，與他書有異同者，輒就之剪陋所知，列入後案，以資參考。間亦附以己見。」那麼，嚴復在《天演論》按語中究竟是如何闡述自己的思想的呢？

嚴復表明了自己推崇斯賓塞「天人會通論」的思想傾向，稱讚它思想巨集闊、結構嚴謹，「舉天、地、人、形氣、心性、動植之事而一貫之」，是歐洲晚近的絕作。嚴復認為，斯賓塞把進化論思想從生物學領域推廣到「農商工兵，語言文學之間」，從自然領域推廣到社會生活，揭示了人群進化的「公例」。這一公例就是「國之強弱貧富治亂者，其民力、民智、民德三者之徵驗也，必三者既立而後其政法

從之。於是一政之舉，一令之施，合于其智、德、力者存，違于其智、德、力者廢」[33]，「未有三者備而民生不優，亦未有三者備而國威不奮者也」。[34]根據這一公例，嚴復看到今日中國在物競激烈的世界中已處於劣勢地位，面臨亡國滅種的危險，民智、民力、民德都不如西方資本主義列強，這正是中國積弱不振的根源。

　　既然嚴復讚揚斯賓塞的觀點，為什麼卻去借助赫胥黎的著作來宣傳他的思想呢？眾所周知，1859年達爾文發表震動世界的名著《物種起源》，提出進化論理論，開創了近代生物學。此後，進化論思想迅速在西方知識界傳播。赫胥黎等英國生物學家成為這一學說的堅決捍衛者，斯賓塞則受啟於生物進化論，將之擴展到人類社會生活領域，1862年，他發表《第一原理》；1896年最終完成了「綜合哲學體系」，成為社會達爾文主義的主要代表。嚴復留學英國期間及其學成歸國後，一直專注於進化論的探討。在進化論理論學說中，嚴復對它有關人類行為的描述有著濃厚的興趣，而對其生物學方面的闡說並不重視，斯賓塞的著作自然成了他熱衷的讀物。斯賓塞「綜合哲學體系」中的《第一原理》、《生物學原理》、《社會學研究》和《倫理學原理》等書，嚴復都曾涉獵過。

　　只是「綜合哲學體系」「卷帙蕃繁，迻譯之功更巨」，[35]「其文繁衍奧博」[36]又涉及哲學、物理、化學、生物、心理、社會、倫理、邏

33　《原強修訂稿》，《嚴復集》第1冊，第25頁。
34　《原強修訂稿》，《嚴復集》第1冊，第18頁。
35　《與汪康年書》（三），《嚴復集》第3冊，第507頁。
36　《天演論‧導言二》，《嚴復集》第5冊，第1327頁。

輯等許多學科，「以其書之深廣，而學者之難得其津涯也」。[37]翻譯如此龐雜的著作，對嚴復來說確實十分艱辛。即便是翻譯「綜合哲學體系」中的一部《社會學原理》，嚴復也認為「斯賓塞《群學》乃畢生精力之所聚，設欲取譯，至少亦須十年，且非名手不辦」。[38]因此像斯賓塞「綜合哲學體系」這樣的「大書」「迻譯之功更巨」[39]「不可猝譯」[40]。嚴復對翻譯的審慎限制了他對譯書的選擇。所以他除了在《國聞報》上發表了兩章《群學肄言》的譯文外，對斯氏的其他著作都不敢貿然動手翻譯。

鑒於上述原因，嚴復只好另找一部介紹達爾文主義的著作，以實現自己的夙願。有趣的是，赫胥黎的《天演論》卻滿足了嚴復的要求。首先，赫胥黎的這部著作以「簡短、生動和幾乎是詩一般的描述」，論述了達爾文的理論要旨，這便於嚴復借題發揮。其次，赫胥黎的這部著作著重對人類處境進行探討。它幾乎涉及了人類思想的全部歷史，從古代希臘、羅馬的哲學思想到近代西方的各種思想流派，再到古代東方印度的佛教，都被納入到他的理論框架中加以討論。赫胥黎的徹底反斯賓塞的基本精神為嚴復提供了一個捍衛斯賓塞觀點的絕妙機會。所以，嚴譯《天演論》即由兩部分組成：赫胥黎著作的意譯和用來反對赫胥黎「斯賓塞觀」的評注。[41]

赫胥黎反對將宇宙進化的理論運用到社會政治領域，提倡人類倫

37　《譯〈群學肄言〉自序》，《嚴復集》第1冊，第123頁。
38　《與張元濟書》（二），《嚴復集》第3冊，第527頁。
39　《與汪康年書》（三），《嚴復集》第3冊，第507頁。
40　《天演論‧導言二》，《嚴復集》第5冊，第1327頁。
41　Benjamin Schwartz, *In search of wealth and power:Yen Fu and the West*, Cambridge, Mass.: The Belknap Press of Harvard University, 1964，pp.101-103.

理觀，強調社會的發展並非一個自然進化的過程，而是一個倫理進化的過程。而斯賓塞則認為進化是自然界不爭之事實，而人世的儀禮，乃是人類的一種園藝工作，和宇宙發展過程並不相悖。嚴復贊成斯賓塞的理論，在宗教觀、宇宙觀、倫理觀和社會歷史觀上表露無遺；不管其態度是維護傳統或反傳統，他的思想都深深打上了斯賓塞主義的烙印。

在宗教上，嚴復認為傳統佛道或宋儒理學的義理，也就是他所稱的「不可思議」與斯賓塞的「不可知論」（Unknowable）相通。斯賓塞認為世界一切複雜、異種、有組織的事物皆來自「不可知」，老子也表示「萬物」皆源於「無」。雖然斯賓塞堅持有非人類的理智與語言所可觸及的「不可知」，釋迦牟尼也聲稱「奧諦」（Ultimate）乃不可言語，《道德經》開宗明義亦謂「道可道，非常道」。儘管如此，嚴復還是積極地去探索奧義的存在。

斯賓塞提倡「不可知論」，表明他已窮盡事物的奧理，因而拒斥一切「可知論」；嚴復提出「不可思議」，但其觀點與斯氏稍有區別。他認為斯氏的「不可知論」即是佛教之涅槃、宋儒理學的「萬物本體」，達到了真正的宗教意境。他說「故世人不知，以謂佛道若究竟滅絕空無，則亦何有慕！而智者則知，由無常以入長存，由煩惱而歸極樂，所得至為不可言喻」。[42]對他來說，「不可思議」的觀念會產生寧謐與慰藉的心情，亦正是他汲取西方思想的一個準則。此時嚴復的內在世界存在兩面性：一面傾向於尋求富強，崇尚活力、鬥爭、自

42　嚴譯名著叢刊《天演論》卷下，北京：商務印書館，1981年版，第74頁。

強；一面又在一種根本否定整個現象世界及其運動的神祕世界裡，去尋求對痛苦生活的慰藉和逃避。

須加指出的是，對社會進化論的信仰和佛學的興趣同時並存的大師，並非嚴復一人。在他同時代的人物，如康有為、梁啟超、譚嗣同、章太炎、王國維等，都對佛學興趣盎然，雖然彼此動機各不相同，不過似乎有一種動力在驅使他們在儒學之外去尋找依託，作為維繫社會倫理的準則。

在宇宙觀上，赫胥黎基於倫理的立場，認為宇宙完全漠視生靈萬物；同時他也反對傳統的基督教，因為基督教無視一個人的價值。同樣是人，不應有適者與不適者之分，這正是他與斯賓塞的歧異之處。

嚴復從神祕的泛神論和社會達爾文主義出發，對赫胥黎的觀點作了駁正。當他讀到赫胥黎攻擊「自然的非道德性」時，他記起了《老子》中「天地不仁，而以萬物為芻狗」這句名言。但19世紀西方人道主義並沒有因此反對自然規律，而「老子所謂不仁，非不仁也，出乎仁不仁之數」。[43]老子的惻隱之心並非悲觀，而是愉悅，他欲與永恆的「道」同一，而不願隨萬物而幻滅。如果個人的生存並不具任何價值，那麼赫胥黎反對「不可知論」的論點就不能成立，因此嚴復不能同意赫氏通過「微觀世界的原子去發現無限宏觀世界的基因」的論調，願將斯賓塞的「不可知論」視為宗教、科學的源泉；在科學方面，他承認達爾文的「社會進化論」可以解釋人類社會。

43　嚴復名著叢刊《天演論》卷下，第61頁。

在社會觀上，嚴復強烈反對赫胥黎將宇宙和人類進程相分割的觀點，他認為，「赫胥黎保群之論，可謂辨矣。然其謂群道由人心善相感而立，則有倒果為因之病，又不可不知也。蓋人之由散入群，原為安利，其始正與禽獸下生等耳，初非由感通而立也。夫既以群為安利，則天演之事，將使能群者存，不群者滅；善群者存，不善群者滅。善群者何？善相感通者是。然則善相感通之德，乃天擇以後之事，非其始之即如是也。其始豈無不善相感通者？經物競之烈，亡矣，不可見矣。赫胥黎執其末以齊其本，此其言群理，所以不若斯賓塞氏之密也」。[44]在這裡，赫胥黎雖然承認「自我主義」（Self-assertion）在人類經濟生活中所起的作用，不過他認為這是獸性的表現，必須以社會倫理的力量加以控制。然而斯賓塞卻引導嚴復把人類自主的本能當作進化的動力而予以特別尊重。嚴復像斯賓塞一樣，認可以社會道德推動群眾和個人發揮潛能，實現自我價值，是人類進化必然的現象；他並沒有以進化論來反對社會發展的現象，而是以社會存在的事實來確證進化論。

赫胥黎與斯賓塞之間的哲學爭端，主要是圍繞自然世界和人類社會的關係問題來展開。赫胥黎認為自然過程和社會過程是相互分離的，而斯賓塞則堅持將兩者整合為一。他們兩人的爭議，使嚴復在思想中產生了許多熟悉的聯想，他回憶起中國古代思想家們的爭論，荀子和孟子不是也有過類似的爭論？赫胥黎認為人類企圖在宇宙間建立一套高超的倫理道德體系是徒勞無功的，這一觀點頗似中國古代思想家荀子和柳宗元的論調。荀子是一個「性惡論」者，他否認世界有道

44　《天演論》卷上，導言十三制私，《嚴復集》第5冊，第1347頁。

德的存在。嚴復曾指出：

> 前篇皆以尚力為天行，尚德為人治。爭且亂則天勝，安且治則人
> 勝。此其說與唐劉、柳諸家天論之言合，而與宋以來儒者，以理屬
> 天，以欲屬人者，致相反矣。大抵中外古今，言理者不出二家，一出
> 於教，一出於學。教則以公理屬天，私欲屬人；學則以尚力為天行，
> 尚德為人治。[45]

嚴復把近代西方和古代中國的思想家們放在一起加以討論，其目
的是為了闡明人類思想的共通性，以代替中西文化二分法。他以大家
熟悉的事物（中國傳統文化）來解釋大家不熟悉的事物（西方近代文
化），其動機自然是為了啟蒙，因而他使用的大多數術語、詞彙本身
就和先秦、宋代的思想流派有著內在聯繫。但在他的思想深處，還有
一種觀念支配他這樣，這就是他認為人類思想的共通性不因時空或文
化背景不同而有差異。因此，人們沒有必要預設理由，認為為什麼赫
胥黎在某些問題上不應該贊同荀子、柳宗元而反對斯賓塞、老子和朱
熹。

人類生存的價值是植根於自然中，還是與自然進程互相衝突呢？
這是中西文化都會遇到的問題。斯賓塞雖處在一個新時代，但他同中
國古代的老子和朱熹一樣，完全以自然規律為基準。他認為自然中包
含著內在的規律，它自主地發生作用，並對人類產生影響。理學家們
則認為自然世界表現的乃是一種否定的（negative）、抑制的（inhibitory）

45　《天演論》卷下，論十六群治，《嚴復集》第5冊，第1395頁。

倫理觀。荀子和赫胥黎不承認自然過程和社會倫理有什麼關聯，因為自然本身並不是一種道德。斯賓塞則認為人類世界肯定存在「自主的道德」和「正當的權利」，正是為了追求這一切，人類才創造出各種各樣的社會結構。

如果說嚴復服膺社會達爾文主義的話，那麼他會發現是斯賓塞，而不是赫胥黎為社會達爾文主義提供了諸方面的詮釋。他為斯賓塞所創造的這個思想體系所深深吸引。「有斯賓塞爾者，以天演自然言化，著書造論，貫天地人而一理之。此亦晚近之絕作也。」[46]「苟善悟者深思而自得之，亦一樂也。」[47]可見，嚴復之所以翻譯《天演論》，其目的是借題發揮，將斯賓塞的思想體系推介給中國讀者。

在某些按語中，嚴復也表示同意赫胥黎的某些觀點，但與肯定斯賓塞理論體系並不矛盾。例如，《天演論·導言八》按語稱讚赫胥黎「聖人知治人之人，固賦于治於人者也」，「欲郅治之隆，必於民力、民智、民德三者之中，求其本也」。赫胥黎主張瀹民智，治國從教民始，固然十分正確，而斯賓塞同樣具有這種思想，嚴復已在多處進行了闡述。又如赫胥黎認為，保群自存之道「不宜盡去自營」，即需要在一定程度內保護個人的自由權。嚴復極同意這一觀點，但又認為斯賓塞《倫理學原理》中《群誼》一篇即為此而作。與之相比，赫胥黎之說「其義隘矣」。[48]

綜前所述，嚴復翻譯《天演論》的主要宗旨是為了引申人們對斯

46　《天演論》自序，《嚴復集》第5冊，第1320頁。
47　《天演論》卷上，導言二廣義，《嚴復集》第5冊，第1328頁。
48　《天演論》卷上，導言十四恕敗，《嚴復集》第5冊，第1348頁。

賓塞學說的理解；他傳播斯賓塞社會進化論，是為打破「天不變，道亦不變」的守舊論調；他介紹斯賓塞用智、力、德衡量民族優劣與否的理論，是為了使國人認識到中、西之間的差距；他力倡「任天」，反對「與天爭勝」，乃是說明社會進步是歷史的必然。總之，他介紹的斯賓塞社會理論不是照本宣科，而是根據自己的思考和時勢的需要有所取捨和發揮。

尋求富強是縈繞在嚴復腦海中的一個思想主題。他很早就意識到經濟學的至關重要性。英國作為發達資本主義國家，給嚴復留下的印象是極其深刻的，他希望透過自己親眼所見的具體事實，把握其更深層的原因，這就促使他把注意力投入到經濟學中來。在英國資本主義工業化過程中，占支配地位的經濟理論是古典經濟學，他說：「晚近歐洲富強之效，識者皆歸功於計學。計學者，首于亞丹·斯密氏者也。其中亦有最大公例焉，曰：『大利所存，必其兩益。損人利己非也，損己利人亦非；損下益上非也，損上益下亦非。』其書五卷數十篇，大抵反覆明此義耳。」[49]這正是嚴復選擇古典經濟學的主要代表亞當·斯密的著作作為自己譯介對象的一個重要原因。

吸引嚴復選擇介紹亞當·斯密經濟學理論的另一個原因是斯氏運用的研究方法，斯密主要是採用歸納法論證他的大部分觀點，這同穆勒關於科學的自然進化觀點相一致。

此二百年來，計學之大進步也。故計學欲窺全豹，於斯密《原

49　《天演論》卷上，導言十四恕敗，《嚴復集》第5冊，第1349頁。

富》而外，若穆勒、倭克爾、馬夏律三家之作，皆宜迻譯，乃有以盡此學之源流，而無後時之歎。[50]

《原富》是一部經濟學基本原理著作，所以嚴復由此入手。不過，嚴復在按語中也表示亞當·斯密以後，西方資本主義經濟有了很大的發展，他的某些理論已不合時宜，李嘉圖（Pavid Ricardo）、穆勒、麥庚斯（Rogers）就進一步發展了他的理論。因此，嚴復的譯著連同他所作的按語，大體提供了西方古典經濟學的基本概貌。

亞當·斯密並非一個重商主義者，而重商主義是西方資本主義經濟發展的主要思想動力。那麼，嚴復主要是從哪一個角度推崇亞當·斯密呢？亞當·斯密是自由經濟的鼓吹者，重視個人主義在經濟領域的重要性。他認為「國富」是社會群體所創造出來的財富。嚴復並不否認個人利益，但認為群體、國家的利益高於一切，「國富」應包括國家的財富和權力。

在《原富》最後一章《論國債》中，論及國債的問題，亞當·斯密表示，人民投資國債而政府以歲入償還的方式，只有在商業與生產達到相當程度的社會才可能實現，而戰爭是造成投資增加的主要因素。當他把「持續性的長期借款」看作是「災難性的權宜之計」時，他承認，大英帝國當時尚未受到其他國家由於長期借款而出現的「虛弱和頹敗」的損害。在英國，英人以節省儲蓄的方法彌補英政府浪費於社會上的資金，因此在戰後，其農業繁盛，生產突飛猛進，終而償

50　《譯斯氏〈計學〉例言》，《嚴復集》第1冊，第98頁。

還債務。這一事實，在一個世紀前幾乎沒有人會相信。儘管如此，亞當·斯密還是警告人們，長期借貸終將會毀滅英國。

令嚴復驚訝的是，英國在償還其國債的同時，其財富仍同步增長。亞當·斯密對這一悖論作了精闢的解釋。嚴復亦謂：

顧英債雖重，而國終以富強者，非斯密氏之言失也。凡物皆有其所以然之故……英國自斯密氏之世以來，其所以富強之政策眾矣，格致之學明於理，汽電之機達於用，群相明智而所行日新。然自其最有關係者言之，則采是書之言，而棄其疾以從其利也。於是，除護商之大梗，而用自由無沮之通商。[51]

也就是說，英國政府是以發掘潛在的經濟能量為宗旨。雖然英國在亞當·斯密時期一度奉行貿易保護主義政策，但很快就被自由通商所代替。中國的情形與此形成強烈反差。「甲午庚子兩戰以來，國債之加者不知凡幾，而其財又皆之於國外。」[52]國債日漸增多，國家內部的經濟活動遭到抑制。考察中國歷史，人民的經濟觀與經濟活動尚停留在靜態的階段，故國債增加或稅收加重，都會導致社會經濟的分崩離析。中英之間的情況表明，國家經濟的增長關鍵在於發掘人民的活力，故嚴復感慨地說：「斯英人無釋負之一日矣。顧英國負雖重，而蓋藏則豐，至今之日，其宜貧弱而反富強者，夫非培鎖廓門，任民自由之效歟？」[53]

51　嚴譯名著從刊《原富》下卷，北京：商務印書館，1981年版，第775、776頁。
52　嚴譯名著叢刊《原富》下卷，第776頁。
53　嚴譯名著叢刊《原富》上卷，《亞丹·斯密傳》，第5頁。

當斯密指出富裕對軍費的重要性時，嚴復卻能夠看到國家負擔在這方面可能出現意想不到的膨脹：

　　案：歐洲武備之費，以斯密氏之世持較今日，殆蔑如也。……自乾嘉以來，歐洲民權忽伸，庶業猛進，說者謂，百年所得不啻古之千年，非妄誕也。國既日富，則其為守愈嚴，而武備之修遂亦遠邁古者。……國之強弱，必以庶富為量。而欲國之富，非民智之開，理財之善，必無由也。[54]

　　中國欲成為富庶之國，根本之途在於像西方那樣開發民智，伸展民權。

　　在《原富》的譯著中，嚴復對斯密的某些觀點作了修補。例如，亞當·斯密認為個人致富是為了社會（Society），而嚴復則改為為了國家富強。在譯文按語中，嚴復雖一再強調民生之利，但終究還是以國家為重；他這樣做，顯然是為了適應救亡的形勢需要。儘管如此，由於他強調發掘個人潛能對經濟發展的重要性，讚揚斯密的自由經濟觀，因而與傳統的經濟觀發生了極大的矛盾。在傳統文化世界裡，恥於言利是一種根深蒂固的觀念，所謂「士、農、工、商」不僅是一種等級的順序，而且是一種價值的規定。為嚴復作序的吳汝綸發現了這一矛盾，他痛陳：「然而，不痛改諱言利之習，不力破重農抑商之故見，則財且遺棄於不知夫安得而就理。是何也？以利為諱，則無理財

54　嚴譯名著叢刊《原富》下卷，第576頁。

之學。」[55]

　　嚴復從亞當·斯密的另一部著作《德性論》（The Theory of Moral Sentiments）一書求得了自己對處理所謂「義」與「利」關鍵的答案。斯密聲稱「道德起源於人類內心的同情感」，表示義與利是相輔相成。嚴復完全贊成這一觀點。他說：「然而，猶有以斯密氏之書為純于功利之說者，以謂如計學家言，則人道計贏慮絀，將無往而不出於喻利，馴致其效，天埊將亡。此其為言瘝矣。獨不知科學之事主于所明之誠妄而已，其合于仁義與否，非所容心也。且其所言者計也，固將非計不言，抑非曰人道止于為計乃已足也。從而尤之，此何異讀兵謀之書，而訾其伐國，睹針砭之論，而怪其傷人乎？」[56]嚴復認為，對義利的觀念只有古今不同，而無東西方的差異。「而治化之所難進者，分義利為二者害之也。孟子曰：『亦有仁義而已矣，何必曰利？』董生曰：『正誼不謀利，明道不計功。』泰東西之舊教，莫不分義利為二途。此其用意至美，然而于化於道皆淺，幾率天下禍仁義矣。」[57]西方是從近代開始肯定個人利益，進化論對個人主義的發展起了推波助瀾的作用。「自天演學興，而後非誼不利，非道無功之理，洞若觀火。而計學之論，為之先聲焉。斯密之言，其一事耳。嘗謂天下有淺夫，有昏子，而無真小人。何則？小人之見，不出乎利，然使其觀長久真實之利，則不與君子同術焉，固不可矣！……故天演之道，不以淺夫昏子之利為利矣，亦不以豯刻自敦濫施妄與者之義為義，以其無

55　嚴譯名著叢刊《原富》上卷，吳汝綸：序，第2頁。
56　嚴譯名著叢刊《原富》上卷，《譯事例言》，第12頁。
57　嚴譯名著叢刊《原富》按語十一，《嚴復集》第4冊，第858頁。

所利也。」[58]亞當‧斯密肯定個人利益，但不鼓勵人們自私，故他提出要有高尚的道德情操與之相輔。

　　總之，對個人利益的確認能引導人們奮發向上，並導致國家的富強。西方近代化的成功充分證明了這一點。中國的情形相對要複雜得多，對個人主義的宣導，常常導致士大夫的私欲橫行、官僚的貪污徇私，社會風氣因此日益敗壞，國家積弱不振。這正是嚴復想借亞當‧斯密之口所要針的對象。史華慈教授說得好，亞當‧斯密是近代資本主義自由經濟學派的開創者之一，「嚴復的讀者從這部著作中獲得的主要教益，與其說是經濟個人主義的特別啟示，倒不如說是一般經濟發展的福音。從斯密的著作及嚴復的有關按語中，人們能夠對都格爾德‧斯圖阿特提到的『古代和現代政策之間的對比』那句話有一明晰的理解。斯密證明，一個旨在增長國家財富的人類活力的有目的的系統的應用，無論使用這一財富的目的如何，都會產生意想不到的結果」。[59]

　　《群學肄言》是反映斯賓塞的進化觀的一部社會學著作。嚴復翻譯此書的目的有二：其一是運用其哲學思想作為自己分析、解剖世界的理論武器，其二是作為尋求國家富強的重要思想動力。他曾說：「斯賓塞爾者……則宗天演之術，以大闡人倫治化之事……又用近今格致之理術，以發揮修齊治平之事，精深微眇，繁富奧殫。」[60]他認為《群學肄言》兼大學中庸精義，而出之以詳實，以格致誠正為治平

58　嚴譯名著從刊《原富》按語十一，《嚴復集》第4冊，第858、859頁。
59　Benjamin Schwartz, *In search of wealth and power:Yen Fu and the West*, Cambridge, Mass.: The Belknap Press of Harvard University, 1964，p.129.
60　《原強修訂稿》，《嚴復集》第1冊，第16頁。

根本，這與大學中「欲正其心者先誠其意，欲誠其意者先致其知，致知在格物」不謀而合。

細加分析，斯賓塞「群學」理論的主旨是在闡釋「西學」的誠意之道。他聲稱，群學乃是將正德、利用、厚生三者之業融合於一體。《群學肄言》則是「以學術、誠意和正直為其磐石」。它被西方社會政治理論界奉為圭臬。嚴復稱其「繕性」以下三篇，「真西學正法眼藏，智育之業……為群學導先路」。[61]但在入世的態度上，嚴復卻對斯賓塞有所保留。斯賓塞作為一名社會學學者，他對社會變革採取超然的態度，他認為社會是一個有機體，其發展應該是順其自然的演化，因而社會科學的職責不是為社會變革提供一種工具範式，而是認清社會的進化是依其自然的方式發展。

在嚴復看來，社會科學對社會變革應能發揮某種指導作用。他之所以譯介斯賓塞的著作，正是認定英國的富強與斯賓塞的理論指導有著密切關係。

嚴復欣賞西方社會的一個重要特徵即是人們參與公共事物的風氣，它既是一個社會自由的象徵，又是人人機會平等和自治的表現，嚴復視其為「民德」。西方國家走向富強，主要是有一套以自由、民主和平等為其價值準則的社會政治制度，它能發掘個人潛在能力，保障個人利益，從而使社會利益得以整合。嚴復已認識到中國傳統的價值標準已不適合當今社會，古人的「忠君」觀念已不能和近代西方的「公心」之義相提並論。那麼，在西方社會，人們對公共事物參與的

61　《〈群學肄言〉譯餘贅語》，《嚴復集》第1冊，第126頁。

興趣除了社會政治制度使然外，還有別的什麼內在動機嗎？為什麼他們在追求個人利益的同時，還能以國家利益為重呢？嚴復發現，基督教「臨之以帝天之嚴，重之以永生之福，人無論王侯君公，降以至窮民無告，自教而觀之，則皆為天之赤子。而平等之義以明，平等義明，故其民知自重而有所勸於為善」。況且「上帝臨汝，勿貳爾心，相在爾室」，因此「西洋子民，但使信教誠深，則夕朝惕乾，與大人群子無所異」，故「民之心有所主，而其為教有常」。中國的儒教不能發揮這種作用，由於「則姑亦無論學校已廢久矣，即使尚存如初，亦不過擇凡民之俊秀者而教之。至於窮簷子弟，偏戶之氓，則自繦褓以至成人，未嘗間有敦教之者也」，因而儒教的那一套倫理道德無法普及到下層民間中去。嚴復的這番議論，頗有點類似馬克斯·韋伯對新教倫理與資本主義之間關係的看法。在韋伯那裡，新教倫理所包含的禁欲主義不僅未阻止人們去發財致富，反而幫助人們在走向資本主義時積累財富。

須加指出的是，斯賓塞的社會學理論既表現了濃厚的進化論的色彩，又帶有強烈的個人主義傾向。他表示：「我不同意僅注重群體的福祉而忽略了個人的幸福，社會是為個人的利益而存在，反是則否；政府存在的價值，完全以人民的意見為依歸。」根據這一觀念，社會群體的取向是以人們個人的意志為轉移。對於斯賓塞的這一理論選擇，嚴復並不太感興趣，儘管在這之前和與此同時，他也常常論及自由的問題，並提出「以自由為體，以民主為用」。但他似乎並未真正確認個人主體性，這是嚴復以及中國許多自由主義思想家們所內含的一個思想缺陷。

嚴復引進斯賓塞的社會進化論，與其說是為了強調社會進化中個人競爭的必然性，不如說是指出社會進化中種族競存的殘酷現實。斯賓塞將社會達爾文主義解釋為兩重意義：一是群與群的競爭，一是個人在群內的競爭。嚴復顯然引申並發揮了前一層意義。他這樣做，與其說是自己的理論興趣，不如說是岌岌可危的民族生存困境使然。

　　《群己權界論》（現譯為《論自由》）的作者是19世紀中期英國自由主義的代表約翰·斯圖亞特·密爾（John Stuart Mill，1806—1873）。他在哲學、經濟學、邏輯學領域成就卓著，《論自由》一書即是其激進的自由主義思想的代表作。嚴復翻譯此書，大概出於兩方面的動機。一是出於自己對言論自由的渴求。戊戌維新失敗後，嚴復雖未遭到捕殺，但他已被打入「另冊」，外在環境的壓抑已不允許他再像戊戌維新時期那樣隨心所欲地發表言論，他深感思想、言論自由被剝奪的痛苦，這種抑鬱之情促使他動手翻譯了這本書。在該書的《譯凡例》中，他特別闡述了自己對言論自由的理解：「須知言論自繇，只是平實地說實話求真理，一不為古人所欺，二不為權勢所屈而已。使理真事實，雖出之仇敵，不可廢也；使理謬事誣，雖以君父，不可從也。」[62]這表現了為追求真理而無所畏懼的氣概。一是希望人們能對自由正確理解。嚴復常引用羅蘭夫人一句名言：「自由！自由！幾多罪惡假汝而行。」警告人們不要濫用自由。他常謂，「自由、平等、權利諸說，由之未嘗無利，脫靡所折衷，則流蕩放佚，害且不可勝言。」這一觀點「常於廣眾中陳之。」[63]他分析造成這一現象的一個

62　《群己權界論·譯凡例》，《嚴復集》第1冊，第134頁。
63　陳寶琛：《清資政大夫海軍協都統嚴君墓誌銘》，《嚴復集》第5冊，第1542頁。

重要原因是與中文的語義有關。「中文自繇，常含放誕、恣睢、無忌憚諸劣義，然此自是後起附屬之詁，與初義無涉。初義但云不為外物拘牽而已，無勝義亦無劣義也。夫人而自繇，固不必須以為惡，即欲為善，亦須自繇。其字義訓，本為最寬。」[64]由於自由既可導致人為惡，又可與人為善，故嚴復強調自由的責任：「自繇者凡所欲為，理無不可，此如有人獨居世外，其自繇界域，豈有限制？為善為惡，一切皆自本身起義，誰復禁之？但自入群而後，我自繇者人亦自繇，使無限制約束，便入強權世界，而相衝突。故曰人得自繇，而必以他人之自繇為界，此則《大學》絜矩之道，君子所恃以平天下者矣。」[65]鑒於上述兩種情況，嚴復明白道出譯書的緣由：「十稔之間，吾國考西政者日益眾，於是自繇之說，常聞于士大夫。顧竺舊者既驚怖其言，目為洪水猛獸之邪說。喜新者又恣肆氾濫，蕩然不得其義之所歸。以二者之皆譏，則取舊譯英人穆勒氏書，顏曰《群己權界論》。」[66]

嚴復在《群己權界論》中並沒有加上按語，僅於《自序》和《譯凡例》中稍為解釋了譯書動機和穆勒的觀點。這說明原著已大體反映了他的自由觀。因此我們只要分析一下該書的內容即可知道嚴復的思想意向。

在《論自由》一書中，穆勒主要是探討「公民自由或社會自由，也就是要探討社會所能合法施用於個人的權利的性質和限度」。其主

64　《群己權界論‧譯凡例》，《嚴復集》第1冊，第132頁。
65　《群己權界論‧譯凡例》，《嚴復集》第1冊，第132頁。
66　《群己權界論‧自序》，《嚴復集》第1冊，第131、132頁。

要論點為：一、個人的行為只要不涉及他人的利害，個人就有完全的行動自由；他人對這個人的行為不得干涉，至多可以進行忠告、規勸或避而不理。二、只有當個人的行為危害到他人利益時，個人才應當接受社會的或法律的懲罰；社會只有在這個時候，才對個人的行為有裁判權，也才能對個人施加強制力量。這就是穆勒劃定的個人和社會之間的權力界限。他強調個人自由和個性發展，並且認為完全的個人自由和充分的個性發展不僅是個人幸福所繫，而且是社會進步的主要因素之一。大概是由於該書主要是討論個人與社會的關係，嚴復將該書名意譯為《群己權界論》，而為了使人們對作者所解釋的「自由」含義不產生誤解，他煞費苦心地又另選了一個詞——「自繇」。這都表明他對該書有了深刻的理解。

《法意》（現譯為《論法的精神》）是18世紀法國啟蒙思想家孟德斯鳩（1689-1755年）的代表作。原書出版於1748年，它是一部論述世界各國政治及立法源流得失的法學經典著作。原書共三十一卷，嚴復只翻譯了二十九卷，且系由英文轉譯而成。嚴復翻譯《法意》大概與20世紀初國內形勢的發展有關，1905年以後，清政府開始致力於預備立憲，擺出一副實施法治和政治改革的姿態，並對那些具有游離傾向的知識階層上層人士和新興的中產階級採取「安撫」政策，將他們羅至到一些虛設的諮議機構中來，嚴復即是其中之一。他對清朝的「預備立憲」並未抱很大期望，他已看到清廷的前途到此時已是「變則亡，不變亦亡」。但他對民主和法制的嚮往又不減當年。在《法意》的一段按語中，憶及他留學英倫時與郭嵩燾的一次談話：「猶憶不佞初游歐時，嘗入法庭，觀其聽獄，歸邸數日，如有所失。嘗語湘陰郭

先生，謂英國與諸歐之所以富強，公理日伸，其端在此一事。先生深以為然，見謂卓識。」[67]他認定合理的法律制度是保障社會秩序和國家強大的基礎。孟德斯鳩也懷著與嚴復類似的熱情，視英國為司法獨立和「法治」的典範。嚴復在《孟德斯鳩傳》中說，孟德斯鳩「居倫敦者且二稔，于英之法度尤加意，慨然曰：『惟英之民，可謂自由矣』」。[68]孟氏熱愛英國，因為他認為英國自由的最深刻根源是建立在法律基礎之上。

嚴復從孟德斯鳩的著作中獲得一個清晰的觀念，即西方法律是「永恆性」和「非人格性」。而傳統中國由於儒家注重群體的道德倫理的影響，一切法律乃「以賢治不肖」，「以貴治賤，故仁可以為民父母，而暴亦可為豺狼」。[69]這種人格化的法律往往因統治者不同而發生變遷，或在實施中出現差異。兩相對比，「賢者之政」與「律治之政」孰優孰劣，昭然若揭。從這一觀念出發，嚴復稱讚春秋時期以執法甚嚴而著稱的齊國大臣管仲，「再不佞嘗謂，春秋聖哲固多，而思想最似十九世紀人者，莫如國大夫」。[70]

嚴復不認同孟德斯鳩的地理環境決定論，他特別對根據這一理論認為中國只適合專制的觀點表示了不同意見。孟德斯鳩認為共和的精神在於德性，而專制的精神在於恐怖。有些在中國的基督徒稱中國政體是「綜合恐怖、榮寵與德性之政策」，孟氏不表同意，他認為，「必須以刑罰處決之人，何榮寵之有？」他根據雍正殺害傳教士之例來證

67　《法意》第十一卷按語，《嚴復集》第4冊，第969頁。
68　《孟德斯鳩傳》，《嚴復集》第1冊，第145頁。
69　《法意》卷十一按語，《嚴復集》第4冊，第969頁。
70　《法意》卷二一按語，《嚴復集》第4冊，第1004頁。

明這一論點，將中國視為專制主義的一類。嚴復並不是反對孟氏的歸類，而是反對他的歸類法。他表示，在中國「夫禮所以待君子，而刑所以威小人」，在西方也存「榮寵恐怖，鞭笞棰撲」，故恐怖並不獨以中國為最。另一方面，「德性」在中西方也都存在。「然則孟氏此書，所謂專制，苟自其名以求之，固無此國。而自其實，則一切之君主，微民權之既伸，皆此物也。幸而戴仁君，則有道之立憲也。不幸而遇中主，皆可為無道之專制。其專制也，君主之制，本可專也。其立憲也，君主之仁，樂有憲也。此不必其為兩世也。」[71]因此，在君主制下，究竟是實行專制，還是實行開明，完全是依統治者的意願而定。而這兩種情形都與君主制相關聯。據此，嚴復不同意孟德斯鳩有關政體三分法的意見，他認為只有兩種，即君主制和民主制。他說：「君主之國權，由一而散于萬；民主之國權，由萬而匯於一。」[72]專制主義是君主制下的必然產物，民眾意志的真正體現有賴於法律的保障。兩種制度的本質差別在於：前者是統治者凌駕于法律之上，後者是統治者必須服從於憲法。在統治者凌駕於法律之上的地方，必有可能出現專制主義的暴政。中西方政體的不同不是兩者之間是否存有法律的問題，而是法定權力操在誰的手裡的問題。在古代中國，「夫法度之朝無論已，上有宵衣旰食之君，下有俯思待旦之臣，所日孳孳者，皆先朝之成憲。其異于孟氏此篇所言者超乎遠矣！……故使如孟氏之界說，然有恆舊立之法度，而即為立憲。則中國立憲，固已四千餘年，然而必不可與今日歐洲諸立憲國同日而語者」[73]事實上，在

71　《法意》卷五按語，《嚴復集》第4冊，第949、950頁。
72　《法意》卷二按語，《嚴復集》第4冊，第937頁。
73　《法意》卷二按語，《嚴復集》第4冊，第939、940頁。

立法已有四千年歷史的中國，由於君主凌駕於法律之上，民主制自然不可能得以實施。

嚴復對孟德斯鳩的「地理環境決定論」提出了批評。孟氏強調亞洲沒有溫帶，位於氣候非常寒冷的地區與氣候非常溫暖的地區是直接聯結在一起的，這些地區包括土耳其、波斯、蒙古、中國、朝鮮和日本等地，根據這一「事實」，他得出結論說，在這些國家存在強弱之間的相互對立，勇敢和好動的人民與懶惰、懦弱的人民相比鄰，因而弱者不可避免地要為強者所征服，這就必然導致一種奴性。而在溫暖的歐洲，「人民相交往來，平等互待」。嚴復對孟氏的觀點提出批評，從事實來看，中國絕不是無溫帶區，即使在世界其他溫帶區，也存在未開化的事實。如果說亞洲的專制帝國之興起，是因土地廣垠，無山林之阻，亦屬不當，德國位於中歐平原，昔日為各大公國組成，它的統一是近代以後的事，德國的統一與其說是地理條件在發生作用，不如說它更多地應歸功於斯達因（Stein）和向豪（Scharnhorst）的立憲制法之舉。從理論上說，嚴復更強調文化因素的作用：

> 論二種之強弱，天時、地利、人為三者皆有一因之用，不宜置而漏之也。[74]

夫宗教、哲學、文章、術藝，皆于人心有至靈至效。使歐民無希臘以導其先，羅馬以繼其後，又不得耶、回諸教緯於其間，吾未見其能有今日也。是故亞洲今日諸種，如支那，如印度，尚不至遂為異種

74　《法意》卷十七按語，《嚴復集》第4冊，第981頁。

所剗滅者，亦以數千年教化，有影響果效之可言。[75]

　　嚴復對文化的重視，這在《社會通詮》的按語中，更是闡釋無遺。他對社會進化論已有先入之見，自然不會同意孟氏的靜態的自然決定論。但更為重要的是，站在民族主義的立場上，他無法說服自己，中國由於自然條件或氣候，或地理，註定要羈係在社會政治進化的君主專制的政治模式之中。

　　當然，嚴復也為孟德斯鳩的某些觀點所吸引。例如，孟氏指出，在中國，宗教、習俗、法律和生活方式都建立在「禮」的範疇上，嚴復深有同感。「中國政家不獨于禮法二者不知辨也，且舉宗教學術而混之矣。吾聞凡物之天演深者，其分殊繁，則別異哲。而淺者反是。此吾國之事，又可取為例之證者矣！」[76]不過，他認為這種社會情形唯有斯賓塞之「宗法社會或可形容，孟氏之專制論則差矣」。所以「民處其時，雖有聖人，要皆囿於所習。故其心知有宗法，而不知有他級之社會」。[77]是故「此禮法並非專制，禁錮人類之發展耳」。

　　孟德斯鳩理想的民主政體是古代希臘和羅馬城市國家。事實上在近代世界，他不可能找到任何推進古代理想化民主的一個實例。嚴復對他的批評自然是理所當然的事。但如以此為依據，以為嚴復是趨向於中國傳統，也是極為錯誤的。他仍然設定以西方的價值觀念為其前提，他認為民主是人類社會政治發展的最高峰，人類正分階段向著民

75　《法意》卷十七按語，《嚴復集》第4冊，第981頁。
76　《法意》卷十九按語，《嚴復集》第4冊，第992頁。
77　（法）孟德斯鳩著、嚴復譯：嚴譯名著叢刊《法意》（上冊）卷十九按語，北京：商務印書館，1981年版，第416頁。

主化方向進化。同時，他肯定了正當自利的道德而反對「克己」的道德，他站在整個傳統政治文化的對立面，熱情讚揚非人格化的具有近代政治意義的「法治」，反對任何「聖人之治」的傳統政治理想模式。

《社會通詮》（原文A History of Politics，可譯為《社會進化簡史》或《政治史》），是英國政治學家甄克思（E.Jenks，1861—1939年）所著，他認為人類社會的政治進化，要經這三個階段：最初是野蠻的圖騰社會，其次是宗法社會，最後是軍國社會或政治社會。所謂「軍國社會」，大略相當於資本主義社會。與斯賓塞對「軍國時期」與「工業時期」的分野關注不同，甄克思只注重政治制度，即如何確立現代「理性化」的國家秩序，而非工業革命。他表示：「政治社會者，乃各團體（community），聯合成立一主權之機構，一切事為，由此主權機構代之，不必求諸個人之行動。」這與斯賓塞注重充分發揮個人的創造性和維護個人權益的自由主義觀點有著明顯的區別。

甄克思極力讚揚英國的憲法制是人類政體中最好的形式，並對現代國家各種特徵作了辨認。他認為一個國家的軍事組織不可能會因其國家工業化而自行消失，國家的組織和制度是自然而成。而斯賓塞則認為，工業制度乃基於自由合作，而國家組織則基於「人為與強制」。

甄克思的觀點反映了19世紀末以後英國社會思潮的轉變。如果說斯賓塞的理論還帶有自由競爭時期的濃厚烙印，那麼甄克思的理論則是英國資本主義發展步入壟斷階段的產物。《社會通詮》為嚴復提供了一幅完整的社會進化的圖景。嚴復在《譯者序》中，重申了人類的

發展與生物學上的個人生長發育的相似性，即人類發展過程的各個階段，相當於個人生長發育所經過的「童、少、壯、老」四個時期。他說「夫天下之群眾矣，夷考進化之階段，莫不始於圖騰，繼以宗法，而成於國家」。將甄克思所提供的政治進化圖景視為一種全人類共同的、普遍的、分階段的發展模式。「此其為序之信，若天之四時，若人身之童少壯老。」[78]而西方歷史的進化代表了人類歷史進化的正常道路。

為什麼中國在近代落後了？嚴復從上述模式中得到了答案：「異哉吾中國之社會也！」儘管西方在封建社會後期，經歷了一個相對緩慢的發展過程（宗法社會進入政治社會的過渡時期），然而在最近四百年中，其變速驚人。「乃還觀吾中國之歷史，本諸可信之載籍，由唐虞以訖於周，中國二千餘年，皆封建之時代，而所謂宗法亦於此時最備。其聖人，宗法社會之聖人也。其制度典籍，宗法社會之制度典籍也。物窮則必變。」[79]遺憾的是，中國社會並沒有發生歷史的奇跡。在秦朝以降的二千多年裡，「君此土者不一家，其中之一治一亂常自若，獨至於今，籀其政法，審其風俗，與其秀桀之民所言議思惟者，則猶然一宗法之民而已矣。……乃世變之遷流，在彼則始遲而終驟，在此則始驟而終遲」。[80]

為什麼中國社會不能完成歷史的轉變？嚴復自然不能同意孟德斯鳩地理環境對中國封建君主專制所起的決定性作用的說法。從他的按

78　《譯〈社會通詮〉自序》，《嚴復集》第1冊，第135頁。
79　《譯〈社會通詮〉自序》，《嚴復集》第1冊，第135、136頁。
80　《譯〈社會通詮〉自序》，《嚴復集》第1冊，第136頁。

語和其他著譯中，我們可勾勒出他的基本觀點：自秦朝以後，中國實現了統一，沒有受到外來文化的強有力挑戰，這助長了其內部產生一種自大自滿的情緒，從而喪失了對外拓展的能力。而聖人的教條已使宗法社會的思想僵化和絕對化，他們過於成功地將自己的思想灌輸給後代，以致阻礙了進化過程，「故周孔者，宗法社會之聖人也。其經法義言，所漸漬於民者最久，其入于人心者亦最深」。[81]聖人思想的社會歷史根源存在於某一特定歷史的社會結構中，他們不可能超越歷史條件對另一個時代作出預測。那麼東西方社會進化的歧異從什麼時候開始？嚴復表示達爾文、亞當·斯密、瓦特和斯賓塞可謂近代西方文化的體現者，而東西方社會的差異則在此之前的啟蒙時期已呈現出來。

　　不過，嚴復對中國社會的未來前途仍持樂觀的態度。西方能夠通過民主體制發掘人民的潛在能力，成為今日之富強。中國難道就不能另闢新徑嗎？甄克思論及現代政體，認為「國家政府和集權政府皆能激起人民之愛國意識，此乃國家自求生存的首要條件，然則聯邦政制則無法致之」。這段話語使嚴復聯想到中國的另一個優勢，即「天下惟吾之黃族，其眾既足以自立矣，而其風俗地勢，皆使之易為合而難為分」。如果中國人能夠拋棄古老的習俗和陳腐的習慣，「使一旦幡然悟舊法陳義之不足殉，而知成見積習之實為吾害，盡去腐穢，惟強之求，真五洲無此國也，何貧弱奴隸之足憂哉？」[82]

　　但嚴復在設身處地地面對現實時，又極力排斥當時革命黨人的民

81　《社會通詮》按語，《嚴復集》第4冊，第926頁。
82　《社會通詮》按語，《嚴復集》第4冊，第933、934頁。

族主義思想，認為它助長了滿漢民族的分野。他說：「中國社會、宗法而兼軍國者也。故其言法也，亦以種不以國。觀滿人得國凡三百年，而滿漢種界，厘然猶在。……是以今日黨派，雖有新舊之殊，至於民族主義，則不謀而皆合。」[83] 因此，他認為滿族若為維護特權而興改革，固然不該，而漢族以暴力革命排斥滿族，亦屬不當。他誤認為孫中山為代表的革命黨人所推行的民族革命是簡單「排滿」，認為「民族」應與「種族」同義。他強調此時中國迫切需要建立一軍國，全國人民為之效力盡忠。嚴復的這一主張反映了當時改良派的願望。因與蓬勃興起的革命浪潮相衝突，而為時代潮流所湮沒。

《穆勒名學》（英文名A System of Logic）為穆勒所著。穆勒在邏輯學上，偏向於歸納邏輯。這本書是形式邏輯的一部經典著作。嚴復於1900-1902年間，譯了前半部，後半部始終未譯出，他自述「思欲賡續其後半，乃人事卒卒，又老來精神茶短，憚用腦力，而穆勒書精深博大，非澄心渺慮，無以將事，所以尚未逮也」。[84]

《名學淺說》（英文名Primer of Logic）為英國思想家耶芳斯（W.S. Jevons，1835-1885）所著，是一本淺顯的形式邏輯讀物。嚴復自述此書翻譯經過時說：「戊申（1908年）孟秋，浪跡津沽，有女學生旄德呂氏，諄求授以此學，因取耶芳斯《淺說》，排日譯示講解，經兩月成書。中間義恉，則承用原書，而所引喻設譬，則多用己意更易。蓋吾之為書，取足喻人而已，謹合原書與否，所不論也。」[85]

83　《社會通詮》按語，《嚴復集》第4冊，第925、926頁。
84　《名學淺說·序》，《嚴復集》第2冊，第265頁。
85　《名學淺說·序》，《嚴復集》第2冊，第265、266頁。

《穆勒名學》和《名學淺說》都為邏輯學著作，故將它們放在一起討論。在嚴復思想的深處隱藏著一個觀點：即中國問題最重要的是科學問題。他認為，西方走向富強的一個內在原因是科學的發展和推動。牛頓、達爾文、亞當·斯密、穆勒和斯賓塞都為19世紀歐洲「獨創質力說」（Prometheam dynamism）的建立奠定了基礎。西方科學革命的成功，是精神力量使然，而這種精神是在良善的社會政治設施下所自發產生的。中國欠缺良好的社會政治保障，自然也無法產生這種精神力量。

　　嚴復早就注意到科學問題。1906年，他在為上海青年會發表《政治講義》時，文內就強調政治理論必須含有科學的本質。他注意到政治學是建立在對歷史規律研究的基礎上，而且是以歸納法來研究的一門學科。

　　蓋天生人，與以靈性，本無與生俱來預具之知能。欲有所知，其最初必由內籀。內籀，言其淺近……但內籀必資事實，而事實必由閱歷。

　　是故歷史者，不獨政治人事有之，但為內籀學術，莫不有史。[86]

　　中國傳統政治始終不像西方那樣，能以科學視之。因此，欲解決這一問題，就必須借用西方的政治學方法，而推動西方政治學科學化的一門學問，即培根所認定的邏輯學，「是學為一切法之法，一切學

86　《政治講義》第一會，《嚴復集》第5冊，第1243、1244頁。

之學」。[87]

在義和團運動期間，嚴復在上海組織「名學會」，《穆勒名學》上半部即為此時所譯。嚴復服膺穆勒的歸納論，他認為，中國傳統思想過去偏於保守與無為，實因缺乏這種觀念。穆勒的歸納論反對良知說，而良知說在宋明理學中據有重要地位。嚴復在《救亡決論》中就表示良知說為害之烈，始作俑者，乃是孟子「良知不學萬物皆備之言」，而宋儒陸象山與明儒王陽明「謂格致無益事功，抑事功不俟格致」，「正以為不出戶可以知天下」。不幸，「後世學者，樂其徑易，便於惰窳敷衍之情」。這種夜郎自大的心理，正是傳統思想僵化的一個重要原因。

中國古代也有歸納的理論，《大學》、《易經》和朱熹的著作中就曾論及歸納的原則，「夫朱子以即物窮理釋格物致知，是也，至以讀書窮理言之，風斯在下矣。且中土之學，必求古訓。古人之非，既不能明，即古人之是，亦不能知其所以是」。[88]遺憾的是，這種理論無法成為正統，它只能運用於整理古典文獻。

嚴復運用穆勒的歸納學對「良知說」進行了批判。穆勒表示，各種學說皆源於歸納，隨著科學進步，它越來越變成一套簡單的演繹原則，而其歸納的性質並不稍減。嚴復對此深信不疑：

穆勒言成學程途雖由實測而趨外籀，然不得以既成外籀，遂以內

87　嚴譯名著叢刊《穆勒名學》，北京：商務印書館，1981年版，第22頁。
88　《原強修訂稿》，《嚴復集》第1冊，第29頁

籀無涉；特例之所苞者廣，可執一以禦其餘。此言可謂見極。西學之所以詳實，天函日啟，民智滋開，而一切皆歸於有用者，正以此耳。舊學之所以多無補者，其外籀非不為也，為之又未嘗不如法也，第其所本者大抵心成之說，持之似有故，言之似成理，媛姝者以古訓而嚴之，初何嘗取其公例而一考其所推概者之誠妄乎？[89]

在古代中國，演繹只是以有關五行干支和九大行星的天文學理論的命題為材料，這些理論「無它，其例之立根於臆造，而非實測之所全通故也」。

嚴復不但批評「良知說」，還反對那種認為數學定理是建築在先驗演繹基礎上的觀點。穆勒不贊同惠威爾博士（Dr. Whewell）的主張，後者認為：「識從官入，而理根於心，故公論之誠，無俟於推籀。」惠氏的觀點使嚴復聯想到王陽明的「良知」說。「蓋呼威理所主，謂理如形學公論之所標者，根于人心所同然，而無待於官骸之閱歷察驗者，此無異中土良知之義矣。」[90]嚴復認為，穆勒堅持全部的數學定理來源於歸納的觀點，是對「良知」說的有力駁斥。

大體來說，嚴復接受了穆勒的這一結論：一切科學「公例」，即關於事物的普遍性、規律性的認識，是通過歸納法得到的。他明確宣稱：「大抵治權之施，見諸事實，故明者著論，必以歷史之所發見者為之本基。其間抽取公例，必用內籀歸納之，而後可存。」[91]將歸納

89　嚴譯名著叢刊《穆勒名學》，北京：商務印書館，1981年版，第199頁。
90　《穆勒名學》按語，《嚴復集》第4冊，第1049頁。
91　《〈民約〉平議》，《嚴復集》第2冊，第337頁。

法運用於社會政治領域，「吾將取古今歷史所有之邦國，為之類別而區分；吾將察其政府之機關，而各著其功用；吾將觀其演進之階級，而考其治亂盛衰之所由；最後，吾乃觀其會通，而籀為政治之公例」。[92]社會科學的「公例」是如此，自然科學的「公例」也是如此。「公例無往不由內籀，不必形數公例而獨不然也。」[93]這就是說，數學等學科中的公理也是通過歸納得到的。

關於嚴復譯介西方的邏輯學理論，馮友蘭先生有一中肯評價：

嚴復譯邏輯學為名學，說明他是真懂得什麼是形式邏輯，不過用名學這個譯名，邏輯學就不能包括歸納法，而只可能包括演繹法。因為歸納法所講的並不是一種思維的形式，而是一種思維，其對象並不是名言，而是自然界，所以現代的邏輯學就不講歸納法。這是邏輯學的合乎邏輯的發展。穆勒和耶方斯所講的邏輯學是舊式的邏輯學。嚴復繼承了舊式邏輯的傳統，並且認為歸納法比演繹法更重要。[94]

從以上我們對嚴譯八部名著的介紹中可知，嚴復翻譯西方名著，的確是經過了一番苦心研究的工夫。他或借用原著闡發自己的觀點，或介紹對中國人可資利用的新思想、新方法、新知識，或對原著加以評析。他的翻譯不是一個簡單的文化移植過程，而是一個文化再創造的過程，而就其思想選擇的主體傾向來說，大體是自由主義、功利主義、社會達爾文主義的混合物。他譯述的成功，則應歸功於他對現實

92　《政治講義》，《嚴復集》第5冊，第1248頁。
93　《穆勒名學》按語，《嚴復集》第4冊，第1050頁。
94　馮友蘭：《中國哲學史新編》第6冊，第170頁。

民族生存和文化危機的關懷，歸功於他有意識地追求中國人文傳統創造性的轉換。他不是以西學排斥中學，而是將二者會通、融合，因而他的翻譯活動從近期看是輸入西學；從遠景看，實則是構成中國文化學術的一部分。

3.3　嚴譯的「中學」根柢

嚴復的翻譯雖為稗販事業，但他所從事的翻譯活動不僅僅是一種西方文化的移植過程，它還存在一個中國化的過程。也就是說，嚴復的譯作在中國文化史上具有其特殊地位，這是與他對西方文化所作的特殊處理分不開的。

對於嚴復的中學根柢，同時代許多人包括那些古文大家曾作了很高的評價。嚴復的《原富》出版後，梁啟超在《新民叢報》撰文加以推崇：「嚴氏于中學西學，皆為我國第一流人物，此書（指《原富》）復經數年之心力，屢易其稿，然後出世，其精美更何待言！」[95]對嚴譯《社會通詮》頗有微詞的章太炎，論到時人對嚴的看法時，也說：「聞者不僚，以其邃通歐語，而中國文學湛深如此，益之以危言足以聳聽，則相與屍祝社稷之也。」[96]桐城派古文大家吳汝綸在《天演論》序中更是推崇備至：「嚴子一文之，而其書乃駸駸與晚周諸子相上下，然則文顧不重耶。……凡為書必與其時之學者相入，而後其效明。今學者方以時文、公牘、說部為學，而嚴子乃欲進之以可久之

95　梁啟超：《介紹新著〈原富〉》，載1902年2月8日《新民叢報》第1號。
96　章太炎：《〈社會通詮〉商兌》，載1907年3月6日《民報》第12號。

詞，與晚周諸子相上下之書。吾懼其馳而不相入也。」[97]他還致書嚴復說：「鄙意西學以新為貴，中學以古為貴，此兩者判若水火之不相入，其能容中西為一冶者，獨執事一人而已，其餘皆偏至之詣也。」[98]可見，嚴復的翻譯，不僅是以介紹西學見長，而且是以其中學為根柢，這是他的獨特之處。

嚴復的翻譯具有深厚的中學根柢，可從兩方面理解，一是翻譯的語言，嚴復譯書喜用漢以前字法句法，他以為「用漢以前字法句法則為達易；用近世利俗文字，則求達難」。[99]具體言之，嚴譯主要是借鑒漢人翻譯佛經的筆法，試以他的譯作《名學淺說》為例，該書一百六十一節云：

人或認假，信以為真。是故比擬，究易失誤。由似求似，常非斷然。試為舉之。鄉間小兒，食椹而甘。出遊林中，見相似者，采而食之。不料有毒，或至致死。菌之毒者，西名蟾則。人或煮食，誤謂香蕈。故欲別采，須人指示。晉史蔡謨，蟛蜞作蟹，二螯作跪，形似性非。誤取食之，遂致狼狽。凡此皆用比擬之術而得誤者。此種別識，不獨人能，鳥獸下生，固常為此。受擊之狗，見枚而逃。汝若伏地，彼謂拾石，將以擲之。即使無石，亦疾馳去。孳雁驚弓，至於自隕。山鸞舞鏡，以影為雄。對之悲鳴，至於氣絕。比擬之誤，如是如

97　吳汝綸：《天演論》序，《嚴復集》，第5冊，第1318頁。
98　吳汝綸：《答嚴幾道》戊戌二月二十八日，收入牛仰山、孫鴻霓編：《嚴復研究資料》，第252頁。
99　《天演論・譯例言》，《嚴復集》第5冊，第1322頁。

是。[100]

嚴復採前人譯佛經之法翻譯西書，不另立體裁，這自有他的用意，因為他當時想改變普通士人對西學的輕視態度，給那些頑固守舊的老朽開一點竅，他不得不用古雅的文章來譯，叫他們看得起譯本，進而看得起「西學」，這也可以說是用心良苦。他說：

> 風氣漸通，士知兪陋為恥，西學之事，問途日多。然有一二鉅子詘然謂彼之所精，不外象、數、形下之末，彼之所務不越功利之間；逞臆為談，不諮其實。討論國聞，審敵自鏡之道，又斷斷乎不如是也。[101]

嚴復認識到自己所譯的書對於那些仍在中古的夢鄉裡酣睡的人是一服服難以下嚥的苦藥，因此他在上面塗了糖衣，這糖衣就是一般士人所醉心的漢以前古雅文體。這種招徠術取得了成功，它使得那些對西洋文化無興趣甚至有反感的人也認真閱讀和思考起來，在學界取得了很大的影響。所以胡適說：「他對於譯書的用心與鄭重，真可佩服，真可做我們的模範！」又說：「嚴復譯的書，有幾種—《天演論》《群己權界論》《群學肄言》—原本有文學價值，他的譯本在古文學史上也應該占一個很高的地位。」[102]

100　（英）耶方斯著、嚴復譯：嚴譯名著叢刊《名學淺說》，北京：商務印書館，1981年版，第96頁。
101　《天演論‧自序》，《嚴復集》第5冊，第1321頁。
102　胡適：《五十年來中國之文學》，收入《胡適文存二集》卷二，第116頁。

二是翻譯的標準。關於嚴復翻譯的方法，魯迅曾說過「嚴又陵為要譯書，曾經查過漢晉六朝翻譯佛經的方法」，[103]參照古代翻譯佛經的經驗，根據自己翻譯的實踐，嚴復在《天演論》卷首的《譯例言》中提出了著名的「信、達、雅」翻譯標準。這裡所謂「信」是「意義不倍（背）本文」；「達」是不拘泥於原文形式，盡譯文語言的能事以求原意明顯；「雅」是指脫離原文而追求譯文本身的古雅。嚴復的這三項要求貫徹到自己譯文中去，實際上是強調意譯。「譯文取明深義，故詞句之間，時有所傎到附益，不斤斤於字比句次，而意義則不倍本文。題曰達恉，不雲筆譯，取便發揮，實非正法。」[104]

　　在古代中國，早在漢代，佛教傳入中國，即有人開始進行佛經翻譯活動，著名的有安世高、婁迦讖等人，他們翻譯了上百部佛經，對於佛法的流傳貢獻頗大，但這些翻譯者譯筆生硬，讀者不易看懂。到了苻秦時代，在釋道安主持下設置了譯場，翻譯事業由原來的民間私人活動成為一項有組織的活動。道安自己不懂梵文，惟恐翻譯失真，主張嚴格的直譯，因此在他主持下翻譯的《鞞婆沙》便是一字一句地翻譯的。道安在這期間請來了天竺（即印度）人鳩摩羅什，羅什考察了以前的佛經譯者，批評了翻譯的文體，檢討了翻譯的方法，進而一改以往名家的古直風格，主張意譯。他的譯著有《金剛經》、《法華經》、《維摩經》、《中觀論》、《十二門論》、《百論》等三百餘卷。時人稱他的譯著有「天然西域之語趣」，表達了原作神情，譯文妙趣盎然。從他以後，中國的佛教翻譯步入了正軌。

103　《二心集・關於翻譯的通信》，收入《魯迅全集》第4卷，北京：人民文學出版社，1981年版，第380頁。
104　《天演論・譯例言》，《嚴復集》第5冊，第1321頁。

隋、唐時期，佛經翻譯事業高度發達。隋代的釋彥琮，梵文造詣很深，對於翻譯理論鑽研尤勤，他認為譯者應該：（一）「誠心愛法，志願益人，不憚久時」；（二）「襟抱平恕，器量虛融，不好專執」；（三）「耽於道術，澹于名利，不欲高炫」。西元628年（唐太宗貞觀二年），玄奘去印度取經，17年後回國，帶回佛經657部，組織大量人力進行翻譯。在19年間譯出75部佛經。玄奘根據自己的翻譯實踐，提出翻譯家「既須求真，又須喻俗」，意即「忠實，通順」，進一步豐富了我國古代翻譯理論。唐代末年，無人赴印求經，佛經翻譯事業逐漸衰微。

　　嚴復借鑒古人的經驗，特別是受到漢唐時期古人翻譯佛經方法的影響。所以魯迅說，嚴復的翻譯「實在是漢唐譯經歷史的縮圖。中國之譯佛經，漢末質直，他沒有取法。六朝真是『達』而『雅』了。他的《天演論》的模範就在此。唐則以『信』為主，粗粗一看，簡直是不能懂的，這就彷彿他後來的譯書」。[105]

　　總之，嚴復的翻譯從內容上說，是輸入西學；從形式上看，則是承繼中學。此外，在他的譯著所加「按語」中，還有大量討論中西學術的文字，它們從一個方面反映了嚴復會通中西文化的願望，另一方面也表明了嚴復個人的學術見解，其中不乏對傳統學術的評價和精審。所以，對於嚴譯名著，我們不應只視為一般的翻譯著作，還應看到它的學術價值。賀麟先生認為，嚴復的翻譯「於中國學術有很大的

105　《二心集‧關於翻譯的通信》，《魯迅全集》第4卷，北京：人民文學出版社，1981年版，第381頁。

影響，而他翻譯的副產品於中國學術思想也有很大的影響」。[106]這確非虛言。

106　賀麟：《嚴復的翻譯》，收入《論嚴復與嚴譯名著》，第39頁。

第四章

薪爐火傳：舊學新釋闢蹊徑

平生於《莊子》累讀不厭，因其說理，語語打破後壁，往往至今不能出其範圍。其言曰：「名，公器也，不可以多取；仁義，先王之蘧廬也，止可以一宿，而不可以久處。」莊生在古，則言仁義，使生今日，則當言平等、自由、博愛、民權諸學說矣。

——嚴復：《致熊純如》

　　晚清學人治國學，大致分兩支。一支仍沿承有清一代的樸學傳統，推崇漢儒樸實學風，反對宋儒空談義理，其治學特徵是「厭倦主觀的冥想而傾向於客觀的考察」，[1]研究內容則是從文字音韻、名物訓詁、校勘輯佚等方面從事經書古義的考證。另一支則受到中西文化衝撞、交流的刺激，逐漸在國學研究中注入西學的內容，或用西學方法治國學，或用西方思想附會中學，或借鑒西方學者的研究視角，拓展國學新領域；他們在研究方法、研究視野、研究思路上都與傳統學術有了一定差異，為國學增添了新的內容。前者表現為中國傳統學術的繼續，後者則是中國學術傳統的某種更新。一般來說，晚清國學大師因其教育背景的制約和時代風潮的影響，都表現出一身二任的傾向，既在傳統經學上狠下工夫，又希圖接納外來某些可以借鑒和接受的學術觀念，同時也有所側重。嚴復是「近世西學第一人」，他兼治國學，自然在這一領域也輸入了西學的觀念、方法和意識，可以說，他是近代新國學的開拓者。在這方面他所做的工作鮮為人們重視，但他開啟的道路，卻對後來國學研究的發展，有著重要的引導作用。

1　梁啟超：《近三百年學術史》第一節《反動與先驅》，收入朱維錚校注：《梁啟超論清學史二種》，第91頁。

4.1　「道」的詰思

　　《道德經》短短五千言，卻流傳千古，吸引了無數士人為之疏義注解，它在中國文化史、學術史、宗教史和社會政治史等領域發生了巨大而深遠的影響。學術史上之所謂道家，宗教史上之所謂道教，政治史上之所謂黃老的「無為而治」，其思想淵源均可溯自這部經典。可以說，對《道德經》的釋義、注疏和理解因時代的不同，思想派別的不同，政治見解的不同，而常常打上了不同的烙印。

　　最早解釋《老子》的文字見於韓非的《解老》、《喻老》，它是為其法家學說服務。西漢初年興起的黃老之學，強調「無為而治」，適應了當時社會要求休養生息的形勢，一時「因緣際會，遂成顯學」。東漢末期，黃老之道分衍為三支。一為張角之太平道，其經典為《太平清領書》（亦即《太平經》），後因釀成農民大起義，被漢朝鎮壓下去，太平道因此受到沉重打擊，逐漸在歷史上銷聲絕跡。一為張魯所創五斗米道（亦稱天師道），其主要經典為《老子五千文》和「三天正法」之章符，其秘笈有《老子想爾注》、《太平洞極經》。張魯佔據漢中三十載，實行政教合一，推廣五斗米道，後來他歸附朝廷，與曹操關係密切，故五斗米道得到繼續流傳，以後遂成為道教的正統。一為魏伯陽所設金丹道，其典籍有《參同契》，它使道教煉形養神方術向義理化發展邁進了一大步，奠定了後世道教丹鼎派的理論基礎。魏晉南北朝是道學的勃興時期，「文章之士，頗以放曠自遁，名之曰老莊，與道教同時而大異，於是老子又為名士之職志。自是以來，托於

老子而自見者，殆千百家，而大旨不越是四者」。[2]隋唐時期，道家學說得以延續和發展。隋代的王遠知、蘇元朗，唐代司馬承禎、吳筠，五代杜光庭，均出自茅山道，一脈相承。唐朝由於奉道教為「本朝家教」，故對之有意扶持，道教一時稱盛。這期間，道教在義理和齋醮儀式等方面均有較大的發展，出現了《陰符經注疏》、《玄綱論》、《坐忘論》、《入藥鏡》等重要道書及第一部《道藏》—《開元道藏》。宋元時期，由於社會政治動盪、南北對峙，道教也發生了分化，形成了南北各宗，新的道派在大江南北紛紛興起，北方有太一道、真大道、全真道，南方有淨明道、清微道等；同時由於宋代儒學注重「義理」闡釋，不拘泥訓詁舊說而自由說經，進而探討宇宙和人類的起源與構成的原理，這也影響和促進道教向義理深入發展。陳摶創「無極圖」說之後，道教圖學的發展及張伯端著《悟真篇》，逐漸完成了內丹教義並使之哲理化。明清時期的道教、道學已日漸衰微，雖在丹道方面有東派、西派之出現，南方有武當道的興起，著述方面有不少對過去道書道經的詮釋注疏之作，但並無多少新義，其勢力已是強弩之末。

嚴復對《老子》一書的探研表現了極為濃厚的興趣。1903年（光緒二十九年），他受其弟子熊季廉（純如）所托，開始評點老子，其後又評點莊子和王荊公詩。嚴復的《老子評語》[3]，是具有獨特形式的著述，既有釋詞注義與對照比較，又有辨析說明與發揮論證，其中

2　《〈老子評語〉夏曾佑序》，《嚴復集》第4冊，第1100頁。
3　《老子評語》最早出版於1905年12月，在日本東京刊印，題名《侯官嚴氏評點〈老子〉》。《老子》原文及王弼注文用黑字，嚴復評點及夾註用紅字套色，相當清楚美觀，但錯字較多，書前有夏曾佑與熊元鍔序文。1931年商務印書館據東京本重新排印，並校正了其中一些錯字，改名為《嚴復評點〈老子道德經〉》。1986年中華書局出版的《嚴復集》第4冊，根據商務本，選錄其中部分評語，再易名為《老子評語》。

蘊含著不少精闢獨到的見解。熊季廉將嚴復的這冊《評點〈老子道德經〉》給陳三立閱讀，陳「歎絕，以為得未曾有，促季廉刊行」。[4] 1905年12月熊季廉遂在東京將其刊印。那麼，與前人的老子研究比較，嚴復的《老子評語》又有哪些新意和獨特之處？

首先，嚴復開始運用西方近代哲學思想和學術思想來分析和闡釋《老子》。因而他的《老子評語》不是傳統注疏經義工作的重複，而是中西文化學術會通、交融的產物。

夏曾佑注意到嚴復評點老子與前人不同，在於它是時代的產物，與新的歷史變動密切相關。他說：

老子既著書之二千四百餘年，吾友嚴幾道讀之，以為其說獨與達爾文、孟德斯鳩、斯賓塞相通。……於是客有難者曰：嚴幾道是，則古之人皆非矣。是必幾道之學，為二千數百年間所未有而後可。其將何以立說？應之曰：君亦知流略之所從起乎？智識者，人也；運會者，天也。智識與運會相乘而生學說，則天人合者也。人自聖賢以至於愚不肖，其意念無不緣於觀感而後興。其聽觀感者同，則其所意念者亦同。若夫老子之所值，與斯賓塞等之所值，蓋亦嘗相同矣。而幾道之所值，則亦與老子、斯賓塞等之所值同也。此其見之能相同，又奚異哉！……

故幾道之談《老子》之所以能獨是者，天人適相合也。即吾說引而伸之，非惟證幾道之說之所以是，亦可以證古人之說之所以非。蓋

4　王遽常：《嚴幾道年譜》，收入牛仰山、孫鴻霓編：《嚴復研究資料》，第45頁。

古人之說，無不有所觀感而興，惟其所觀感者，與老子時異耳。[5]

　　夏曾佑認為嚴復之所以能讀通《老子》，在於他所處的時代與老子有類似之處，這就是他們都是社會大變動時代的人物，「其所言者，皆其古來政教之會通也」。古人在《老子》這部書裡，圍繞「道」、「氣」、「乙太」等概念聚訟紛紜，形成了形形色色的道家、道學、道教。嚴復雖也詮釋《老子》，但他不是拾取傳統道學的餘緒，他與前人有別的是，在這部書裡，發現了與時代相通的「進化」、「民主」、「道即自然」等觀念。

　　當代美國歷史學家史華茲在分析嚴復的中西文化觀時，指出他的內在世界裡並沒有「傳統中國」與「現代西方」的明顯分野，在《穆勒名學》的按語中，嚴復即將穆勒的觀念與老子相提並論，而嚴復評點老子，也與他對中西文化和學術的見解糅合在一起，並把達爾文、赫胥黎、斯賓塞、穆勒、孟德斯鳩的理論貫通到對老子的詮釋中去。[6]

　　嚴復認為老子思想與斯賓塞的形而上學有極為相似之處。對於中西學術思想的相似和雷同，嚴復早在《天演論》的序言中就已提到，表示《易》和《春秋》兩部經典實已涵蓋了歸納法和演繹法。在《闢韓》一文中，他已表示科學即是斯賓塞的「形而上學的系統」，雖然穆勒以邏輯方法闡釋科學，但嚴復還是認為斯賓塞的綜合哲學乃是源

5　　《〈老子〉評語》，附錄一《夏曾佑序》，《嚴復集》第4冊，第1100、1101頁。
6　　Benjamin Schwartz, *In search of wealth and power:Yen Fu and the West*, Cambridge, Mass.: The Belknap Press of Harvard University, 1964，pp.197-198.

於歸納邏輯，而斯賓塞的理論與中國傳統的一元泛神論的思想相一致。嚴復評點老子是基於「老子為中國哲學之祖」的認識。夏曾佑在序言中也發現嚴復承認老子生於孔子與「百家」之前，而《道德經》是中國第一本純理論性的哲學著作。老子所雲「萬物並作，吾以觀復。夫物芸芸，各複歸其根，歸根曰靜，是謂覆命」表述的正是中國形而上學的宇宙觀的基本認識。老子所謂「道」與斯賓塞之「不可知」，其意旨大體相同。如同斯賓塞於「第一原理」所做的那樣，老子亦強調宇宙萬物自然生靈皆相互對立，而歸於「道」，所謂「形氣之物，無非對待」。[7]至於「天地不仁，以萬物為芻狗」的觀念，與達爾文的理論原有驚人的相通之處。

嚴復曾從科學方法的角度詮釋《道德經》第四十八章所言「為學日益，為道日損」的道理，其目的也是為了印證《穆勒名學》的理論。所謂「日益」，就是以歸納法表示知欲的增加，而「日損」則是以演繹法表示知欲的減少。嚴復認為穆勒歸納演繹的觀點，正是表示「一物日益，即是日損」。這種立論和《道德經》一樣，皆是反對為學。因為學則著於物相，離道遠矣，故必須「絕聖棄智」。總之，嚴復認為老子思想內含科學性，乃是其思想與斯賓塞的理論相似性使然。

其次，嚴復的《老子評語》滲透了他的變革觀念，是其政治思想的反映。

《老子》不僅僅是一部充滿辯證法的哲學著作，而且還是一部有

7　《〈老子〉評語》二章，《嚴復集》第4冊，第1076頁。

其政治意義的「兵書」。故各種學派的人能從中吸取不同的養料，哲學家視之為哲學經典，道教信徒則奉之為宗教經典，涉足宦海的士人則認之為「權術」寶典，真是「外行看熱鬧，內行看門道」，各取所需。

　　在政治上，嚴復是維新派的代表，其政治主張與康有為、譚嗣同等大體一致，但其思想淵源則互有軒輊。康有為「托古改制」，將一個「述而不作」的孔子打扮成一個「維新改制」的孔子；嚴復在戊戌變法失敗後，雖未被頑固派深究迫害，但在政治上已列為不可信任的對象，其失意感自然可以想見。此後他不求仕進，專門從事譯述，並開始了一些《老子評語》之類的古籍疏義工作。他與康有為推崇聖人孔子不同，其心之所向是老子，他所托的古是老子的黃老之學。他在評語中說：「太史公《六家要旨》，注重道家，意正如是，今夫儒、墨、名、法所以窮者，欲以多言求不窮也。乃不知其終窮，何則？患常出於所慮之外也，惟守中可以不窮。」[8]嚴復之意，孔孟儒家已是由顯而微，窮途末路，而漢初黃老還有不窮前途，可以借用，這是他推崇老子的用意。20世紀初嚴復的這種態度與他晚年主張尊孔讀經，參與發起孔教會的活動，確實是大相徑庭。

　　在《老子評語》中，嚴復採用了達爾文學說的進化論觀點，對老子的「勝人者有力，自勝者強」、「強行者有力」等語句大加發揮。他說：

8　　《〈老子〉評語》五章，《嚴復集》第4冊，第1077頁。

有力者外損，強者內益，足而不知，雖富，貧耳。

惟強行者為有志，亦惟有志者能強行。孔曰：「知其不可而為之。」孟曰：「強恕而行。」又曰：「強為善而已矣。」德哲噶爾第曰：「所謂豪傑者，其心目中常有一他人所謂斷做不到者。」凡此，皆有志者也。中國之將亡，坐無強行者耳。[9]

嚴復以為中國面臨危亡之勢，只有發憤圖強才是出路。老子學說並不注重爭勝強行，嚴復在這裡大加發揮，是為評語中最強之音，這可視為他對老子思想的進一步改造。

嚴復還把近代的自由政治與「與天爭勝」的觀念結合起來，認為它符合「物競天擇」的原則。「故今日之治，莫貴乎崇尚自由。自由，則物各得其所自致，而天擇之用存其最宜，太平之盛可不期而自至。」[10]他在《原強》一文中也曾如是說：「達爾文曰：『物各競存，最宜者立。』動植如是，政教亦如是也。」[11]他主張以進化論的「物競天擇」的觀點去分析問題，嚴復看到，人們要努力奮鬥，不斷進化，才能生存、發展，不然就會被淘汰而趨於滅亡，自由政治是謀求生存的最佳途徑。他在評述老子所講「常使民無知無欲」及「虛其心，實其腹，弱其志，強其骨」時指出：

虛其心，所以受道；實其腹，所以為我；弱其志，所以從理而無

9　　《〈老子〉評語》三十二章，《嚴復集》第4冊，第1089頁。
10　《〈老子〉評語》十八章，《嚴復集》第4冊，第1082頁。
11　《原強修訂稿》，《嚴復集》第1冊，第26、27頁。

所攖，強其骨，所以自立而幹事。[12]

嚴復的這種解釋已與以往的那種「愚民」意思完全相反。他落腳於「受道」、「為我」、「自立而幹事」，說明他鼓勵人們去堅韌不拔地為追求自我的目標而努力進取。為此，嚴復對老子的「絕仁棄義」、「絕學無憂」不以為然，他嘲諷這種辦法若如被放逐的非洲鴕鳥，是不敢正視事實的辦法，這實際上是對那些封閉自守、愚昧落後的守舊勢力的批判。他說：

絕學固無憂，顧其憂非真無也；處憂不知，則其心等於無耳。非洲鴕鳥之被逐而無褫之也，則埋其頭目于沙，以不見害己者為無害。老氏絕學之道，豈異此乎？[13]

由於嚴復認為人類社會是一個由簡入繁、由低級向高級不斷進化的過程，所以他不苟同於老子的「還淳返樸」的觀點，以為那是違反自然規律、不符合社會進化的原則。「今夫質之趨文，純之入雜，由乾坤而馴至於未濟，亦自然之勢也。老氏還淳返樸之義，獨驅江河之水而使之在山，必不逮矣。夫物質而強之以文，老氏訾之是也。而物而返之使質，老氏之術非也。何則？雖前後二者之為術不同，而其違自然，拂道紀，則一而已矣。」[14]

嚴復大力挖掘《老子》一書中的民主政治因素，認為老子的政治

12　《〈老子〉評語》三章，《嚴復集》第4冊，第1076頁。
13　《〈老子〉評語》二十章，《嚴復集》第4冊，第1082頁。
14　《〈老子〉評語》十八章，《嚴復集》第4冊，第1082頁。

觀點與西方的民主政治有相似之處。他在評點老子時多處引用孟德斯鳩的《論法的精神》一書來比擬黃老之學。例如：

> 黃老為民主治道也。[15]

> 夫黃、老之道，民主之國之所用也，故能長而不宰，無為而無不為；君主之國，未有能用黃、老者也。[16]

> 然孟德斯鳩《法意》中言，民主乃用道德，君主則用禮，至於專制乃用刑。中國未嘗有民主之制也。雖老子亦不能為未見其物之思想。於是道德之治，亦于君主中求之；不能得，乃游心于黃、農以上，意以為太古有之。蓋太古君不甚尊，民不甚賤，事與民主本為近也。此所以下篇八十章，有小國寡民之說。夫甘食美服，安居樂俗，鄰國相望，雞犬相聞，民老死不相往來，如是之世，正孟德斯鳩《法意》篇中所指為民主之真相也。世有善讀二書者，必將以為知言矣。嗚呼！老子者，民主之治之所用也！[17]

> 以賤為本，以下為基，亦民主之說。[18]

在嚴復心中，老子所描述的黃帝、神農時代，君民之分不那麼嚴格，等級分化不那麼清楚，因此近於民主，亦即老子所想像的小國寡民社會。這實際上是一種幻想。不過，就原始社會本身而言，它確存在一種原始的民主制度，這與孟德斯鳩的民主制有某些相近之處，而與封建專制背道而馳。但嚴復並不主張人們回到原始的狀態中去，他

15　《〈老子〉評語》三章，《嚴復集》第4冊，第1076頁。
16　《〈老子〉評語》十章，《嚴復集》第4冊，第1079頁。
17　《〈老子〉評語》三十七章，《嚴復集》第4冊，第1091、1092頁。
18　《〈老子〉評語》三十九章，《嚴復集》第4冊，第1092頁。

對老子的「還淳返樸」持有異議，以為其「違自然，拂道紀」，「獨驅江河之水而使之在山」，[19]這在當時是根本不可能實現的。

老子嚮往的理想社會既然不過如此，所以嚴復認為，「今日之治，莫貴乎自由」，如能做到這點，「太平之盛可不期而自至」。[20]而對老子「往而無害，安、平、太」。[21]嚴復的解釋是「安，自由也；平，平等也，太，合群也」。[22]非常明顯，這是西方啟蒙思想家自由觀的移植。

第三，嚴復的《老子評語》一書表達了其唯物主義的思想傾向。「道」是老子思想體系的核心，或指物質世界，即宇宙的本體；或指物質世界運動變化的普遍規律；或指特定環境中的具體事物，嚴復的理解大體如此。

世界的本源是什麼？老子的回答是：「道生一，一生二，二生三，三生萬物。萬物負陰而抱陽，總氣以為和。」[23]天下萬物都是由「道」衍化而來。對這一作為高度思維概括的「道」，究竟如何理解？是物質的實體，還是精神的實質？嚴復認為，「蓋哲學天成之序也」。[24]這裡，嚴復所說的「哲學」，其含義或老子所說的「道」。所謂「天成之序」，或指普遍法則，或指自然規律。因此，嚴復解釋說：「道，太極也。降而生一。言一，則二形焉。二者，形而對待之

19　《〈老子〉評語》十八章，《嚴復集》第4冊，第1082頁。
20　《〈老子〉評語》十八章，《嚴復集》第4冊，第1082頁。
21　《〈老子〉評語》三十五章，《嚴復集》第4冊，第1090頁。
22　《〈老子〉評語》三十五章，《嚴復集》第4冊，第1090頁。
23　《老子》四十二章。
24　《〈老子〉評語》二章，《嚴復集》第4冊，第1076頁。

理出，故曰生三。夫公例者，無往而不信者也。」[25]道為太極，它和西人所謂Summun genus相同，意為最高概念。但「道」又不是不可捉摸、無可言狀的恍惚。嚴復認為，「有象之物，方圓是也；有物（質）之物，金石是也；有精（生命）之物，草木蟲人是也。以夷、希、微之德（本質）而涵三有。甚真，故可觀妙；有信，觀可觀徼；為一切之因，而有果可驗。物之真信，孰逾此者？」[26]這裡所說的道，絕不是神秘莫測的精神實質，恰恰相反，而是具有千真萬確的物質屬性的物質實體。可以說，嚴復對於老子哲學體系核心的「道」，給予的是唯物主義的解釋。

「道」的首要含義是指具有普遍意義的東西。老子說：「故道大、天大、地大、人亦大。」[27]道與天、地、人並列，並不凌駕於這三者之上。「人法地，地法天，天法道，道法自然。」[28]人要受天地環境的制約，而天地遵循的道（規律）就是自然。這裡，「道」的涵義比較清楚，即指具有物質屬性的自然規律。嚴復加在這段文字上的評語是「道即自然，特字未字異耳」。完全同意老子的「道」的本義所具有的物質屬性。

如何看待世界上的善惡？老子曰：「善之與惡，相去何若？」[29]其意為，善與惡有所差異，但到底相差多少呢？「衣養萬物而不為主，常無欲，可名於小。萬物歸焉而不為主，可名為大。」[30]意思是

25　《〈老子〉評語》四十二章，《嚴復集》第4冊，第1093頁。
26　《〈老子〉評語》二十一章，《嚴復集》第4冊，第1083頁。
27　《老子》二十五章。
28　《老子》二十五章。
29　《老子》二十章。
30　《老子》三十四章。

指，「道」養育萬物，但不主宰它們，因為它本來就沒有什麼要求欲望，這可以叫作小；萬物歸順於「道」，而「道」也不主宰它們，這樣，可以稱作大。嚴復例舉數學的微積分類來加以說明，「道固無善不善可論。微分術言，數起於無限小，直作無觀，亦無不可。乃積之可以成諸有法之形數。求其胎萌，又即在無窮小之內。此道之盡絕言蹊也」。[31]所謂「大小之名，起於比較，起於觀者。道之本體，無大小也」。[32]老子說：「上善若水」，嚴復認為這就是「以水喻道」，[33]假如「以日喻道，有其上下，特不繳不昧耳」。他還進一步論述：「道與宇宙，無窮者也，何由見之。」大意說，宇宙萬物無窮無盡，是觀察不完研究不盡的。所有這些，都在於說明作為規律性的「道」的普遍性和物質性。

在認識論上，嚴復也是唯物主義者，首先他承認主客體的區別。他說：「道者同道，德者同德，失者同失，皆主客觀之以同物相感者。」[34]作為人的主觀認識能力的主體和作為客觀事物本身的客體，兩者都是與物接觸而有所感驗。「信不足者，主觀之事；有不信者，客觀。」[35]認識不只是人的主觀能力，而能不能真正得到真實情況則是與客觀的本身有關。老子提出「不出戶，知天下」以及「不行而知，不見而名，不為而成」，[36]片面誇大理性認識的作用，輕視感性認識的重要性，抹殺實踐經驗在認識過程中的作用。對這種觀點，嚴

31　《〈老子〉評語》八章，《嚴復集》第4冊，第1078頁。
32　《〈老子〉評語》三十四章，《嚴復集》第4冊，第1090頁。
33　《〈老子〉評語》八章，《嚴復集》第4冊，第1078頁。
34　《〈老子〉評語》二十三章，《嚴復集》第4冊，第1084頁。
35　《〈老子〉評語》二十三章，《嚴復集》第4冊，第1084頁。
36　《老子》四十章。

復認為「夫道無不在，苟得其術，雖近取諸身，豈有窮哉？而行徹五洲，學窮千古，亦將但見其會通而統於一而已矣。是以不行可知也，不見可名也，不為可成也，此得道之受用也」。[37]強調理性認識融會貫通的作用，但由此又認為「不行可知」，依然是附會了原著的唯心觀點。

總的來說，嚴復的唯物論並不徹底。他的本體論對老子的道有時作唯心的理解，如他認為老子的道與周易的太極、佛學的自在、西方哲學的第一因都是一樣的。在認識論上，他對精神實體的「道」視為不可思議的，有時陷入一種不可知論的境地。

儘管如此，嚴復的《老子評語》是中國近代思想史上一部有價值的著作。雖然文字不過三千，對《道德經》八十一章也並未全部進行評點，有三分之一章節沒有涉及，但嚴復的老子學研究應當說是超越了古人。這主要表現在他首次在老學史上，運用西方學術的某些觀點來分析中國典籍；它表明了嚴復政治上要求民主、自由的強烈願望；它對老子「虛靜無為」的思想進行了改造，強調中國應當發憤自強，適應《天演論》的物競天擇的要求；它借用西方近代的機械唯物論，對老子的思想作了唯物主義的詮釋。因此，嚴復的《老子評語》可以說是老學研究史上的一個重要轉折，也是人們研究近代學術史一部不可不注意的著作。

37　《〈老子〉評語》四十七章，《嚴復集》第4冊，第1095頁。

4.2　莊子評注新特色

在中國學術史上，人們向來將莊子與老子並稱，視他們為自成體系的道家學派的代表。莊子思想俊逸超脫，意蘊深遠，在士林學子中頗有市場。

《莊子》與《老子》各具特色。《老子》一書短短五千言，高度概括的哲理思想，濃縮在十分簡潔的文字之中，可謂字字珠璣，寓義深奧，讀來頗為艱辛費解，令人難以咀嚼。《莊子》則與之不同，它共33篇，十餘萬字，其中分為內篇、外篇、雜篇。有一種傳統的說法，認為內篇是莊子所自著，其餘是門生弟子後學所著。這只是一種揣測，並沒有什麼根據。不過，《莊子》語言活潑，意境清新，形象生動，如江河一瀉千里之勢，讀來引人入勝，不知倦止。嚴復喜讀莊子，多年探研，常至愛不釋手。現存他的《莊子評語》雖刊於1916年，但並非一次成稿，為多年陸續評點，不斷積累而成。刊印本中，有香港出版的福州岷雲堂叢刊（岷本），以馬其昶《莊子故》為底本，曾克耑校錄並序，該版系以嚴璩先生所藏評點本移錄而成。另有杭州大學（現浙江大學）嚴群教授自藏《莊子評點》（嚴本，未刊），系嚴復在親友家讀《莊子》時隨手所作的評注，條目較岷雲堂本多。但也有的評注，岷本錄而嚴本缺。兩本評注共415條。其中完全相同的110條，基本相同而文字略有出入的95條，岷本有而嚴本缺的約60條，岷本缺而嚴本有的約140條。[38]內容屬評語者260多條，屬文字訓詁者140多條，其中有評論的眉批，有釋疑性的注解，或以硃筆圈

38　參見《嚴復集》第4冊，第1104頁注。

點，或用英文加注，其約數萬言。嚴復的評注文字簡練，寓義艱深，有的甚至晦澀難讀。嚴復素慕桐城派古文的風格，在評注中表露得相當典型。

嚴復評注《莊子》，基本上是把莊書作為一個完整的體系對待的。首先對內篇作了總評，而後分別加以評注、圈點、訓詁。他總評的要點是：

> 嘗謂內七篇秩序井然，不可棼亂。何以言之？蓋學道者，以拘虛、篤時、束教、囿物為厲禁，有一於此，未有能通者也。是故開宗明義，首告學者必游心於至大之域，而命其篇曰《逍遙遊》。……其次，則當知物論之本齊。……再進則語學者以事道之要，曰《養生主》。《養生主》者，非養生也，其主旨曰依乎天理，是故有變境而無生滅，安時處順，薪盡火傳，不知其極。然而人間不可棄也，有無所逃於天地之間者焉，是又不可以不講，故命曰《人間世》。一命一義。而寓諸不得已。是故莊子者，非出世之學也。[39]

其大意是，要理解「道」的奧妙，必須不受時間地點條件和傳統觀念的束縛，否則，一旦如此，就很難融會貫通。因而首先要解放思想，然後依照內篇序列，從《逍遙遊》到《齊物論》，再從《養生主》到《人間世》，逐步領會，以便理解莊子的處世之學。在這裡，嚴復提出了一個不同於傳統的重要看法，即莊子哲學「非出世之學也」。

39　《〈莊子〉評語‧內篇總篇》，《嚴復集》第4冊，第1104頁。

究竟如何把握莊子哲學呢？嚴復認為應該多視角、多方面探討，要避免發生像孔子指出的「識其一不知其二」的情況，「一家之術，如神農之並耕，釋氏之忍辱，耶穌之信天，皆其說至高，而為人類所不可用，所謂識其一不識其二者也」。[40]其意是說，學問再高深，學說再高明，高到沒有用處，對人類也就沒有什麼意義了。

《莊子》是一部富有哲理的著作，嚴復的評語也帶有濃厚的哲學思考意味。哲學是宇宙觀。宇宙觀是什麼呢？嚴復認為：「宇宙，皆無形者也。宇之所以可言，以有形者列於其中，而後可以指似，使無一物，則所謂方向遠近皆亡；宙之所以可言，以有形者變於其際，而後可以歷數，使無一事，則所謂先後久暫亦亡。故莊生云爾。宇宙，即今西學所謂空間時間。空無盡處，但見其內容，故曰有實而無乎處；時不可以起訖言，故曰有長而無本剽。宇者，三前之物，故曰有實；宙者，一互之物，故曰有長。」[41]

宇宙無垠無限，那麼天地和自然呢？「天之可推，以有歷數；地之可指，以有人據。」[42]這裡所謂「天」，指時間，可用歷數推算；「地」則指空間，是供人居住，和上述宇宙的含意是一致的。而「天不得不高」，[43]天高，是自然現象，亦即「所謂自然」。至於「天理」的涵義，嚴復的理解頗帶近代意味。「依乎天理」，即歐西科哲學家所謂「We must live according to nature」，[44]可見他心中的「天理」，就

40　《〈莊子〉評語・天地第十二》，《嚴復集》第4冊，第1128頁。
41　《〈莊子〉評語・庚桑楚第二十三》，《嚴復集》第4冊，第1139頁。
42　《〈莊子〉評語・寓言第二十七》，《嚴復集》第4冊，第1145頁。
43　《莊子・知北遊》。
44　《〈莊子〉評語・養生主第三》，《嚴復集》第4冊，第1108頁。

是自然規律。「依乎天理」，是要求人們按照自然規律生活。「安時處順，是依乎天理注腳。」[45]違背了自然規律，就會遭到「天理」的懲罰。

關於哲學的兩大派，嚴復明確指出：「屈大均曰，心從知而得，知之外無所謂心也。常心從心而得，心之外無所謂常心也。……莊生之齊物，亦齊之於吾心爾。知心之外無物，物斯齊矣。屈氏所言，乃歐西惟心派哲學，與科學家之惟物派大殊，惟物派謂此心之動，皆物之變，故物盡則心盡，所言實鑿鑿可指，持惟心學說者，不可不深究也。」[46]人們常說的「鬼神」和「上帝」也是屬於唯心論。「世人之說幽冥，宗教之言上帝，大抵皆隨其成心而師之之說也。」[47]唯心論雖能滿足人們的想像欲，並能激發人們的信仰熱情，但卻缺乏科學依據。「至其真實，則皆無據。」[48]由此不難看出嚴復的哲學傾向性是選擇唯物論。

「道」、「氣」是中國傳統哲學的重要概念，也是《莊子》一書著意討論的範疇。莊子曰：「夫隨有情有信，無為無形，可傳而不可受，可得而不可見，自本自根，未有天地，自古以固存，神鬼神帝，生天生地，在太極之先而不為高，在六極之下而不為深，先天地生而不為久，長於上古而不為老。」[49]這裡的「道」，指的是宇宙本體。由於隨心所欲的過分誇張，賦予了「道」以萬能的屬性，明顯帶有唯

45　《〈莊子〉評語・養生主第三》，《嚴復集》第4冊，第1109頁。
46　《〈莊子〉評語・德充符第五》，《嚴復集》第4冊，第1115頁。
47　《〈莊子〉評語・齊物論》，《嚴復集》第4冊，第1107頁。
48　《〈莊子〉評語・齊物論》，《嚴復集》第4冊，第1107頁。
49　《莊子・大宗師》。

心論的雜質。嚴復對此評價道：「自『夫道有情有信』以下，至『而比於列星』止，數百言皆頌歎之詞，然是莊文無內心處，不必深加研究。」[50]嚴復對莊子的「道」不以為然，甚至加以否定，認為這是莊子思想不成熟的一面。

關於「氣」的解釋，莊子的看法是：「人之生，氣聚也，聚則為生，散則為死，若死生為徒。吾又何患？故萬物一也，是其所美者為神奇，其所惡者為臭腐。臭腐化為神奇，神奇化為臭腐，故曰通天下一氣耳，聖人故貴一。」[51]在這裡，莊子提出了「通天下一氣」的命題，討論了「氣」與生死的關係、「氣」與萬物的關係和事物之間相互轉化的關係等問題，那麼，這裡的「氣」到底是指物質的客觀存在，還是精神性的概念？嚴復認為，莊子本義指的是物質屬性。「今世科學家所謂一氣常住，古所謂氣，今所謂力也。」[52]即古代所謂「氣」和今人所言「力」相通，兩者都具有物質的屬性。嚴復頗為重視這一命題，他進一步指出：「一氣之轉，物自為變。此近世學者所謂天演也。」[53]而西人亦以莊子為古之天演家。「氣」是物質變化的原因，由於「氣」的存在運行，形成了物質的演變、發展和進化。嚴復還舉空氣為例說明，「厲風濟，則眾竅為虛，非深察物理者不能道。凡有竅穴，其中含氣，有風過之，則穴中之氣隨之俱出，而成真空，醫家吸入器，即用此理為制。故曰：厲風過，則眾竅為虛。向解作『止』，誤。」[54]這裡的氣與風，即是空氣，它和「通天下一氣耳」

50　《〈莊子〉評語・大宗師第六》，《嚴復集》第4冊，第1117頁。
51　《莊子・知北遊》。
52　《〈莊子〉評語・知北遊第二十二》，《嚴復集》第4冊，第1136頁。
53　《〈莊子〉評語・齊物論第二》，《嚴復集》第4冊，第1106頁。
54　《〈莊子〉評語・齊物論第二》，《嚴復集》第4冊，第1106頁。

的「氣」雖有具體和抽象之別，但其內涵都是包含物質屬性的。

對《莊子》原有的唯物論傾向的觀點，嚴復多次舉例說明其正確性，如「秋毫之端」，他評曰：「秋毫小矣，乃至其端，乃至其端之萬分未得處一焉，此算學家所謂第三等微分也。」[55]又如莊子所謂「視之而不見」[56]與老子的「希」、「微」、「夷」等概念，嚴復評道：「光曜亦自無物，故曰，予能有無。然尚有光，可以目治，故曰，未能無無。」[57]嚴復的評語是以近代數理科學為基礎，對它們重新解釋，作出合乎唯物論的注釋。

莊子的《齊物論》一篇，包含對事物本體的認識和認識事物的方法兩層意蘊。這一命題可分兩組理解：（一）齊物，論；（二）齊，物論。以這種認識論和思想方法，很容易混淆事物的類屬差別，混淆事物各自具有的內在本質。對此，嚴復認為，「物有本性，不可齊也。所可齊者，特物論耳」。[58]事物千差萬別各有本性，不能千篇一律，強求劃一，但對於事物的認識，卻可能取得一致。在這一命題中，嚴復超越了莊子原著的某些唯心主義觀點，步入了唯物主義的軌道。當然嚴復的某些評語中也明顯含有唯心論觀點，如內篇總評稱：「由是群己之道交亨，則有德充之符焉。處則為大宗師，《周易》見龍之在田也。出則應帝王，九王〔五〕飛龍之在天也，而道之能事盡矣。」[59]借用《周易》來為自己論證，實際上還是九五之尊、真龍天

55　《〈莊子〉評語・知北遊第二十二》，《嚴復集》第4冊，第1137頁。
56　《莊子・知北遊》。
57　《〈莊子〉評語・知北遊第二十二》，《嚴復集》第4冊，第1137頁。
58　《〈莊子〉評語・齊物論第二》，《嚴復集》第4冊，第1105頁。
59　《〈莊子〉評語・內篇總評》，《嚴復集》第4冊，第1104頁。

子傳統觀念在作祟。

在認識論上，嚴復的某些評語重複了莊子原著的形而上學觀點。例如，「似道之物，皆無始卒。無始卒者，惟環可言，則由是往復周流之事起矣」。[60]對事物的變化作了循環論解釋。又如，「夫終身役役，而不見其成功，不獨人道有如是也，而造物尤然。日月之經天，江河之行地，寒暑之推遷，畫夜之相代，生之萬物以成毀生滅於此區區一丸之中。其來若無始，其去若無終，問彼真宰，何因為是，雖有大聖，莫能答也」。[61]「天地若同宇宙，則其物固為不可思議，亦不得云自無而有，若其義如此易了，何須詞費乎？」[62]對天地萬物的奇妙變化「不可思議」，這又明顯沾上了不可知論的色彩。按理說，嚴復所處的時代與莊子已大不相同，嚴復所具備的科學素養也絕非莊子所能比擬，而他所列舉的日月、江河、寒暑、畫夜等，在當時也並非「不可思議」，不能解釋。嚴復在認識論上之所以陷入一種「不可知論」的困境，這是他對自己的思想主張力不從心，對現實的變化無法把握在內心深處的一種反映。因此，就《莊子評語》所反映的哲學傾向而言，嚴復大體可歸入機械唯物論一列。

《莊子》是一部富有鮮明個性的文學著作，書中許多處使用了形象、誇張的藝術手法，言辭自然是激烈一些。嚴復接受過近代科學洗禮，故對事物的看法往往能持客觀、理性的態度。在「為之鬥斛以量之」一語上，他批道：「然而以為大盜所利用之故，謂鬥斛權衡符璽

60　《〈莊子〉評語‧寓言第二十七》，《嚴復集》第4冊，第1145頁。
61　《〈莊子〉評語‧齊物論第二》，《嚴復集》第4冊，第1107頁。
62　《〈莊子〉評語‧知北遊第二十二》，《嚴復集》第4冊，第1137頁。

不必設，設而於人事無所利焉，此又過激之論，而不得物理之平者矣。」[63]如果真的廢除鬥斛、權衡等度量器，正常的市場交易就無法進行，人類自然只能退化到原始狀態中去。

嚴復的《莊子評語》還充滿了社會政治和倫理道德方面的內容。他對《莊子·駢拇》篇評語道：「此篇宗旨在任性命之情，而以仁義為贅，先以形喻，次以官喻。」[64]並對「性」、「德」等詞作了語義分析。「性」（Nature），「與生俱生，曰性；群生同然，曰德；因人而異，曰形」，「德者，群生之大同，非全生之本」。[65]在嚴復心中，「性」就是順乎自然，「依乎天理」。「德」則是規範人們行為的準則。莊子曰：「國之利器，不可以示人。」而嚴復則認為，中國社會並不是利器增多，而是道德淪喪，導致社會秩序混亂。他感歎道：「嗚呼！今之西人，其利器亦眾矣。道德不進，而利器日多，此中國之所以大亂也。」[66]嚴復反對莊子美化愚昧落後的原始社會的傾向，以為「此說與盧梭正同，然而大謬。所謂至德之世，世間固無此物。而今日非、澳諸洲，內地未開化之民，其所當乃至苦，如是而曰至治，何足慕乎？」[67]他借題發揮，激烈批評盧梭的《民約論》等書，「以初民為最樂，但以事實言之，乃最苦者，故其說盡破，醉心盧氏學說者，不可不知也」。[68]

《莊子·人間世》一篇論及事物變化的因果關係，嚴復據以推論微

---

63 《〈莊子〉評語·去篋第十》，《嚴復集》第4冊，第1123頁。
64 《〈莊子〉評語·駢拇第八》，《嚴復集》第4冊，第1119頁。
65 《〈莊子〉評語·駢拇第八》，《嚴復集》第4冊，第1119、1120頁。
66 《〈莊子〉評語·去篋第十》，《嚴復集》第4冊，第1123頁。
67 《〈莊子〉評語·去篋第十》，《嚴復集》第4冊，第1123頁。
68 《〈莊子〉評語·馬蹄第九》，《嚴復集》第4冊，第1121頁。

因巨果以察事變。「今日所種之因雖微，而其結果可以至巨，觀予吾國金陵、天津諸條約，皆成今日絕大厲階」[69]。對於西方列強侵略我國，強迫簽訂的那些喪權辱國的不平等條約，嚴復指出它們是危及國計民生導致無限禍患的根源，表現了極為深切的愛國熱情。

以上就嚴復的《莊子評語》所涉及的一些主要問題作了評述，藉以反映嚴復思想的一個側面。此外，該書的文字訓詁部分具體細微，對《莊子》研究亦有助益，限於學力，不再贅述。

4.3　言之無文，行之不遠

嚴復雖非文學評論家，但他對中國古典文學卻有一套自己的看法。在詩歌方面，他帶有唯美主義傾向，認為詩歌是至無用之物，他說：「嗟夫！詩者兩間至無用之物也，饑者得之不可以為飽，寒者挾之不足以為溫，國之弱者不可以為強，世之亂者不可以為治。又所謂美術之一也。美術意造而恒超越夫事境之上，故言田野之寬閒，則諱其貧陋；賦女子之妍妙，則掩其佝蛰。必如其言，夷考其實，將什八九無是物也，故詩之失，常誣而愚。其為物之無用，而鮮實乃如此。……然則詩之所以獨貴者，非以其無所可用也耶？無所可用者，不可使有用，用則失其真甚焉。」[70]

在《〈涵芬樓古今文鈔〉序》一文中，嚴復表達了與上文大致相

69　《〈莊子〉評語‧人間世第四》，《嚴復集》第4冊，第1112、1113頁。
70　嚴復：《詩廬說》，原載1917年《小說月報》第8卷第3號。轉引自周振甫：《嚴復的詩和文藝論》，收入牛仰山、孫鴻霓編：《嚴復研究資料》，第388頁。

同的看法：

　　蓋學之事萬途，而大異存乎術鵠。鵠者何？以得之為至娛，而無
暇外慕，是為己者也，相欣無窮者也。術者何？假其途以有求，求得
則輒棄，是為人者也，本非所貴者也。為帖括，為院體書，浸假而為
漢人學，為詩歌，為韓歐蘇氏之文，樊然不同，而其弋聲稱、網利祿
也一。凡皆吾所謂術，而非所謂鵠者。苟術而非鵠，適皆亡吾學。[71]

　　由上可見，嚴復對於古代詩文、書法、金石篆刻都持否定的態
度。他認為，這些東西，不可以充饑、禦寒、強國、治世，因而它們
都是最無用的東西；這些「無用之用」之所以為人們所用在於它們可
以供人「怡情遣日」，或曰「移情遣意」。因而人們在從事欣賞或創
作詩文、書法、篆刻等藝術活動時，最正當的態度就是把它們自身當
作目的，「以得之為至娛，而無暇外慕」，這樣它們才能得到發展和
繁榮。如果「假其途以有求，求得則輒棄」，像古人參加科舉考試那
樣，用它們來追求「聲名」、「利祿」，則無異於削足適履。

　　將嚴復的見解與中國古代各家詩論加以比較，就其把詩歌作為藝
術，是作者表現自己想像、注意、虛構的東西，這頗類似於齊梁間的
唯美主義藝術觀，而他把詩歌與人的關係，比作草木之花英，鳥獸之
鳴嘯，發於自然，達到至深而莫能自製，這又近於魏晉時期受老莊思
想影響的自然主義的觀點。但也正是因為如此，他與孔子所說的興、
觀、群、怨，孟子的「知人論世」，漢儒所說的「先王以是經夫婦，

71　《〈涵芬樓古今文鈔〉序》，《嚴復集》第2冊，第275頁。

成孝敬，厚人倫，美教化，移風俗」[72]等正統的文藝觀，產生了一定的歧異。應當肯定，嚴復針對傳統士人以詩文「弋聲稱、網利祿」的做法，提出反對「術」的態度，主張「鵠」的態度；針對舊文人苟且粉飾的創作作風，提出「發於自然」的主張。這種「為藝術而藝術」的文藝觀是針對封建「文以載道」的觀點而發，它在文學史上有一定的進步意義。

在考察古典詩歌的基礎上，嚴復形成了一些獨特見解。他讚美「李杜光芒萬丈長，坡穀九天紛咳唾」，但他又主張「老景隨世開，不必唐宋判」。這就是說，作詩要隨著時世不同而有所創新，不必去分別是作唐詩還是宋詩。只要「取經愛好似未害，他日湘帆隨轉柁。清新俊逸殆無援，著眼沉鬱兼頓挫」，也就是說詩歌只要「沉鬱頓挫」，可以聽憑各自的愛好。所謂沉鬱，就是要求內容的深厚；所謂頓挫，就是要求激情的唱歎，構成音節的跌宕。這就是嚴復對詩歌創作的看法。

在散文方面，嚴復沿承了從孔子以來儒家一派正統的觀點。他在《天演論》的《譯例言》中引用了「修辭之誠」、「辭達而已」、「言之不文，行之不遠」的話，認為「三者乃文章正軌，亦即譯事楷模。故信、達而外，求其爾雅，此不僅期以行遠已耳」。[73]以此為依據，他提出越是用漢以前的字法句法，則越易於「達」，用近世通俗的文字，做到「達」反而比較困難。他用文言來進行翻譯的緣由亦在此。

72　《詩經・毛詩序》。
73　《天演論・譯例言》，《嚴復集》第5冊，第1321頁。

嚴復以漢代古文翻譯西書，雖然贏得了舊學根柢不錯的人的理解，但不易為一班青年知識份子所閱讀。梁啟超對此頗有意見。1902年，嚴復翻譯的《原富》問世後，梁啟超一方面加以推薦，稱許他「於西學中學皆為我國第一流人物」，一方面也指出這部譯著「文筆太務淵雅，刻意摹效先秦文體，非多讀古書之人，一殆難索解」。梁啟超當時並未提出要廢文言、倡白話，但他認為，「文界之宜革命久矣。……況此等學理邃賾之書，非以流暢銳達之筆行之，安能使學僮受益乎？著譯之業，將以播文明思想于國民也。非有藏山不朽之名譽也。文人結習，吾不能為賢者諱矣」。[74]

　　嚴復對梁啟超的批評持抵觸的態度。他認為通俗的文字，絕不能翻譯西方艱深的理論著作。他說：「竊以謂文辭者，載理想之羽翼，而以達情感之音聲也。是故理之精者不能載以粗獷之詞，而情之正者不可達以鄙倍之氣。」[75]其次，他認為西方並不存在「文界革命」。他說：「且文界複何革命之與有？持歐洲挽近之文章，以與其古者較，其所進者在理想耳，在學術耳，其情感之高妙，且不能比肩乎古人，至於律令體制，直謂之無幾微之異可也。」[76]再次，如依梁氏之說，「徒為近俗之辭，以取便市井鄉僻之不學，此于文界，乃所謂陵遲，非革命也」[77]。最後，他翻譯的「學理邃賾之書」，讀者對象不是學僮，而是多讀中國古書的人。

　　嚴復推崇古典文言，反對通俗白話，他本著這種觀點反對新文學

74　梁啟超：《紹介新著〈原富〉》，載1902年2月8日《新民叢報》第一號。
75　《與梁啟超書》（二），《嚴復集》第3冊，第516頁。
76　《與梁啟超書》（二），《嚴復集》第3冊，第516頁。
77　《與梁啟超書》（二），《嚴復集》第3冊，第516頁。

運動，對中國古代文學，尤其是明清小說亦持貶議。他在致學生熊純如的信中說：

北京大學陳、胡諸教員主張言白合一，在京久已聞之，彼之為此，意謂西國然也。不知西國為此，乃以語言合之文字，而彼則反是，以文字合之語言。今夫文字語言之所以為優美者，以其名辭富有，著之手口，有以導達要妙精深之理想，狀寫奇異美麗之物態耳。如劉勰云：「情在詞外曰隱，狀溢目前曰秀。」梅聖俞云：「含不盡之意，見於言外，狀難寫之景，如在目前。」又沈隱侯云：「相如工為形似之言，二班長於情理之說。」今試問欲為此者，將于文言求之乎？抑於白話求之乎？詩之善述情者，無若杜子美之《北征》；能狀物者，無若韓吏部之《南山》。設用白話，則高者不過《水滸》、《紅樓》。下者將同戲曲中簀皮之腳本。就令以此教育，易於普及，而斡棄周鼎，寶此康瓠，正無如退化何耳。[78]

嚴復輕視語體文寫成的文學作品，說明他對中國古代文學的發展，尤其是宋元以降詞曲、小說興起的背景，並沒有全面、深刻的瞭解。所以他輕視白話文學的歷史地位，堅持屈、宋、李、杜之詩和馬、班、韓、柳之文才真正是文學中的典範之作。這也就無怪乎他認為新文學是一種退化現象。

就嚴復的創作在文學史上的地位和影響而言，主要是在散文方

78　《與熊純如書》（八十三），《嚴復集》第3冊，第699頁。

面。他從1895年在《直報》上發表第一篇政論文《論世變之亟》開始，到逝世為止，26年中共發表了上百篇文章。體裁大都是政論文，其餘大都是碑傳序跋一類記敘體，有一兩篇賦體祭文。文章內容涉及全球大事、社會古今、中西學術，書報評介直到名人行狀、辦學章程等，無所不及。此外，嚴復給親友學生所寫的大量書信，也可視為隨感錄式的簡箚體散文。

嚴復的散文在當時被歸為桐城派。他本人與清末桐城派的主要代表吳汝綸關係十分密切，他們兩人書信往來，切磋譯書，吳汝綸還為《天演論》和《原富》兩書作序，對嚴譯推崇備至。吳稱譽《天演論》「駸駸與晚周諸子相上下」[79]，「追幽鑿險，抉摘奧賾，真足達難顯之情，今世蓋無能與我公上下追逐者也」[80]。而嚴復對吳汝綸也很尊重，他以欽敬的口氣對吳說：「復於文章一道，心知好之，雖甘食耆色之殷，殆無以過。不幸晚學無師，致過壯無成。雖蒙先生獎誘拂拭，而如精力既衰何，假令早遭十年，豈止如此？」[81]大有相見恨晚之意。嚴復常語：「吾國人中舊學淹貫而不圖夷新知者，湘陰郭侍郎後，吳京卿一人而已。」[82]1903年初，吳汝綸病故，這時嚴復正想將已譯完的《群學肄言》一書寄給吳汝綸，請他作序，聞此噩耗，嚴復哀慟不已。在該書《譯餘贅語》中說：「嗚呼！惠施去而莊周忘質，伯牙死而鍾期絕弦，自今以往，世複有能序吾書者乎！」

吳汝綸在晚期桐城派作家中居於壇主地位，以其資歷深望，為

79　吳汝綸：《〈天演論〉序》，《嚴復集》第5冊，第1318頁。
80　《吳汝綸致嚴復》1899年3月1日，《嚴復集》第5冊，第1563頁。
81　《致吳汝綸書》，《嚴復集》第3冊，第522-523頁。
82　王遽常：《嚴幾道年譜》，收入牛仰山、孫鴻霓編：《嚴復研究資料》，第44頁。

《天演論》作序，對該書的風行起了助推的作用。但桐城派到清末已是強弩之末，在文學理論上並沒有什麼建樹。吳汝綸雖然思想開明，為了保住桐城派的陣地，他力主把《古文辭類纂》列為學校必修課，並極為讚譽嚴復和林紓用古文來傳播西學。按照桐城派文學的「家法」，寫作須「清通、質實、雅馴」，富有「神氣」。如果拋開桐城派末流把這些規範變成僵死的教條而阻礙新興文學運動的發展這一點不談，作為散文藝術的一般要求，這些主張確有其一定的美學價值。嚴復提出的「信、達、雅」的翻譯標準，與這些審美取向有著深刻的內在聯繫。

嚴復的譯文儘量「化俗為雅」，甚至「與其傷潔，毋寧失真」。嚴復的文章，較之他的譯文，並不刻意求雅，而是自由舒放得多。雖然在寫作技巧上他吸收了桐城派嚴整峻潔、音節鏗鏘的優點，但他還是保持了自己的個性和特長。嚴復散文最大的特色是以理勝、以情勝。在說理上，他運用西學邏輯推理之法，演繹、歸納，論據詳實，鞭辟入裡，具有很強的說服力。特別是當他熱情洋溢介紹科學、疾痛慘怛地指陳積弊、慷慨激昂地呼籲救亡時，他就很難做到心平氣和，也顧不得講究什麼「氣清體潔」、「清淡簡樸」的桐城規矩了。試看《救亡決論》中的一段分析中國積弱不振原因的文字：

昨者，有友相遇，慨然曰：「華風之敝，八字盡之：始於作偽，終於無恥。」嗚呼！豈不信哉！豈不信哉！今者，吾欲與之為微詞，則恐不足發聾而振瞶；吾欲大聲疾呼，又恐駭俗而驚人。雖然，時局到今，吾寧負發狂之名，決不能喔咿嚅唲，更蹈作偽無恥之故轍。今

日請明目張膽為諸公一言道破可乎？四千年文物，九萬里中原，所以至於斯極者，其教化學術非也。[83]

　　清晰的思想、強烈的感情、鏗鏘的語言，如以石擊水，激烈地衝撞著讀者的心靈，使人驚然、憬然、奮然。可以說，嚴復的議論文，以其內容之博大、思想之新穎、推理之科學，絕非同時期其他桐城派作家可以比肩，他已在許多方面突破桐城派的文章格局。

　　對於嚴復的議論文，章太炎在《與人論文書》裡批評道：「下流所仰，乃在嚴復林紓之徒。複辭雖飾，氣體比於制舉，若將所謂曳行作姿者也。」在《〈社會通詮〉商兌》裡他還說：

　　就實論之，嚴氏固略知小學而于周秦兩漢唐宋儒先之文史，能得其句讀矣。然相其文質，於聲音節奏之間，猶未離於帖括。申天之態，回復之辭，載飛載鳴，情狀可見，蓋俯仰於桐城之道左而未趨其庭廡者也。[84]

　　章氏這段批評是從政治立場指責嚴復反對民族革命。不過，在此他卻道出了嚴復議論文的主要特徵：它並不像桐城派那麼溫柔敦厚，那樣簡雅含蓄，而是筆端常帶感情，通過反覆的強調及有力的節奏給人以藝術感染。而這正是嚴文的長處所在。

83　《救亡決論》，《嚴復集》第1冊，第53頁。
84　章太炎：《〈社會通詮〉商兌》，原載《民報》第12號，光緒三十三年（1907年）。收入牛仰山、孫鴻霓編：《嚴復研究資料》，第269頁。

嚴復的詩歌作品主要結集在《瘉壄堂詩集》裡，他老年也自稱為瘉壄老人。瘉就是野，瘉野即瘉鄙的意思。他在《與〈外交報〉主人書》一文中說：「今吾國之所最患者，非愚乎？非貧乎？非弱乎？則徑而言之，凡事之可以瘉此愚、療此貧、起此弱者皆可為。而三者之中，尤以瘉愚為最急。」[85]這就是說，嚴復認定瘉愚為救國之急務，所以他自稱為瘉壄老人，把自己的詩集取名為《瘉壄堂詩集》。

　　嚴復創作的詩歌，以七言古、近體較多。題材有紀事、題詠、唱和、感賦、教子、贈徒、寄友、挽逝、論藝等。詩中充滿了對家國身世的感喟，多帶一種失落感，調子比較低沉，是其一生坎坷境遇的反映。

　　嚴復的詩，一般說來，語言樸實無華，抒情比較真摯，不做作，不浮誇，這是其長處，如《哭林晚翠》一首：

　　相見及長別，都來幾晝昏。池荷清暑，叢桂遠招魂。投分欣傾蓋，湛冤痛覆盆。不成扶奭弱，直是構恩怨。憶昨皇臨極，殷憂國命屯。側身求輔弼，痛哭為黎元。大業方鴻造，奇才各駿犇。明堂收杞梓，列辟貢瓊璠。豈謂資群策，翻成罪莠言，黌誠基近習，禍已及親尊。惝恍移宮獄，鳴呼養士恩，人情方翕訾，天意與偏反。[86]

　　但嚴復作詩往往偏重議論，喜歡用典，有些作品意境不深。他的一些紀事、遊記詩，平鋪直敘，較少餘味。只要不過分講求喻理、論

85　《與〈外交報〉主人書》，《嚴復集》第3冊，第560頁。
86　《哭林晚翠》，《嚴復集》第2冊，第362頁。

事，而任憑感情的自然抒發，他的筆下就會出現清雋可頌的佳作。如
《和寄朝鮮金澤榮》、《書憤，次伯遠韻》、《再題惜別圖》、《贈英
華》、《痛中述懷》等就屬於這一類。

　　清末詩壇出現了同光體派，它對嚴復的詩歌創作有一定影響。
「同光派」的代表人物是陳三立、沈曾植、陳衍、鄭孝胥等，他們提
倡學習宋詩，做詩講求學力，比較重事理，不大講意境，文字上追求
古奧，反對「淺俗」。「同光派」與以黃遵憲為代表的「詩界革命」
派分庭抗禮，各自都組織了「詩社」。從嚴復的日記裡，我們可以發
現他曾多次參加「同光社」的「修禊」活動的記錄。嚴復和他們湊在
一堆，可能除了和詩抒情、溝通感情外，還有某種情趣的一致。陳衍
在《石遺室詩話》裡這樣談及嚴復：「幾道劬學，老而彌篤。每與餘
言詩，虛心翕受，粥粥若無能者。」[87]陳衍的話語可能有自誇之嫌，
但他當時的詩名很大，嚴復對他表現得比較謙虛完全有可能。嚴復在
古典詩歌中最喜歡王安石的作品，留有《〈王荊公詩〉評語》一書。
他認為，王安石所處的北宋積弱之情形與清末相似，王安石變法圖強
的精神和救世澤民的心胸，反映在詩歌上，不是一般「曲學陋儒」所
能理喻。王安石的詩是政治家、思想家的詩，而不像蘇東坡、黃庭堅
那種「詩人之詩」。他評論王詩的重點不在詩藝，而在於「學術本
源」。這種看法與「同光派」提出的「學人詩」、「詩人與學人合一」
的主張不謀而合。

　　比較嚴復創作的詩歌與散文，無論從內容的深度、廣度和社會影

87　陳衍：《石遺室詩話》卷十五，臺北：廣文書局有限公司，1982年版。

響來看，都是文勝於詩。他的詩風和文風比較接近，樸素簡潔，注重論事和修辭，不尚誇張，筆鋒常帶感情。但因過於偏重事理，邏輯自然相對嚴謹，這就拘束了藝術形象的表現，故其文之長反為其詩之短。

19世紀末20世紀初正是中國文學從傳統向近代轉型的時期。長久以來，學術界對於嚴復在這一過程中的地位和影響認識不足，一般囿於文體論的層面，更多地強調嚴譯名著的古文文學價值。而從理論上對嚴復在整個近代文學觀念變革，以及在傳統文學向近代文學轉型過程中所發揮的積極作用，卻欠缺應有的估價。出現這一情形，與近人對嚴復的評價有極大的關係，如桐城派古文大師吳汝綸讀了嚴復《天演論》這部文筆雅馴的譯稿後，喜出望外，大有「劉先生之得荊州」之慨，遂為《天演論》作序，盛推嚴復採用漢以前字法句法的譯文。如果說吳汝綸對嚴復譯文的推崇，有借嚴譯擴大桐城古文影響之用意的話，那麼後來胡適對嚴復的文學評價，則主要是從文學史的視角出發，他認為「嚴復譯的書……在原文本有文學的價值，他的譯本，在古文學史上也應該占一個很高的地位」。[88]可見，吳、胡兩人的評價視角互有區別，但他們評價的文本是一致的，即他們都只以嚴譯為討論對象，肯定嚴譯在傳統文學中的價值。

對嚴復的文學評價侷限于嚴譯的另一個重要原因是嚴復本人的身份。應當承認，嚴復首先是一位啟蒙思想家，而不是一位專門性的文學家和文學理論家。他雖對文學問題時有議論，但他在這方面的見解

88　胡適：《五十年來中國之文學》，收入《胡適文存二集》卷二，第116頁。

不如他介紹進化論和西方學術著作那樣，能夠走在歷史的前列。嚴復對文學的基本態度是「為藝術而藝術」，這與他講究功利的實用主義觀點自然發生了衝突，故他認為文學無用，這種對文學功能的貶抑態度與黃遵憲、梁啟超等人的文學可以改造社會的理論主張形成鮮明對比。

在文學趣味上，嚴復崇雅反俗。他以文筆淵雅的古文翻譯西方學術著作，固然有將西方哲學這服難咽的「苦藥」，飾以古雅的糖衣使泥古而自尊的士大夫樂於吞咽之良苦用心，但它與「修辭立誠」、「言之無文，行之不遠」的儒家傳統文學觀念的淵源關係亦不可否認。正是從這種文學觀念出發，嚴復反對白話文，對新文學運動持抵制態度。

然而，嚴復對中國文學觀念的更新和近代文學發展的作用，並不在他自己所持的文學觀，而在於他為近代文學的發展提供了新的理論支點─進化論。正是借助進化論這一思想武器，中國文學找到了自身走向世界、走向現代的突破口，而這一切，也是注重思想革新而忽視文學革新的嚴復所始料不及的。

自從19世紀中葉以來，中西文化激烈衝撞，古典文學的生存與發展遭遇了前所未有的危機。鴉片戰爭時期，龔自珍、魏源領風氣之先，宣導文學的創新，提出文學創作要尊心、尊情、尊自然，呼喚文學改革的風雷，但他們限於諸種條件的限制，卻提不出具體的文學改革方案。經世派掀起的愛國文學浪潮，雖為文學帶來了一線生機，畢竟無法衝破層層迷霧。直至戊戌變法前夕，文學界依舊保持傳統的格

局，沒有多大變化。文必秦漢、詩必盛唐、詩騷並溯、尊重古訓的深重舊習，壓抑了文學的創新機制，使得文學在創新與復古的怪圈內轉來轉去。《兒女英雄傳》、《品花寶鑒》、《花月痕》等小說欲將明清以來的小說推向極致，但畫虎不成反類犬，漸入狹邪。曾國藩的詩文創作雖矯正了前期桐城派的空疏之病，帶來了桐城派文學的一度中興，但又為古文創作增加了許多禁忌和偶像。宋詩派決意衝破「詩必盛唐」之定見，轉而膜拜宋人詩法，寓義理於詩情，結果導致詩的異化。常州詞派力圖改變詞為「豔科」的形象，但他們在溫柔敦厚、怨而不怒的傳統詩話引導下，把詞變成了一曲舊時代的挽歌。邁入近代後的中國文學，仍舊在古典文學的框架內運轉。

中國文學從古典向近代演變，肇始於梁啟超、黃遵憲等人發動的文學革新運動，而究其發生、發展，嚴復確有功焉。戊戌變法期間，維新志士為推動政治變革和思想啟蒙，主張以文學啟迪民眾，實行小說界革命、詩界革命、文界革命和戲劇革命。指導這場文學革新運動的理論基礎是嚴復宣傳的進化論。

文學革新運動是以「小說界革命」為發軔的，而「小說界革命」的宣導者正是嚴復。在傳統文學觀念中，「小說」一詞即含貶義，到了晚清這種色彩仍很濃厚。一般文人認為，小說既因缺乏真實而和歷代史書相抵牾，又因行文輕薄，事涉淫亂，且常有聚義反叛的描寫，而被視作末技小道，被摒棄於文學的大雅之堂外。嚴復、夏曾佑破除

傳統文學成見，1897年在《〈國聞報〉附印說部緣起》[89]一文中，即以傳統態度承認小說的力量，又以外來的進化論學說說明它內在的感染力。認為「歐、美、東瀛，其開化之時，往往得小說之助」。並依據進化論的觀點論證英雄男女為人類的普通性情，「非有英雄之性，不能爭存；非有男女之性，不能傳種也」。不能以描寫英雄、男女之情而菲薄小說。嚴、夏的這篇論文，可以說是呼喚小說革新的第一聲。

1898年，梁啟超在《譯印政治小說序》中發抒其說，認為歐洲各國變革之始，皆寄於小說，「各國政界之日進，則小說為功最高焉」。1902年，梁啟超在日本橫濱創辦《新小說》，並寫了發刊文章《論小說與群治之關係》，文章開首就肯定小說的教育價值：

欲新一國之民，不可不先新一國之小說。故欲新道德，必新小說；欲新宗教，必新小說；欲新政治，必新小說；欲新人格，必新小說。何以故？小說有不可思議之力支配人道故。

梁文將小說的作用提高到超過經史與詩文，應該居「文學之最上乘」地位，並提出了「小說界革命」的口號。

89　據美籍華裔學者夏志清考證，該文在《國聞報》上第十六期（1897年11月10日）開始連載，未署作者姓名。幾年後，梁啟超在《新小說》「小說叢話」欄裡披露了嚴復、夏曾佑合撰一事。夏不懂西文，而該文又以大量涉及西方歷史和其他知識而引人注目，所以就其主旨而論，嚴一定是主要作者。楊家駱《民國名人圖鑑》稱，嚴為改進譯文風格經常向夏請教，該文很可能是以此方式合作的又一例證。1903年，夏為《繡像小說》寫了一篇文章《小說原理》，其中的觀點與兩人合撰的文章有很大的不問。參見夏志清：《新小說的宣導者嚴復和梁啟超》一文，收入牛仰山、孫鴻霓編：《嚴復研究資料》一書，第413—429頁。

嚴、梁的上述三篇文章，開「小說界革命」之先河，在文學界一時產生了巨響。由於嚴、梁是馳名學界的泰斗，他們的開拓性文章被人們當作新文學的宣言書，這就預示著一場小說創作高潮的到來。

　　嚴復對「小說界革命」的貢獻，不僅僅在於他的最初發動，還在於他宣傳的進化論從根本上引發了一場文學觀念的深刻變革。人們認同小說的文學正統地位，是因為社會進化論喚醒人們不再拜倒在返古問雅、詩文正宗的傳統古訓下，並且將迅速衍化成文學的進化觀，由雅向俗，認同宋元以來的通俗文學，革新改造以往的民間文學，使之適應時代的需要，已成為中國文學發展不可遏抑的趨勢。梁啟超敏銳地把握了這一趨勢，將進化論推衍到文學領域，對文學的內部結構進行大膽改革。他說：「文學之進化，有一大關鍵，即由古語之文學變為俗語文學是也。各國文學史之展開，靡不循此軌道。」[90]他對中國文學自宋元以降為退化時代之說深為不滿，認為「自宋以後，實為祖國文學之大進化。何以故？俗語文學大發達故」。[91]既然小說這種俗語文學的代表樣式，在中國文學史上有其重要地位和歷史作用，就應使它發揚光大。為此梁氏大聲疾呼：「故今日欲改良群治，必自小說界革命始！欲新民，必自新小說始！」[92]在「小說界革命」推動下，小說創作迅速繁榮。《新小說》、《小說林》、《月月小說》、《繡像小說》等小說雜誌接踵問世；《官場現形記》、《二十年目睹之怪現狀》、《老殘遊記》、《孽海花》等譴責小說紛紛刊發；以林紓為代表的一批文

90　梁啟超：《小說叢話》，載1903年9月6日《新小說》第7號。
91　梁啟超：《小說叢話》，載1903年9月6日《新小說》第7號。
92　梁啟超：《論小說與群治之關係》，收入李華興、吳嘉勳編：《梁啟超選集》，第353頁。

人將大批歐美小說譯介過來。「小說界革命」及由此帶來的小說創作繁榮局面，不僅將小說從文學的邊緣移到了文學的中心地帶，打破了詩歌散文主宰堂奧的傳統文學格局，而且還為「五四」新文學運動的到來鋪墊了重要的基礎。

「小說界革命」由進化論引發，「詩界革命」也是如此。梁啟超在1899年明確提出「詩界革命」，深感「中國結習，薄今愛古，無論學問、文章、事業，皆以古人為不可及。余生平最惡聞此言。竊謂自今以往，其進步之遠軼前代，固不待蓍龜。即並世人物，亦何遽讓於古所云哉？」可見，梁啟超反對厚古薄今，堅信今必勝古，是接受進化論影響的結果。

黃遵憲是「詩界革命」的旗手。在理論上，他也受進化論影響，提出「我手寫我口，古豈能拘牽」的詩歌創作原則；創作上，他以俗語入詩，以散文筆法寫詩，將世界各地的科技發展與社會變化及其重大社會政治事件納入詩歌的創作內容，糾正了早期詩界革命諸子「摭扯新名詞以自表異」的偏頗，真正顯示了「詩界革命」的實績。

進化論觀念對文界革命的影響也是隨處可見。梁啟超強調散文語言通俗化，其方向是言文合一。他痛陳言文分離之弊，極言言文合一之利。認為言文合，則新事物與新語言可以「新新相引，而日進焉」；言文分，「雖有方新之機，亦不得不窒」。言文合可以普及「人生必需之常識」；言文分則反是。[93]以這種觀念指導自己的創作，他不為傳統所羈，蔑視秦漢古文傳統，與桐城派古文運動分庭抗禮，創造了

93　梁啟超：《新民說・論進步》，載1902年6月20日《新民叢報》第10號。

一種駢散並用、汪洋恣肆、情感奔放、平易暢達的「新文體」。梁氏評價自己的散文道：「啟超夙不喜桐城派古文，幼年為文，學晚漢魏晉，頗尚矜練，至是自解放，務為平易暢達，時雜以俚語韻語，及外國語法，縱筆所至不檢束，學者競效之，號為新文體。」[94]與此同時，受進化論影響，與「文界革命」相呼應的還有裘廷梁、陳榮袞宣導的白話文運動。他們適應啟蒙民眾需要，主張言文合一，認為「愚天下之具，莫如文言；智天下之具，莫如白話」。大膽提出「廢文言而崇白話」的響亮口號。霎時間，白話報刊遍佈大江南北，白話文作為宣傳近代啟蒙思想的載體，廣為一代學人所使用。

至於進化論對新一代作家本身的人格影響，也為時人所承認。胡適、魯迅、郭沫若等人都在他們的自傳、回憶中毫不掩飾地承認各自在接觸進化論學說影響時，所產生的思想震動。他們後來發動「五四」新文學運動，其使用的理論武器仍舊是進化論。對此，我們就不必贅述了。

由上可見，中國近代文學的變革，首先是從文學觀念領域開始，進化論是文學觀念更新的槓桿。嚴復宣傳進化論時，著眼點是在思想啟蒙和政治變革，但它一旦普及，並作為一種思想範式為人們所接受，就必然滲透到人們的思維中去，從而對各個領域產生作用，文學自然不能置身其外。進化論所誘發的文學變革，對嚴復來說，也許是不期而至，但它對中國文學的全面變革所產生的推動作用，則含有某種歷史必然性。它極大地衝擊了人們依戀古人經驗、崇古法先的復古

94　梁啟超：《清代學術概論》，收入朱維錚校注：《梁啟超論清學史二種》，第70頁。

主義情結，並使人們轉向適時創新，敢於汲取外國文學的養料，創造一個具有近代意識的文學世界。它催生的文學通俗化運動，打破了傳統文學的秩序；小說、戲曲的升格，改變了以詩文為主體的傳統文學舊格局，代之以小說、戲曲、詩歌、散文並舉的新格局；文學逐漸脫離古典文學的運行軌道，與近代社會政治的聯繫日趨密切，文學形式和內容漸次透現新的特質。可以說，作為一個劃時代的新文化巨人，在近代文學變革史上，嚴復也有不可或缺的一席之地。

第五章

黃昏餘暉：中西文化的前瞻

鄙人行年將近古稀，竊嘗究觀哲理，以為耐久無弊，尚是孔子之書。四子五經，故是最富礦藏，惟須改用新式機器發掘淘煉而已；其次莫如讀史，當留心細察古今社會異同之點。

——嚴復：《致熊純如》

嚴復一生中最輝煌的時期似乎是在戊戌維新時期。通過刊發《論世變之亟》等政論文和翻譯《天演論》，嚴復奠定了他作為近代啟蒙思想家的地位。戊戌維新以後至辛亥革命前夕的十年間，由於民主革命風潮的興起，歷史發展的實際進程與嚴復的思想和理想拉開了距離，嚴復早先所佔有的地位漸次讓給孫中山為代表的革命黨人。不過，就嚴復這時期最重要的文化學術活動—翻譯西方名著而言，仍舊是其他人所無法比擬和替代的。因此，儘管人們對這時期嚴復的思想活動評價不一、理解有別，但仍給嚴復保留了相當的歷史地位，肯定他的民主思想和在譯介西方近世學術中所發揮的特殊作用。相對來說，對嚴復的晚年思想及其活動，人們卻很少作出認可甚至理解。由於歷史的、個人的原因，嚴復在政治上與袁世凱政權保持著一種十分曖昧的關係，被袁世凱復辟帝制所利用，為時人所詬病，加上他年邁多病，除了在第一次世界大戰期間為袁世凱編譯一些戰爭動態外，基本上已不參與實際政治。學術上沒有什麼重要建樹，思想也失去了感召力。倒是嚴復與他的學生熊純如上百封通信，彌足珍貴，留下了一份他在那個大變革時代心態變化和思想波動的完整記錄，特別是他對中西文化的重估和對中國文化前途的探索，既招人物議，也引起人們連綿不絕的反思。

5.1　思想視角的移位元

　　戊戌以後十餘年，中國社會日趨動盪，反清革命風起雲湧，嚴復的思想也相應發生了某些變化。有的論者認為，這時期嚴復的思想呈現出「中西折衷」的傾向。[1]的確，嚴復在20世紀初的十年間，由於社會環境的極大變化，他的思想性格走向成熟和穩健，而思想內容也更系統化。

　　百日維新的流產，譚嗣同等維新志士飲恨菜市口，使嚴復蒙受極大的冤屈和痛苦。形勢的急轉直下，似乎只是應驗了他早有的預感：

　　今日時事無往而不與公學相同，無所立事，則亦已矣；苟有所立，必有異類橫互其間，久久遂成不返之勢。民智不開，不變亡，即變亦亡。[2]

　　因而，嚴復一方面深深同情維新運動的失敗，為維新派而抱不平，一方面又嚴厲批評康有為、梁啟超對釀成戊戌慘重失敗之後果有責任。他說：「平心而論，中國時局果使不可挽回，未必非對山等之罪過也。輕舉妄動，慮事不周，上負其君，下累其友，康、梁輩雖喙三尺，未由解此十六字考注語。況雜以營私攬權之意，則其罪愈上通於天矣。」[3]以為康、梁等人難辭其咎。

1　參見周振甫著：《嚴復思想述評》第二編《中西折衷時期》，臺北：臺灣中華書局，1987年版，第199—250頁。
2　《與張元濟書》（九），《嚴復集》第3冊，第539頁。
3　《與張元濟書》（五），《嚴復集》第3冊，第533頁。

變法運動失敗了，中國向何處去？自己能為挽救這個多災多難的國家的命運做點什麼呢？嚴復「仰觀天時，俯察人事，但覺一無可為。然終謂民智不開，則守舊維新兩無一可。即使朝廷今日不行一事，抑所為皆非，但令在野之人與夫後生英俊洞識中西實情者日多一日，則炎黃種類未必遂至淪胥；即不幸暫被羈縻，亦將有復甦之一日也」。他因此認定，「譯書為當今第一急務」，並立誓「屏棄萬緣，惟以譯書自課」。[4]此後十年，嚴復確實拋心力為之，嚴譯名著八種，除《天演論》已先行世之外，其他七種均出版於此時。通過這些譯著和所附大量按語，嚴復將西方近代的經濟學、政治學、法學、社會學、科學方法論、實證哲學，一齊介紹到中國，使得近代「西學東漸」從此獲得了系統完整的理論內容和形式，從而也奠定了他「近世西學第一人」和啟蒙思想家的不拔地位。

然而，時代風雲變幻不定，社會政治急劇發展，嚴復的內心世界自然也隨之起伏不平，呈現出某種複雜的情形。本來，嚴復認為，國家的興衰是與國民的素質密切相關，他認定「開民智，新民德，鼓民力」就是尋求國家富強的根本途徑。「而民群之愚智，國俗之競否，誠未易以百年變也。」[5]這種認識富有深刻的一面，也隱含著對國民素質估價極為悲觀的一面。後者常常使嚴復陷入難言的困惑和苦惱，加上義和團運動和自立軍事件等劫難接踵發生，嚴復不僅感歎維新變革無望，甚至也懷疑自己從事啟蒙工作的意義。他每每哀歎道：「頑固欲為螳螂，吾輩欲為精衛，要皆不自量力也。」[6]其思想深處的苦

4　　《與張元濟書》（一），《嚴復集》第3冊，第525頁。
5　　《原富》按語，《嚴復集》第4冊，第893頁。
6　　《與張元濟書》（十一），《嚴復集》第3冊，第544頁。

痛由此可見一斑。

國內民主思潮的湧起，清政府「新政」舉措的實施，革命團體的紛紛湧現，這些新因素既逐漸破除戊戌變法失敗後所出現的那種消沉局面，又引發了嚴復對現實問題的緊張思考。

作為當時知識界「新學」的主要代表，嚴復仍不忘情於自己的思想啟蒙事業和文化維新活動，除了借助於譯述來表達自己的思想傾向外，他還發表了一些時論和雜評闡述自己的文化主張。在文化觀上，如果說戊戌維新時期，嚴復著重於引進「西學」，抨擊中學的弊病，其重點放在「破」上，那麼，這時他已開始關注民族新文化的建立，立足點放在「立」上了。1902年，嚴復刊發了《與〈外交報〉主人書》，既對流行於19世紀後半期的「中體西用」模式給予了徹底清算，又否定了可能出現的「全盤性反傳統主義」觀點。他認為，變法最難以處理的矛盾是，既去其「舊染」，又能「擇其所善者而存之」。新機嶄露之際，追逐時髦的人們往往逞一時意氣，試圖完全拋棄舊文化，「不知是乃經百世聖哲所創垂，累朝變動所淘汰，設其去之，則其民之特性亡，而所謂新者從以不固」。因此，要建立新的民族文化，就不能囿於表面的新與舊、中與西，而必須「闊視遠想，統新故而視其通，苞中外而計其全」。[7] 亦即他以往提出的以「黜偽崇真」為尺度，擇古今中外一切良善益法者，為我所用，為今所用。

如何解決建設新文化的總體目標與現實的文化建設之間的關係？嚴復認為，首先應該分清輕重緩急，就中國當時的實際情形看，「中

7　《與〈外交報〉主人書》，《嚴復集》第3冊，第560頁。

國所本無者，西學也，則西學為當務之急明矣。且既治西學，自必用西文西語，而後得其真」。[8]因此，西學須大量譯介和輸入。具體落實於學校的教育課程，從中學堂到高學堂的十餘年，應以「務西學」為主，而「中學」及其舊有之經籍典章亦不當盡廢。嚴復的這種認識，在近代中國那種救亡圖存壓倒一切的大背景下，在傳統文化綿延幾千年而產生的歷史優越感的負累下，要處理好歷史感情與價值取向的衝突，消除建設民族文化與學習西方文化的矛盾，的確是殊為不易。當近代中國人擺脫「華夷之辨」的傳統思維模式，或提出「師夷之長技」，或走向「中體西用」，試圖調諧和化解這一矛盾。然而，他們的思維方式往往是片面的，一旦上升到文化整體的高度，他們便不約而同地自覺維護傳統文化的神聖性。魏源如此，曾國藩如此，康有為亦如此，他們的教育背景決定了他們不可能游離傳統文化這個「本」。而對嚴復這位飽嘗「西學」新知的人來說，清醒地認識到傳統文化不能適應中國的近代化，而近代化又不意味著傳統文化與新文化的割裂。西學總體上比舊學先進、實用，但也須「擇善而從」，且其有益的部分也須經過消化，而獲得民族化的形式。嚴復這一文化觀在同時代人中，堪稱鳳毛麟角。

20世紀初，歐美民主思想流入中國，逐漸匯成一股思潮。嚴復作為一個啟蒙思想家，殷切希望民主政治早日實現。但他蟄居書齋，寄身官場，限於自己的地位和處境，無意亦無力與清廷作正面的衝突。不過，他在自己的譯著和按語中，卻明顯表達了自己對民主政治的嚮往和對清廷「新政」的不滿。他指出：「今日所謂立憲，不止有恆久

8　《與〈外交報〉主人書》，《嚴復集》第3冊，第562頁。

之法度已也，將必有其民權與君權，分立並用焉。有民權之用，故法之既立，雖天子不可以不循也。使法立矣，而其循在或然或不然之數，是則專制之尤者耳。」[9]他意味深長地告誡人們：「國之所以常處於安，民之所以常免於暴者，亦恃制而已，非恃其人之仁也。恃其欲為不仁而不可得也，權在我者也。使彼而能吾仁，即亦可以吾不仁，權在彼者也。在我者，自由之民也；在彼者，所勝之民也。必在我，無在彼，此之謂民權。」[10]他特別提出：思想言論應當自由，如果以「刑章」加以干涉，「問則其治淪於專制，而國民之自由無所矣」，[11]民有「可據之權利」，才有「應盡之義務」可言，「無權利，而責民以義務者，非義務也，直奴分耳」。[12]諸如此類，不一而足。可以說，這時期嚴復對民主理論和政制的認識都較戊戌時期有了進一步的深化，而這種言論的傳播亦成為正在興起的民主革命思潮的先導。因此，無怪乎後來的同盟會革命黨人將嚴復引為同調。[13]

不過，嚴復與革命派的實際關係卻相對複雜。戊戌變法以後的幾年間，嚴復在思想上面臨著一種兩難選擇的境地。一方面，清政府對他不信任，他實際上處於閒置的地位；另一方面，由於侷促於社會漸進論，他恐懼中國出現法國大革命式的流血衝突，對革命派的言行存有保留態度。他不屑於革命黨人的膚淺，責備革命派以盲目破壞為能事，「不悟其所從來如是之大且久也」，「顧破壞宜矣，而所建設者，

9　《法意》按語，《嚴復集》第4冊，第940頁。
10　《法意》按語，《嚴復集》第4冊，第972頁。
11　《法意》按語，《嚴復集》第4冊，第973頁。
12　《法意》按語，《嚴復集》第4冊，第1006頁。
13　參看胡漢民：《述侯官嚴氏最近政見》，載1906年8月2日《民報》第2號。

又未必其果有合也，則何如其稍審重，而先諮於學之為愈乎！」[14]嚴復與革命派的思想差異，在他與孫中山的辯論中得到了充分反映。

1905年（光緒三十一年），嚴復遊訪歐美諸國，途經倫敦，孫中山前往拜訪，兩位著名人物相會，自然談話離不開中國前途問題。嚴復認為：「以中國民品之劣，民智之卑，即有改革，害之除於甲者將見於乙，泯於丙者將發于丁。為今之計，惟急從教育上著手，庶幾逐漸更新乎！」[15]孫中山對嚴復說：「俟河之清，人壽幾何？君為思想家，鄙人乃實行家也。」孫中山的結論形象概括了他們之間的區別：嚴復持「教育救國」論，他注重思想啟蒙；孫中山是「民主革命」家，他注重政治革命。兩人雖主張有別，但就其最終的目的卻是殊途同歸。所以嚴復對於革命派的基本態度是同情而非憎惡。他借所謂「新者」之口說：20世紀之風潮，是天演之自然。「使天而猶眷中國乎，則立憲與革命，二者必居一焉。立憲，處其順而易者也；革命，為其逆而難者也。然二者皆將有以存吾種。」[16]他雖再三批評革命派膚淺躁進，卻又同時讚美他們苦苦追求的共和之制。他甚至認為共和之制是「今世合邦之最為演進者」，且天然適合中國國情：「今夫合眾之局何為者，以民族之寡少，必併合而後利自存也。且合矣，雖共和之善制而猶不堅。何故？以其民之本非一種，而習於分立故也。天下惟吾之黃族，其眾既足以自立矣，而其風俗地勢，皆使之易為合而難為分。」他深情地說：「夫其眾如此，其地勢如此，其民材又如此，使一旦幡然悟舊法陳義之不足殉，而知成見積習之實為吾害，盡去腐

14　《譯〈群學肄言〉自序》，《嚴復集》第1冊，第123頁。
15　嚴璩：《侯官嚴先生年譜》，收入《嚴復集》第5冊，第1550頁。
16　《主客平議》，《嚴復集》第1冊，第118頁。

穢，惟強之求，真五洲無此國也，何貧弱奴隸之足憂哉？」[17]

在嚴復的研究中，有一種意見根據嚴復的《政治講議》等言論認為，嚴復在戊戌變法失敗後思想漸趨保守，不僅反對革命，甚至也不贊成立憲，因為他認為中國的「民智」尚未達到一定水準。[18]但從近期發現的材料看，它與嚴復當時的實際思想狀況相悖。嚴復在《中外日報》等刊發表的《論國家於未立憲以前有可以行必宜行之要政》[19]一文中，即明確指出由專制到立憲是「天演」進化的規律。依據「優勝劣敗」的原理，「無論中國民智幼稚如何，國家舊制嚴立何若」，要求存圖強，就非「變法立憲不可」。儘管中西國情不同，國民智識相差懸殊，但這些都可以通過立憲來逐步改進完善。只要不斷總結歷史經驗教訓，經過二三十年的努力，中國就可趕上西方。否則，如果因循守舊，抱殘守缺，到二三十年後再談立憲，那將白白浪費了幾十年光陰，而中國依然落後於西方的情勢將愈加惡化。因此，他特別強調：「與為因循以時，無寧斷決而作始。夫曰程度未至，情形不同，此皆畏難苟安者延宕之淫辭。夫非火屋漏舟，急起自救之義明矣。以此故立憲之議，為鄙陋所極表同情者。」可見，嚴復對拖延施行立憲政制改革的做法不但不表贊成，而且還批駁了那種認為中西情形不同，「中國民智幼稚」而不足以立憲的觀點。

當然，嚴復在《政治講議》中對盧梭的《民約論》提出批評也是

17　《社會通詮》按語，《嚴復集》第4冊，第933、934頁。
18　參見王栻：《嚴復傳》，上海：上海人民出版社，1976年版，第115頁。
19　嚴復：《論國家於未立憲以前有可以行必宜行之要政》，原載《中外日報》，光緒三十一年八月二十二日至九月初六日（1905年9月20日至10月4日），《直隸教育雜誌》第一年第13、14期轉載，光緒三十一年九月初一、十五日（1905年9月29日、10月13日）。參見《嚴復佚文兩篇》，《檔案與歷史》（滬）1990年第3期。

事實，對此我們將在下節詳加討論。在這裡，須加指出的是，從嚴復與盧梭《民約論》的關係看，他有關民主政治的基本立場並沒有改變。嚴復仍然堅持「主權在民」的思想。他在《憲法大義》中即表示：「然自吾輩觀之，則盧梭書中無棄之言，皆吾國孟子所已發。問古今之倡民權者，有重于『民為重，社稷次之，君為輕』之三語者乎？殆無有也。盧（梭）謂治國務明主權之誰屬，而政府者，主權用事之機關也。主權所以出治，而通國之民，自其全體訢合而言之，為主權之真主；自其個人一一而言之，則處受治之地位。同是民也，合則為君，分則為臣，此政家所以有國民自治之名詞也。」[20]明確肯定盧梭「主權在民」的思想為「不棄之言」。嚴復對自由的嚮往仍一往情深，他雖不贊成「天賦人權說」，也反對對自由的濫用，但他仍視自由是近代社會一種不可或缺的權利。他在這時期所著的《〈老子〉評語》中，寫道：「故今日之治，莫貴乎崇尚自由。自由，則物各得其所自致，而天擇之用存其最宜，太平之盛可不期而自至。」[21]基於此，嚴復要求立憲的初衷自然不會改變。1906年，他在上海等地發表政治演講，反映了他對實施憲政的熱切期望，他不僅歡迎清朝預備改行憲政，「乃今幡然而議立憲，思有以挽國運於衰頹，此豈非黃人之幸福！」[22]而且指出立憲的真義，「顧欲為立憲之國，必先有立憲之君，又必有立憲之民而後可。立憲之君者，知其身為天下之公僕，眼光心計，動及千年，而不計一姓一人之私利。立憲之民者，各有國家思想，知愛國為天職之最隆，又濟之以普通之知識，凡此皆非不學未

20 　《憲法大義》，《嚴復集》第2冊，第241頁。
21 　《〈老子〉評語》十八章，《嚴復集》第4冊，第1082頁。
22 　《憲法大義》，《嚴復集》第2冊，第245頁。

受文明教育者之所能辨明矣」。[23]此種見解，已較之國內許多立憲人士更為清晰、明確，表現了其思想識見的深沉。由上可見，20世紀初嚴復的民主政治思想已超越了他在戊戌時期的高度，他在這時期所取得的成果和達到的思想高度，使其歷史地位並未遜色於前一時期。

由於歷史上的種種原因，嚴復沒有，也不可能割斷他與清王朝的依附關係。在各種壓力面前，清政府為籠絡人心，實施「新政」，推行一系列革新活動，也做出某種姿態，把學界名流、商界新貴、社會賢達一一攬入那些新設的機構之中，試圖以這些人裝點門面，維持和延續自身的統治。出於這種原因，嚴復的社會地位又逐漸上升。1906年以前，嚴復本來游離于官僚機構之外。他應張翼招請赴天津主持開平礦務局工作（1901年），這不過是一項實業方面的工作；他被管學大臣張百熙聘為京師大學堂編譯局總辦（1902-1904年），這只是一個閒差；他擔任復旦公學校長（1905-1906年），這是一所私立學校。當清朝頒佈《欽定憲法大綱》，開始大規模改革時，嚴復自然也成了攬括的人物。1906年，他接受安徽巡撫恩銘的聘請，出任安徽高等學堂監督一職；同年，又受外務尚書唐紹儀的邀請，出任中國留學生回國考試的主考官。1908年他由學部尚書榮慶聘為審定名詞館總纂，他任這個職位一直到辛亥革命止。1909年，他被派充憲政編書館二等諮議官、福建省顧問官；籌辦海軍大臣載洵赴歐洲考察海軍，亦邀請嚴復偕行（後因「病辭」，未能成行）。與此同時，清皇欽賜嚴復以文科進士出身，這象徵性地結束了他做「局外人」的處境，對於這一晚到的榮譽，嚴復本人曾寫過一首諷刺詩自嘲：「自笑衰容異壯夫，歲寒

23　《憲法大義》，《嚴復集》第2冊，第245、246頁。

日暮且踟躕。平生獻玉常遭刖，此日聞韶本不圖。豈有文章資黼黻？敢從前後論王盧。一流將盡猶容汝，青眼高歌見兩徒。」[24]1910年，他以「碩學通儒」的資格，進入新設立的資政院，並被海軍部授予協都統軍銜。這些職位的任命，雖未將嚴復帶進政治核心，但無疑提高了他的社會地位，為他贏得一筆可觀的收入和在官場中討價還價的資本。清政府對嚴復的籠絡，多少牽制了他的思想發展，使嚴復的思想越來越濃厚地帶有改良的色彩。

影響嚴復思想的另一個重要原因是他對歐美諸國的遊歷。1905年，嚴復因開平礦訴訟事赴倫敦，途中遊歷了法國、瑞士、義大利等地。與留學英倫相隔近30年，嚴復重新踏上了魂牽夢縈的「伊甸園」，他既為歐洲突飛猛進、日新月異的社會經濟發展所震懾，愈發自慚中國文明層次的低下，又因目睹資本主義民主制度的虛偽性、彼伏此起的工潮、列強的勾心鬥角，而對西方資本主義以民主政治和科技進步謀求社會幸福的道路，產生了某種幻滅感。他發現：英國立法、行政兩權其實並未分立，「議院自其形式言，又不過聚一哄之民，以辨議一國之政法。雖然，學者欲明此一哄之民之功分權界，與夫于一國所生之效果，理想繁重，難以猝明」。[25]列強「名曰為啟文明，而實則自固其圉，抑為通商殖民地耳」。[26]西方各國的科技飛速發展，而道德倫理、社會風俗、文明教育卻沒有獲得應有的進化。結果，「惟器之精，不獨利為善者也，而為惡者尤利用之」。諸如報章、郵政、電報大利於造謠行詐，火器、催眠術之類，無一不為「凶人之

24　《見十二月初七日邸鈔作》，《嚴復集》第2冊，第378頁。
25　《論英法憲政兩權未嘗分立》，《嚴復集》第1冊，第218頁。
26　《一千九百五年寰瀛大事總述》，《嚴復集》第1冊，第178頁。

利器」。[27]1906年初，嚴復發表長篇演講《政治講義》，強調「德行」。他說：「人之合群，無間草昧文明，其中常有一倫，必不可廢。此倫維何？君臣是已。」[28]德行和政治，本是儒者專長，今日談政治，「更何必舍其家雞，而更求野鶩乎！」[29]「自由有不必為福之時」，而「專制有時，且有庇民之實」。特別是在民智未開的時候，強權獨裁是必不可少的。對革命的態度也較以前要戒懼得多。他說：「夫人類之力求進步固也，而顛階瞀亂，乃即在此為進之時，其進彌驟，其塗彌險，新者未得，舊者已亡，佞佞無歸，或以滅絕。」[30]

對西方社會愈瞭解，批判的言辭愈激烈；對中國社會的保守性認識愈深刻，立論的措詞愈穩健。受到西方社會現實的刺激，嚴復在價值觀念上對中國傳統的道德倫理作了一定的肯定和認同，並呈現出類似於西方新人文主義者的思想傾向，即對道德規範作用的強調。他提出，天理人倫是社會的根本。中國今日，智育重於體育，而德育尤重于智育。堯舜禹湯文武孔子之道，「為國家者，與之同道，則治而昌；與之背馳，則亂而滅。故此等法物，非狂易失心之夫，必不敢昌言破壞」。今日與其畫虎類犬，「不如一切守其舊者」。「五倫之中，孔孟所言，無一可背。……事君必不可以不忠。……而為人子者，必不可以不孝。……而男女匹合之別，必不可以不嚴。」[31]從對傳統倫理觀的批判到對孔孟「禮教」的認同，從要求倫理進化與歷史進步統一到倡揚傳統道德，嚴復思想另一面的透現，不能簡單歸結為向傳統

27　《論教育與國家之關係》，《嚴復集》第1冊，第167、168頁。
28　《政治講義》第二會，《嚴復集》第5冊，第1252頁。
29　《政治講義》第二會，《嚴復集》第5冊，第1242頁。
30　《政治講義》自敘，《嚴復集》第5冊，第1242頁。
31　《論教育與國家之關係》，《嚴復集》第1冊，第168頁。

的復歸，而是更深層的回覆。故此，嚴復晚年在對待中西文化問題時也較原來偏執的態度有了相對全面而成熟的認識。

嚴復思想的上述變化，已使他與那些與時俱進的激進民主革命人士產生了隔閡，也使他對清廷的「預備立憲」不感興趣。他說：「制無美惡，期於適時；變無遲速，要在當可。」[32]可見他對革命持比較消極的態度。「法制必不可徇名而不求其實」，「夫時未至而變之，固危；時已至而不知變，又未始不危也」。[33]他認定清廷的「新政」和立憲均無濟於事，不能挽救其覆滅的結局。既然是如此的心態，嚴復當時確實是一無可為。1907年以後，嚴復雖然還敷衍清廷，掛一些虛銜，做一些裝點門面的事，但作為一個思想家，他幾乎從論壇上消失。這種選擇反映了當時他那心灰意冷的孤寂心境。1910年，嚴復在給朋友汪康年的一封信中不無悲歎地說：

> 復從昔年以反對抵制美貨之議，大為群矢之的，自茲厥後，知悠悠者不可以口舌爭，無所發言，為日蓋久。不幸去秋又為資政院議員，以三四事被政府黨之目，洶洶者殆欲得而甘心焉。一哄之談，其不容立異同，為言論自由如此；此邦之人尚可與為正論篤言也耶？今歲秋間，必將辭職，蓋年老氣衰，不能複入是非之場。[34]

辛亥革命的爆發，將十餘年間反清革命的洪流推向高潮，也在嚴復已趨平靜的心海裡掀起了波濤。對於這場社會巨變，他從滿懷希

32　《憲法大義》，《嚴復集》第2冊，第240頁。
33　《法意》按語，《嚴復集》第4冊，第1020頁。
34　《與汪康年書》（九），《嚴復集》第3冊，第510頁。

望，繼而猶豫失望，再而厭倦否定，終而選擇支持建立一個帶有新權威主義意味的政府。這一心態的變化自然有其內在的原因，外在環境的逼迫也是一個不可忽視的重要因素。

武昌起義後，嚴復洞悉清廷頹勢和「民心大抵歸革軍」的事實，對建立民國曾一度懷抱希冀。「鐙影回疏，見聲過簷隙。美人期不來，鳥啼蠶窗白」[35]就形象地表達了他自己這時期期望與焦慮的心境。1911年12月，根據其日記的記載，嚴復在袁世凱出山組閣後，也開始活躍起來。12月2日「往謁袁內閣，得晤」。12月9日赴漢口。12月12日，「過江，到青山織呢廠見黎元洪」。12月17日到滬。[36]嚴復南下之行的內情，不得其詳，但在一個非常時期，他出京奔赴革命黨人起義之地，不能不說是一個非同尋常的舉動。在促成南北議和、袁世凱出任民國大總統等事項上，嚴復是否有一臂之力，這是值得考證的史實。

民國建立以後，形勢發展不容樂觀。脆弱的經濟、政治、文化基礎，世局的動盪和混亂使嚴復再次陷入深深的憂愁和煩惱之中，在給一友人的信中他如是寫道：「惟是年來心如眢井，大有股深源咄咄書空之意。向以文字為性命，近則置中西書不觀，動輒累月，所謂禽視獸啄，趣過目前而已。」[37]世局如此，嚴復的心中蒙上了一層深灰色的陰影。對社會安定的祈望，壓倒了對民主理想的追求。因此，他對民國初年的黨派之爭一概厭惡，而國民黨人對袁世凱獨裁的抗爭，反

35　《民國初建，政府未立，嚴子乃為此詩》，《嚴復集》第2冊，第380頁。
36　《嚴復日記》，《嚴復集》第5冊，第1512頁。
37　《與曹典球書》（十），《嚴復集》第3冊，第574頁。

而促成他反對共和革命。

1913年7月，「二次革命」爆發。嚴復認為，戰亂之起，純由國民黨「不察事勢，過爾破壞，大總統誠不得已而用兵」。前此他就認為，民國後出現的動亂，根由是「吾國內君主徑入共和，越躐階級」。事變之後，他更確認：「往往一眾之專橫，其危險壓制，更甚于獨夫。」[38]這樣，嚴復又重新退回到自己以前的觀點，即一場共和革命是一個巨大的錯誤，中國民眾尚不具備實行民主共和的觀點。他說：「往者，不佞以革命為深憂，身未嘗一日與朝列為常參官，夫非有愛于覺羅氏，亦已明矣。所以曉曉者，以億兆程度必不可以強為。」[39]自認革命這一成熟的跳躍進化在現實中必然嘗到其負面的苦果。在這種背景下，1914年2月，嚴復發表《〈民約〉平議》，系統批判盧梭的天賦人權說，從理論上對革命和共和政體做了全面的清算。

有了上述思想基礎，社會愈是動盪，越是驅迫嚴復倒向強人政治。他與人感慨地說：「天下仍須定於專制，不然，則秩序恢復之不能，尚何富強之可跂乎？」[40]所以，1915年袁世凱為復辟帝制緊鑼密鼓時，嚴復雖然認為袁氏「太乏科哲知識，太無世界眼光」，「不過舊日帝制時，一才督撫耳」。于理想的立憲君主「非其選耳」，卻又覺得「平情而論，於新舊兩派之中，求當元首之任，而勝項城者，誰乎？」[41]對列名「籌安會」他不置可否，卻拒絕參加任何公開活動和發表任何擁袁言論，這種曖昧態度反映了他當時政治思想上的矛盾心

---

38 《〈民約〉平議》，《嚴復集》第2冊，第337頁。
39 王遽常：《嚴幾道年譜》，收入牛仰山、孫鴻霓編：《嚴復研究資料》，第52頁。
40 《與熊純如書》（一），《嚴復集》第3冊，第603頁。
41 《與熊純如書》（二十四），《嚴復集》第3冊，第624頁。

態。

　　張勳復辟帝制時，千夫所指，嚴復卻贊成這一舉動「是血性男兒忠臣孝子之事」，「復辟通電，其曆指共和流弊，乃言人人之所欲言」。[42]嘆惜張「不得終其志，以成完人，甚可惜也」。嚴復內心對現實的錯覺和誤解似乎已達頂點。此後，他從現實的政局變動中多少體會到：復辟帝制，已是窮途末路。漢族強人，不可能有回天之力，「至於滿人，更不消說」。[43]他完全退到一個歷史旁觀者的立場，面對時代風雲變幻不定的社會風潮，嚴復這位年邁多病的老人，業已完全失去了駕馭時代新思潮的思想能力，他對舊事的感歎，對新風的騷怨，除了表明自己即興的感喟外，已很難使他再扮演一個歷史創造者的角色了。

　　綜上所述，嚴復在戊戌維新失敗以後，其思想發展、變化隨著時勢的運行，確實發生了某些波動。大體來說，戊戌維新時期，他迫於民族救亡的危局，曾大力宣導維新，表現了一個啟蒙思想家無畏的勇氣，是為時代風潮的引導者。戊戌維新以後至辛亥革命以前，他贊成民主政治，主張實施立憲，但對以革命實現民主共和政體之目的頗有異議。辛亥革命以後，他希望尋找一種能使社會持續穩定的政治體制，對革命所帶來的社會大變動不以為然，期待建立一個強有力的政權，這就促使他一次又一次對任何建立一種穩定、有效、享有權威的政府的努力和嘗試抱有期望。即使如此，嚴復對自由的理念並沒有消沉，在《〈莊子〉評語》中仍有充分表現。但在如何處理與現實政治

42　《與熊純如書》（五十五），《嚴復集》第3冊，第671頁。
43　《與熊純如書》（九十七），《嚴復集》第3冊，第708頁。

態度之間關係時，嚴復確已失去了應有的平衡。他所表現的比較偏於保守的政治態度，阻礙了人們對其內在深層所持政治理念的理解。應該說，嚴復一生的思想框架大體未變，如他對激進革命的態度，對中國民智的估價，對政治改革的謹慎態度，可以說是一以貫之，只是由於時代的變化，出現了許多新內容和新形式，嚴復在將之塞入自己的思想框架時，越來越感覺困難，這在他的晚年尤其如此。

5.2　重估中西文化

如果說，嚴復晚年的政治思想還出現了某種矛盾狀態的話，其中西文化觀則表現出比較清晰的一面。戊戌維新時期嚴復文化上的激進主義與政治上的漸進主義形成強烈對比，他對傳統學術及守舊的文化心態曾發出「吾寧負發狂之名，決不能喔咿嚅唲，更蹈作偽無恥之故轍」[44]的吶喊，對傳統文化消極部分表現出勇猛激烈的批判態度。即使如此，他也不贊成對舊學的全盤性否定，對崇洋慕新的輕狂和浮躁更為反感。他批評輕剽者「乃謂舊者既必廢矣，何若恝棄一切，以趨於時」[45]的輕浮。他認為，對待中西文化應認真「別擇」，對待傳統價值則要區分國粹和國渣。中國有數千年的文明歷史，中國政教和民智、民德、民力其短日彰，不可為諱，然而，「使深而求之，其中實有可為強族大國之儲能，雖摧斫而不可滅者」。[46]他引述英國人摩利之言：「變法之難，在去其舊染矣，而能擇其所善者而存之」，[47]強調

44　《救亡決論》，《嚴復集》第1冊，第53頁。
45　《〈英文漢詁〉卮言》，《嚴復集》第1冊，第156頁。
46　《社會通詮》按語，《嚴復集》第4冊，第933頁。
47　《與〈外交報〉主人書》，《嚴復集》第3冊，第560頁。

變法不能盡去舊學，而應發掘出具有現代意義的合理因素，使之得以繼承和發揚光大。

究竟以什麼標準取捨中西文化？嚴復不同意傳統那種認為「中國為禮義之區，而東西朔南，凡吾王靈所弗屆者，舉為犬羊夷狄」的華夷之辨的文化價值觀，主張摒除陳舊的狹陋觀念，把是否有利於人的發展，是否有利於開掘民族文化的潛能作為根本標準。他說：「繼自今，凡可以瘳愚者，將竭力盡氣鞣手繭足以求之。惟求之能得，不暇問其中若西也，不必計其新若故也。有一道於此，致吾於愚矣，且由愚而得貧弱，雖出於父祖之親，君師之嚴，猶將棄之，等而下焉者無論已。有一道於此，足以瘳愚矣，且由是而療貧起弱焉，雖出於夷狄禽獸，猶將師之，等而上焉者無論已。」[48]不管是中學西學，聖學夷學，都必須看其是否有利於提高民族文化的素質，有利於中國走向富強。為此，嚴復無論是翻譯西方名著，還是探討中學得失，都對它們進行一番細緻、嚴格的辨認，將其內含的合理因素挖掘出來。

辛亥革命以前，嚴復對傳統學術的選擇表現出尊百家而貶儒學的傾向，對「西學」的宣導則以自由主義、社會進化論和古典經濟學、邏輯學、政治學理論為主。辛亥革命以後，嚴復儘管在理論上仍堅持有條件「別擇」中西文化，但其具體內容卻與以前發生了很大變化。

在西學方面，嚴復本來是不遺餘力地介紹和宣傳西方近代思想，但由於辛亥革命以來中國政治局勢的急劇變動和社會秩序的嚴重動盪，歷史發展的實際進程已經超出了他所能設想的範圍，他感到有必

48　《與〈外交報〉主人書》，《嚴復集》第3冊，第560頁。

要從理論上對已輸入中國的西方近代思想作一番清理，指出其所帶來的某些流弊。正是基於這一動機，嚴復晚年更多地注重考察西方文化給中國帶來的消極因素。

眾所周知，嚴復和以孫中山等為代表的革命黨人在政治上本來就存在改良與革命之爭。而產生這種分歧的「西學」淵源則在於，嚴復堅持西方（特別是英、美）的自由主義傳統，對社會改造採取理性的態度，以改良和漸進為途徑；以孫中山為代表的革命黨人則堅持西方（特別是法國）的浪漫主義傳統，對社會改造表現出熾熱的激情，主張以革命和激進為手段，在必要的情境裡，甚至「只問目的，不擇手段」。現代西方著名哲學家羅素曾對這兩大思潮作過有力的分析，近代自由主義的源頭是從洛克開始，法國的伏爾泰、孟德斯鳩則是他的繼承者，「初期的自由主義在有關知識的問題上是個人主義的，在經濟上也是個人主義的，但是在情感或倫理方面卻不帶自我的氣味。這一種自由主義支配了十八世紀的英國，支配了美國憲法的創造者和法國百科全書派」。[49]浪漫主義思潮的源頭可追溯自盧梭，他的《社會契約論》（即嚴復所譯的「民約論」）是法國大革命的「聖經」，該書在民主政治理論家中間造成形而上學的抽象概念的習氣，而且通過總意志說，使領袖和民眾能夠有一種神秘的認同，「它在實際上的最初收穫是羅伯斯庇爾的執政，俄國和德國（尤其後者）的獨裁統治，一部分也是盧梭學說的結果」。[50]與自由主義帶有一定程度的理性認知不同，浪漫主義伴隨強烈的情緒。它「從本質上目的在於把人格從社

49　羅素著、馬元德譯：《西方哲學史》下冊，北京：商務印書館，1988年版，第128頁。
50　羅素著、馬元德譯：《西方哲學史》下冊，第243頁。

會習俗和社會道德的束縛中解放出來。這種束縛一部分純粹是給相宜活動加上無益障礙，因為每個古代社會都曾經發展一些行為規矩，除了說它是傳統而外，沒有一點可恭維的地方。但是，自我中心的熱情一旦放任，就不易再叫它服從社會的需要」。[51]嚴復早年留學英倫，深受英國理性主義的薰陶，對自由主義所鑄造的「英國模式」十分崇拜，他後來翻譯西方名著，其所選原著（除孟德斯鳩的《法意》外）基本上是英國思想家的著作，也大體反映了他的這一思想選擇。站在自由主義的立場，也不難想像嚴復對盧梭思想學說的排斥。雖然嚴復在戊戌維新時期，也曾借用盧梭的「民約論」的某些思想（如天賦人權說和主權在民說），但與他那富有自由主義理論色彩的維新主張並不相悖。1906年，當嚴復在《政治講義》中第一次系統回溯西方政治理論之源流，闡釋其政治思想時，就表現出明顯貶抑盧梭的《民約論》的傾向。他說：「夫世之勤勤於一學，孰不有意於人事之改良乎？顧求至美之物，而卒至於無所得，或所得者妄，而生心害政者，其故無他，坐用心躁耳。故言天學，而淪於星命，言化學而迷於黃白，言政治而乃主民約，皆此類也。」[52]將盧梭的民約論與占星術、煉丹術相提並論，這大概是嚴復棄盧梭的《社會契約論》不譯的原因所在。

當時，嚴復對盧梭「民約論」的批評主要表現在：首先，他批駁了盧梭有關人類社會起源是基於「社會契約」的說法，認為「社會契約論」不過是盧梭依自然法主觀推演的結果，不符合歷史事實。他根

51　羅素著、馬元德譯：《西方哲學史》下冊，第224頁。
52　《政治講義》第二會，《嚴復集》第5冊，第1249頁。

據近代社會學理論，「知人類相合為群，由質而文，由簡入繁，其所以經天演階級程度，與有官生物，有密切之比例」，「其始由蠻夷社會，而入宗法。宗法既立，欲有以自存於物競之中，於是變化分合，往往成有機之大團體。又或以宗教崛興，信奉既同，其眾遂合。而以戰爭之故，有部勒署置之事，而機關亦成……至於歷久之餘民，識合群之利，知秩序之不可以不明，政府之權不可以不尊，夫而後有以維持其眾也，於是公益之義起焉，保民之責重焉。而其立法也，乃漸去于宗法、神權之初旨，而治權獨立，真國家之體制以成」。[53]所以，社會和國家的起源，乃是人類進化的產物，「非出於自力而受制於外緣者，則以壓力強合者也」。[54]其次，嚴復批評了盧梭「人類生來是自由」的論點。他曾說：「盧梭《民約》，其開宗明義，謂斯民生而自繇，此語大為後賢所呵。」[55]初民社會，茹毛飲血，絕非若盧梭所說是自由平等的「黃金時代」，「故其說盡破，醉心盧氏學說者，不可不知也」。[56]再次，嚴復承認君主專制在歷史上存在的合理性。盧梭對封建君主專制深惡痛絕，認為它是政府權力腐敗的結果，在君主專制下，「臣民除了君主的意志以外沒有別的法律；君主除了他自己的欲望以外，沒有別的規則。這樣，善的觀念，正義的原則，又重新消失了。在這裡一切又都回到了最強有力者的唯一權力上來」。[57]嚴復對盧梭的觀點頗有異議。他指出「盧學每謂以力服人，為專制治法之所獨」，力斥專制君主「必以摧研皆發之於下。征之東西之歷史，

53　《政治講義》第二會，《嚴復集》第5冊，第1267、1268頁。
54　《政治講義》第二會，《嚴復集》第5冊，第1268頁。
55　《群己權界論・譯凡例》，《嚴復集》第1冊，第133頁。
56　《〈莊子〉評語》，《嚴復集》第4冊，第1121頁。
57　盧梭著、李常山譯：《論人類不平等的起源和基礎》，北京：商務印書館，1962年版，第146頁。

專制君主未有不俟民心之歸，人情載而能立者」。君主專制固有以力服人，如虜其民之時，但那「必見於兼弱攻昧取亂侮亡之時」，在一般情況下，君主「以道德才智服人」，「不得率意徑行」，或施以權術。即使在路易十四時代，「法民之尊重團結，亦無過於此時」。據此，嚴復以為「專制有時且有庇民之實」，「專制之權，亦系由下而成，使不由下，不能成立。然則舊之界說，不可複用明矣」。[58]

如果說，嚴復在《政治講義》中對盧梭思想的批評主要是從學理的角度，那麼，1914年2月，他在《庸言報》第25、26期上發表的《〈民約〉平議》則是基於現實的考慮。嚴復將民國初年的社會動盪看成是革命所造成的後果，而革命風潮的興起與盧梭思想的影響有著密不可分的淵源關係。他在給弟子熊純如的信中說「自盧梭《民約》風行，社會被其影響不少，不惜喋血捐生以從其法，然無濟于治，蓋其本源謬也。刻擬草《〈民約〉平議》一通，以藥社會之迷信」。[59]由此可見，嚴復的《〈民約〉平議》，本意是對革命學說（以盧梭思想為例證）的一次清算。

在文中，嚴復對盧梭的「民約論」的理論淵源、理論內涵及其實踐後果，展開了詳細討論。從理論淵源看，「且盧梭之為政論也，固先熟于兩英人之書，其一曰郝伯思（Hobbes），其一曰洛克（J. Locke）。二人者，歐之哲學政治大家，不獨于英為傑出。民約之義，創于郝而和于洛，盧梭特發揮昌大之而已」。[60]盧梭的「民約」學說，

58　《政治講義》第八會，《嚴復集》第5冊，第1307—1311頁。
59　《與熊純如書》（十五），《嚴復集》第3冊，第614頁。
60　《〈民約〉平議》，《嚴復集》第2冊，第334頁。

「其名雖本于郝，而義則主於洛者為多雲」。[61]從理論內容看，盧梭「民約」之「大經大法」主要有：（甲）「民生而自由者也……是故自由平等而樂善者，其天賦之權利也。」（乙）「天賦之權利皆同，無一焉有侵奪其餘之權利。是故公養之物，莫之能私。」（丙）「群之權利，以公約為之基；戰勝之權利，非權利也。凡物之以力而有者，義得以力而奪之。」[62]上述嚴復對盧梭學說的概括，實際上並不全面。因為盧梭「民約論」的根本旨趣在「主權在民」，至於其他思想闡釋只是為其預設理論前提。

隨後，嚴復逐條批駁了盧梭的觀點。其一，盧梭所謂民生而自由的自然狀態並無歷史根據，「則安用此華胥、烏托邦之政論，而毒天下乎！」[63]在嚴復看來，現實的情況已與盧梭之說大相徑庭。「夫言自由而日趨於放恣，言平等而在在反於事實之發生，此真無益，而智者之所不事也。自不佞言，今之所急者，非自由也，而在人人減損自由，而以利國善群為職志。至於平等，本法律而言之，誠為平國要素，而見於出占投票之時。然須知國有疑問，以多數定其從違，要亦出於法之不得已。福利與否，必視公民之程度為何如。」[64]其二，盧梭主張「人人不得有私產業，凡產業皆篡者」，故其書名為救世，「其實則慘刻少恩，恣睢暴戾」。[65]其三，盧梭所謂「凡人得一權利，必待一切人類之公許而後成」，於事實為不可能，且戰勝國強迫戰敗國

61　《〈民約〉平議》，《嚴復集》第2冊，第335頁。
62　《〈民約〉平議》，《嚴復集》第2冊，第335頁。
63　《〈民約〉平議》，《嚴復集》第2冊，第337頁。
64　《〈民約〉平議》，《嚴復集》第2冊，第337頁。
65　《〈民約〉平議》，《嚴復集》第2冊，第340頁。

訂立屈辱和約，「安在力之不足畀人以權利耶」。[66]

　　盧梭學說流衍發凡達二百餘年，對法國和世界其他國家影響甚大，然其見諸實踐的後果如何呢？當初，盧梭自創其學說時是為了給人類帶來幸福，給社會帶來平等，給個人帶來自由，「然而執是推行，將果為人倫之福利也歟？」嚴復認為，「抑其深極，所害者不僅富貴之家，而貧賤者所蒙乃尤烈」。「自此論之出，垂二百年，不徒暴烈之子，亦有仁義之人，憤世法之不平，閔民生之況瘁，奉若玉律金科，以為果足以救世。一誤再誤，不能自還」。[67]給人類社會和歷史發展帶來了莫大的不幸。故嚴復的結論是「盧梭之說，其所以誤人者，以其動於感情，懸意虛造，而不詳諸人群歷史之事實」。由是觀之，「盧梭之所謂民約者，吾不知其約於何世也」。[68]

　　上述嚴復對盧梭「民約論」的批評，撇開它的現實意義不論，從純學理而言，它蘊含不少合理因素，且不乏真知灼見。羅素後來在他的《西方哲學史》中，也對盧梭的思想作了類似於嚴復這樣的批判。遺憾的是，西方資本主義由於受到理性主義的引導，進行了自我調節，從而避免了革命所帶來的禍亂。中國的近代社會則一直被一種非理性的激情所牽引，革命接踵發生，然近代化的進程則一誤再誤，世局越來越壞，由此也不難想見，嚴復晚年所處的尷尬處境。這是嚴復的悲哀，還是一個不成熟社會的悲哀？這是一個值得人們去反思的問題。

66　《〈民約〉平議》，《嚴復集》第2冊，第339、340頁。
67　《〈民約〉平議》，《嚴復集》第2冊，第335、336頁。
68　《〈民約〉平議》，《嚴復集》第2冊，第340頁。

對於中國傳統文化，嚴復主張「改用新式機器發掘淘煉」，使之在新的歷史條件下，得以發展和光大。

對嚴復這一代人來說，有一個始終無法擺脫的問題，即民族文化在新的環境、新的時代如何生存的問題。民族文化不等於傳統文化，但傳統文化的確是構成民族文化的一個重要組成部分，因而民族文化的生存多少是和傳統文化的出路聯繫在一起的。「自歐美學科東漸亞陸，其所揚榷而舉似者，不獨名物異古已也，即其理想往往為古人之所無。將欲廢之乎？則於今日之事，必有所之。將欲倡之乎？則其勢且將以蔑古……使古而蔑，將吾國之有存者幾何？」[69] 嚴復對這一問題，頗費思考。他對比中西文化，以為西學長於自然科學，可信而不可棄，「中國舊學，德育為多，故其書為德育所用」。[70] 即使認定中國文化「有病」，從更新中國文化的角度出發，也有必要治「舊學」。「譬如治病之醫，不細究病人性質、體力、習慣、病源，便爾侈談方藥，有是理乎？姑無論國粹、國文，為吾人所當保守者矣。故不佞謂居今言學，斷無不先治舊學之理，經史詞章，國律倫理，皆不可廢。惟教授舊法當改良。」[71] 基於此，嚴復主張中西學並存融合，「統新故而視其通，苞中外而計其全」，「不至枯守其舊，盲隨於新」。

民國初年，嚴復的觀點逐步向傳統文化傾斜，最為人們注目的是他在給弟子熊純如信中的兩段話語：

69　《普通百科新大詞典》序，《嚴復集》第2冊，第276頁。
70　《論今日教育應以物理科學為當務之急》，《嚴復集》第2冊，第284頁。
71　《論今日教育應以物理科學為當務之急》，《嚴復集》第2冊，第284頁。

鄙人行年將近古稀，竊嘗究觀哲理，以為耐久無弊，尚是孔子之書。四子五經，故（固）是最富礦藏，惟須改用新式機器發掘淘煉而已；其次則莫如讀史，當留心細察古今社會異同之點。[72]

　　鄙人年將七十，暮年觀道，十八、九殆與南海相同，以為吾國舊法斷斷不可厚非……即他日中國果存，其所以存，亦恃數千年舊有之教化，決不在今日之新機，此言日後可印證也。[73]

　　前一段話雖然對中國文化特別是儒家學說作了很高評價，但它還提出「須改用新式機器發掘淘煉」，表明他對傳統文化並沒有無條件地承繼。後一段話將自己的立場與康有為相提並論，斷言中國未來之轉機有待中國千年「禮治教化」的發揚光大，帶有更為濃厚的「復古」色彩。

　　對傳統文化的重新估價，導致了嚴復對「尊孔讀經」的極力提倡。1913年，他領銜發起成立孔教會；同時，他還公開發表《思古談》、《讀經當積極提倡》、《導揚中華民國立國精神議》等論文和演講，闡述思古與讀經的必要性和重要性，他認為，中國傳統文化「質文遞嬗，創制顯庸，聚無數人之心力，勤苦為之禮樂文章焉，至於吾儕，乃得於民種之中，而猶有當前之地位，如是之階級，則推原返本，非席吾古人之遺澤，又何從而得之！」據此，他呼籲：「嗚呼！蔑古之徒，可以返矣！」[74]

72　《與熊純如書》（五十二），《嚴復集》第3冊，第668頁。
73　《與熊純如書》（四十八），《嚴復集》第3冊，第661、662頁。
74　《思古談》，《嚴復集》第2冊，第323頁。

對於傳統文化不能採取隨意貶損的態度，因為它融注了歷代志士仁人的心血；對於孔孟經書，則應繼續倡讀，因其對於塑造國民人格，有極為重要的教化作用。「夫讀經固非為人之事，其於孔子，更無加損，乃因吾人教育國民不如是，將無人格，轉而他求，則亡國性。無人格謂之非人，無國性謂之非中國人，故曰經書不可不讀也。」[75]讀經是為了樹立國民人格，而「忠孝節義」應成為國民精神的主體。「蓋忠之為說，所包甚廣，自人類之有交際，上下左右，皆所必施，而于事國之天職為尤重」；「孝者，隆於報本，得此而後家庭蒙養乃有所施，國民道德發端于此，且為愛國之義所由導源」；「節者，主於不撓，主於有制，故民必有此，而後不濫用自由，而可與結合團體」；「至於義，則百行之宜，所以為人格標準，而國民程度之高下視之。但使義之所在，則性命財產皆其所輕」。[76]嚴復認為，建立民彝「誠宜視忠孝節義四者為中華民族之特性」。「以此為立國之精神，導揚漸漬，務使深入人心，常成習慣。」惟其如此，「夫而後保邦制治之事，得所附以為施」。[77]

應當指出，嚴復在有選擇地宣導傳統文化的同時，並沒有否定繼續學習「西學」的必要性，如他也是在發表《讀經當積極提倡》一文中，指出：「若夫形、數、質、力諸科學，與夫今日世界之常識，以其待用之殷，不可不治，吾輩豈不知之？」[78]他在談及青少年的教育安排時說：「寒家子女少時，皆在家塾，先治中文，經傳古文，亦無

75　《讀經當積極提倡》，《嚴復集》第2冊，第332頁。
76　《導揚中華民國立國精神議》，《嚴復集》第2冊，第343、344頁。
77　《導揚中華民國立國精神議》，《嚴復集》第2冊，第344頁。
78　《讀經當積極提倡》，《嚴復集》第2冊，第332頁。

不讀」，「至於從事西文西學，極早須十五六方始，此後中文，則聽子弟隨地自修可耳」。[79]嚴復對自己的子女教育大體也是這樣安排，童年在家治中學，到少年時期，送其出洋留學。有時候嚴復對讀經一事也表現了慎重的態度，「讀經自應別立一科，而所占時間不宜過多，寧可少讀，不宜刪節，亦不必悉求領悟；至於嘉言懿行，可另列修身課本之中，與讀經不妨分為兩事，蓋前者所以嚴古尊聖，而後者所以達用適時」。[80]可以說，嚴復晚年提出的「讀經」主要是限於道德教育領域，「用以保持吾國四五千載聖聖相傳之綱紀彝倫道德文章於不墜」。在嚴復看來，「西學」的長處是自然科學，中國向西方學習科技沒有什麼可疑之處。但是，中國人在向西方學習的同時，不應當數典忘祖，完全背叛自己的文化傳統，而應該發掘民族精神的原動力，弘揚傳統，光大傳統，對中國傳統予以現代闡釋，使之實現向現代的轉換。

如何實現傳統向現代的創造性轉換？這是任何一個邁向近代化的國家都無法回避的課題。解決這一問題的一個癥結就是如何給傳統文化賦予現代意義。西方國家的成功經驗證明，它們在實現現代化的過程中並沒有忘記自己的傳統文化，相反通過挖掘傳統文化的精神養料，使自身的文化傳統得以延伸和光大，新教倫理與資本主義精神密不可分的內在聯繫，就充分證明了這一點。從這一個角度看，嚴復晚年對中國傳統文化的思考，不僅無可厚非，而且有其合理因素。以嚴復在英國的經驗體會和他對中國社會變革的親身體驗，他無疑已看到

79　《與熊純如書》（八十一），《嚴復集》第3冊，第697頁。
80　《與熊純如書》（十六），《嚴復集》第3冊，第615頁。

傳統文化在近代化過程中的重要作用。能成功地處理歷史遺產，往往可帶來社會的有序、穩定與和諧；對傳統文化的蔑視，則可能因為價值領域的真空，倫理道德的失範，整個社會失去應有的平衡，而陷於一場巨大的混亂之中。正是基於這一理解，嚴復晚年對傳統文化作了重新估價。

嚴復晚年對中西文化的重估，除了其自身的學理探討使然外，更多的是來自中國社會現實的刺激和對西方文明所出現的危機的深深失望。從國內情況看，民國創建伊始，政治仍漆黑一團，社會動盪不安，共和政體徒具形式，「吏之作奸，如蝟毛起，民方狼顧，有朝不及夕之憂」。[81]嚴復未能洞察產生這一情況的深刻的社會歷史原因，而將之歸咎為辛亥革命所宣導的自由平等和民主共和，由此引起他對共和政體的大為不滿，「終覺共和國體，非吾種所宜」，[82]認為只有實行君主政體，建立一個穩固的強有力政府，才能結束社會的動亂局面，「故問中華國體，則自以君主為宜」。[83]既然中國還需實行君主政體，那麼「將必有孟（子）、董（仲舒）、韓（愈）、胡（安定）其人者出，舉堯、舜、禹、湯、文、武、周公、孔子之道於既廢之余，於以回一世之狂惑，庶幾元元得去死亡之禍，而有所息肩」。[84]這樣，重新認識傳統文化自然就是必要的了。

從國際環境看，第一次世界大戰的爆發，西方列強相互殘殺，昔日資本主義世界的繁華之夢被硝煙滾滾的戰爭風雲擊得粉碎，目睹這

81　《太保陳公七十壽序》，《嚴復集》第2冊，第351頁。
82　《與熊純如書》（十一），《嚴復集》第3冊，第611頁。
83　《與熊純如書》（二十六），《嚴復集》第3冊，第627頁。
84　《太保陳公七十壽序》，《嚴復集》第2冊，第351頁。

種戰爭慘況，嚴復更是為之震驚，他不禁悲歎：「歐邏巴之戰，僅三年矣，種民肝腦塗地，身葬海魚以億兆計，而猶未已。橫暴殘酷，于古無聞。」[85]「文明科學，效其於人類知此」，「當糜幾許金錢，當殘若干生命？」他對西方文明的理想之夢隨之也破滅，「西國文明，自今番歐戰，掃地遂盡」。[86]他從自己這段不尋常的經歷中深切認識到：「不佞垂老，親見脂（支）那七年之民國與歐邏巴四年亙古未有之血戰，覺彼族三百年之進化，只做到『利己殺人，寡廉鮮恥』八個字。回觀孔孟之道，真量同天地，澤被寰區。此不獨吾言為然，即泰西有思想人亦漸覺其為如此矣。」[87]

嚴復如此貶低西方文化的全部價值，如此抬高中國文化的未來意義，自然是偏激了。但是反觀當時的知識界，有這種思想傾向的人大有人在。歐戰期間，西方思想界也有不少人，以為西方物質文明破產了，科學破產了，需要從東方文明中尋求精神養料，並對以孔子為代表的傳統儒家倫理學說深表欽佩。德國歷史學家斯賓格勒轟動一時的著作《西方的沒落》，就是瀰漫西方的文化悲觀主義的表現。當時歐洲許多人的心態是「總覺得他們那些物質文明是製造社會險象的種子，倒不如這世外桃源的中國，還有辦法」，[88]在東方，印度著名文學家泰戈爾表示：「泰西文化單趨於物質，而于心靈一方缺陷殊多，此觀于西洋文化因歐戰而破產一事，已甚明顯……反之東洋文明則最

85　《太保陳公七十壽序》，《嚴復集》第2冊，第350、351頁。
86　《與熊純如書》（七十三），《嚴復集》第3冊，第690頁。
87　《與熊純如書》（七十五），《嚴復集》第3冊，第692頁。
88　梁啟超：《歐遊心影錄》，收入李華光、吳嘉勳編：《梁啟超選集》，上海人民出版社，1984年11月版，第725頁。

為健全。」[89]於是研究東方文化一時成為國際知識界的時尚。這股思潮波及國內，康有為提出「以孔教為本」論，梁啟超主張「東西文化互補」觀，章太炎鼓吹「復興亞洲古學」，孫中山倡言「固有道德高尚」論，與這些觀點相映照，嚴復內心世界也發出了共鳴：「往聞吾國腐儒議論謂：『孔子之道必有大行人類之時。』心竊以為妄語，乃今聽歐美通人議論，漸復同此，彼中研究中土文化之學者，亦日益加眾，學會書樓不一而足，其寶貴中國美術者，蟻聚蜂屯，價值千百往時，即此可知天下潮流之所趨矣。」[90]正是在這樣一種思想背景下，中國知識份子開始了非資本主義道路的探索，以李大釗、陳獨秀為代表的激進民主主義迅速向以「蘇俄模式」為樣板的社會主義邁進，而嚴復、梁啟超、章太炎等人則開始轉向對中國傳統文化的認同。

須加注意的是，嚴復等人因反省西方文明的弊害和憂慮中國社會現實的惡化所出現的「復古」傾向，與那種夜郎自大、閉關自守的封建頑固派的守舊是截然不同的，嚴復的反省內含一定的歷史合理性。從理論的層面看，嚴復雖主張「復古」，但對孔孟之道仍希望「改用新式機器發掘淘煉」，它帶有「以復古為革新」的味道。從實際的層面看，嚴復等人「復古」觀，雖處於革命思潮的負面，但它並沒有消沉，或被歷史的大潮淘汰，而是一直作為一條輔線潛滋暗長。「五四」以後，梁漱溟等為代表的現代新儒家的興起，正是對這一「復古」傾向某種程度的承繼和發展。

89　《太戈爾之來華感想談》，載《申報》1924年4月14日。
90　《與熊純如書》（七十三），《嚴復集》第3冊，第690頁。

5.3 瘝瘝老人的啟示

嚴復垂垂老矣，在他與家人、朋友、學生的通信中，常常擺出長者的姿態教誨晚輩，談及自己的病情發展情況，不時也伴隨著暮年的喟歎。他回顧自己一生的治學生涯，充滿了感傷的色彩，似有壯志未酬之感：

間嘗自數生平得天不為不厚，而終至無補于時者，正緣少壯之時太主難進易退主義，不肯努力進取，雖浮名滿世，而資力淺薄，終無以為左右時世之資，袖手窮居，坐觀沉陸，是可歎也！今者年近古稀，加以羸疾思乏，伸眉仰首，陳力社會，自所不能，而回顧生平，自問未了心願，即亦無幾。[91]

展望未來，嚴復的心情更為沉鬱，與同時期昂揚向上的新思潮相比，更多地顯露了一種悲觀主義的心態。

深恐大地之上，劫運方殷。復百方思量，總覺二三十年中，無太平希望。羸病餘生，旦暮入地，睹茲世運，惟有傷心無窮而已。[92]

如果說民國初年的嚴復對時勢的發展，還圖謀有所作為，那麼第一次世界大戰以後，嚴復因先前列名「籌安會」，被時人所詬病，已完全失去了言論家的資格。這樣，在他生命的最後三年裡，嚴復自己

91　《與長子嚴璩書》（九），《嚴復集》第3冊，第787頁。
92　《與熊純如書》（九十七），《嚴復集》第3冊，第708頁。

是「羸病餘生」，除了閱書看報，偶然與親友通信，已很難再從事戶外的活動了，於世則是力不從心，雖然他仍關心時局，且常有議論，但都是從一個局外人的角度，他與當局已不再發生政治聯繫。

然而，國內外的形勢卻發生了翻天覆地的變化。早在第一次世界大戰未結束以前，嚴復就已看出：「歐戰無論如何，大勢明年必了。了後便是簇新世界，一切舊法，所存必寡，此又斷然可知者也。」[93]但新的變化，既非嚴復所逆料，更非他所歡迎。

在國際上，第一次世界大戰尚未結束，就發生了俄國十月社會主義革命。以嚴復歷來對革命的態度，就可推想他對這次新興的社會革命的評價了，何況這是一次與法國大革命性質有別，且更為激烈的無產階級革命。

歐東過激黨，其宗旨行事，實與百年前革命一派絕然不同，其黨極惡平等、自由之說，以為明日黃花過時之物。所絕對把持者，破壞資產之家，與為均貧而已。殘虐暴屬，其在鄂得薩所為，報中所言，令人不忍卒讀，方之德卒入比，所為又有過矣。其政體屬少數政治。足下試思，如此豺狼，豈有終容於光天化日之下者耶？此如中國明季政窳，而有闖、獻，斯俄之專制末流，而結此果，真兩間劫運之所假手，其不能成事，殆可斷言。[94]

在蘇俄社會主義運動方興未艾、蒸蒸日上之時，嚴復作這種驚人

93　《與熊純如書》（六十二），《嚴復集》第3冊，第677頁。
94　《與熊純如書》（九十），《嚴復集》第3冊，第704頁。

預言，自然不能為人們所接受。相反，這段話語一直是被說成是嚴復頑固反動的強有力的例證。但今天事實已是昭然若揭，嚴復當年的睿智遠見也不證自明。

在國內，新文化運動已搶奪話語權，正以摧枯拉朽之勢將各種傳統勢力和復古主義者從文化領域清除出去。以嚴復先前對於語體文的態度，也不能迎合這一新潮流。不過，他對這一運動雖有微詞，有趣的是，他卻取聽之任之的態度。他對自己幾位好友的阻抗行為不以為然。「辜鴻銘議論稍有驚俗，然亦不無理想，不可抹殺，渠生平極恨西學，以為專言功利，致人類塗炭。鄙意深以為然。至其訾天演學說，則坐不能平情以聽達爾文諸家學說，又不悟如今日，德人所言天演。以攻戰為利器之說，其義剛與原書相反。西人如沙立佩等，已詳辨之，以此訾達爾文、赫胥黎諸公，諸公所不受也。」[95]至於自己的同鄉好友「林琴南輩與之較論，亦可笑也」。[96]

國內的民族主義情緒逐漸高漲，學生愛國運動也隨之興起。當嚴復聞說軍閥政府捉拿捕殺學生時，則表示「咄咄學生，救國良苦，顧中國之可救與否不可知，而他日決非此種學生所能濟事者，則可決也」。[97]對新興的學生愛國運動不抱希望，這一態度與孫中山對五四運動的評價大相徑庭。中山先生認為：「自北京大學大學生發生五四運動以來，一般愛國青年，無不以革新思想為將來革新事業之預備……故此種新文化運動，實為最有價值之事。」[98]

95　《與熊純如書》（二十三），《嚴復集》第3冊，第623頁。
96　《與熊純如書》（八十三），《嚴復集》第3冊，第699頁。
97　《與熊純如書》（七十九），《嚴復集》第3冊，第695頁。
98　孫中山：《關於五四運動》（即《與海外國民黨同志書》），收入《孫中山選集》，北京：人民出版社，1981年10月版，第482頁。

在嚴復晚暮之年，世界風雲變幻莫測，中國社會動盪不安，人們越來越難捉摸人類的前進方向和中國的發展前途，整個知識界都處在一種迷惘、思考和探索之中。嚴復已入耆暮之年，思考探索之力已無從說起，迷惘憂慮之苦卻緊緊地纏繞著他。

自陽三月二十二日以來，歐西決戰，乃從來未曾有之激烈。德人傾國以從，英、法先見挫衄，至其結果何如，尚復不敢輕道，所可知者，此役解決之餘，乃成新式世界。俄之社會主義，能否自成風氣，正未可知。而吾國居此潮流之中，受東西迫桚，當成何局，雖有聖者，莫能睹其終也。[99]

1921年10月3日，嚴復臨終前，立下遺囑，對自己的一生作了辛酸的總結，對於來者寄予最後的期望，現錄於茲：

嗟呼！吾受生嚴氏，天秉至高。徒以中年攸忽，一誤再誤，致所成就，不過如此，其負天地父母生成之德，至矣！耳順以後，生老病死，倏然相隨而來，故本吾自閱歷，贈言汝等，其諦聽之。

須知中國不滅，舊法可損益，必不可叛。

須知人要樂生，以身體健康為第一要義。

須勤於所業，知光陰時日機會不復更來。

須勤思，而加條理。

須學問，增知能，知做人分量，不易圓滿。

99　《與熊純如書》（六十八），《嚴復集》第3冊，第683、684頁。

事遇群己對待之時，須念己輕群重，更切毋造孽。[100]

這份對歷史的最後交代，貫穿著嚴復對中國人文傳統和自己生平經驗的深刻反省，雖然它的色彩似乎偏於平和、陳舊，然其內含的人生哲理和深邃意蘊，讀來令人感到其味無窮。

10月27日（陰曆九月廿七日），嚴復帶著無限的惆悵，離開了人事紛攘的世界。是年底，嚴復與其糟糠之妻合葬於其故鄉陽崎鰲頭山之陽，他的密友前清大吏陳寶琛為其作墓誌銘，墓碑上刻著人們在今日看來與嚴復身份極不相稱的碑文：「清故資政大夫海軍協都統嚴君墓誌銘」。一個以啟蒙、瘉愚為職志的近代思想家，最後卻被人披上了一件陳破不堪的傳統舊裝。這樣的蓋棺論定真是一個絕大的歷史嘲諷！嚴復九泉之下有知，會作何感想呢？

應當承認，嚴復晚年對中國傳統文化的回觀與反思，是在其心境不佳的狀態下進行的。個人健康狀況的每況愈下，使他失去了壯年時期那種進取心理，也給他的整個心態蒙上了陰影。情緒的消沉、思想的低調，都表現出他已失去了一個啟蒙思想家應有的銳氣和鋒芒。不過，事物的正負兩面常常是有機地結合在一起。熾熱的情緒容易產生偏激的思想和非理性的衝動，冷沉的心態則可能使人對事物的把握接近理性和客觀。從這個意義上說，嚴復晚年對中西文化的重估和對中國文化的前瞻，其中包含了不少合理因素，為後人留下了一份可資利用和挖掘的思想遺產。

100　《遺囑》，《嚴復集》第2冊，第360頁。

首先，建設新文化必須實現傳統文化的創造性轉換。新文化的產生既是以否定和突破傳統文化為前提，又是以繼承和揚棄傳統文化為基礎，二者之間不可偏廢。而繼承和揚棄傳統文化的成功處理，就是要對之進行創造性的轉換，使之成為能為現代所用的東西。所謂創造性的轉換，亦即把中國人文傳統中的符號與價值系統加以改造，使其變成能在現代社會環境中生存、發展的種子，同時在現代化過程中繼續保持文化認同。無可否認，傳統文化在近代以後已漸趨衰落之勢，但它的某些積極因素或合理內核還會融入新的文化中，實現新舊文化的連續性，對民族文化的自我調節繼續發揮它的正面作用，因此，實現傳統文化的創造性轉換不僅對新文化建設無害，而且應構成新文化建設的重要內容。

　　其次，傳統道德規範作為人類文明的積澱，仍將在社會轉型和現代化發展過程中發揮其應有的社會調節作用。在一個社會實現體制更替或步入現代化軌道時，常常出現「不擇手段，只問目的」的情形，有時人們還認為這是原始資本積累時期一種必要的罪惡，然而人類現代化的事實已對這種觀點作了最有力的駁正。在西方，新教倫理對於資本主義精神的鑄造；在東方，儒家倫理對日本和亞洲四小龍工業化過程中人際關係的調諧，都表明傳統的倫理道德並不全然是現代化的阻力和消極因素，關鍵在於如何把握。成功地利用傳統倫理道德，往往可以減少社會的震盪和各個利益集團之間的摩擦，使現代化有條不紊地進行。否則，對傳統道德資源的蔑視和破壞，將使現代化失去其應有的生態環境。在這裡，培養人的善良意識是極為重要的，現代社會的激烈競爭容易產生以強凌弱的局面，從而加劇各種社會矛盾，為

此，必須造就一種調節社會矛盾的潤滑劑。宗教、慈善事業、人道主義、倫理教育都有其不可忽視的調節作用，其本質都是勸人為善。而一個文明社會如果沒有普通人認可的基本公德，就不可避免地走向崩潰。第一次世界大戰對西方文明社會的巨大破壞使嚴復深切地認識到這一點，他晚年注重宣導傳統的倫理道德，表明了他對人類文明的關切之深。

最後，民族文化的建設和發展必須逐漸建立一套自我評價的標準，不能以西方的文化價值觀念為依歸。近代以降，東、西文化分野的局面逐漸被打破，東、西文化由衝突走向交融，由對話代替對抗，世界文化的整體化趨向日漸明顯，由於西方文化在近代化浪潮中據有先進的地位，東、西方之間的文化交流實際上是以東方認同西方為主，在這種勢態下，東方文化世界的知識份子往往存在一種自卑情結，失去自我駕馭，失去民族文化的本位立場，這是在東西文化最初接觸的一段時間中較為普遍存在的一種現象。嚴復在步出國門、留學英倫時，也存在過這種心態。但是19世紀末20世紀初，西方知識份子對自己的近世文明進行反思時，許多人懷疑甚至否定資本主義制度的合理性；第一次世界大戰的發生，更是強化了這股情緒，西方知識界實際上已走向多元選擇，這給東方的知識份子無疑增添了選擇的難度，哪怕是繼續向西方學習，也有一個分析、抉擇的問題。由此提出的一個問題就是如何建立自我評價標準的問題。在19世紀，中國人由於受制於「華夷之辨」的思維模式，面臨的是一個要不要向西方學習的問題；進入20世紀後，甲午海戰的奇恥大辱和八國聯軍的戰爭威逼，已使中國人士失去了應有的自尊，無一例外地面向西方，這時中

國人考慮的是如何「西化」的問題。清政府實施「新政」，選擇的是日本模式，孫中山為代表的革命黨人走民主革命道路，選擇的是美國模式。第一次世界大戰期間，中國知識界對自己的思想道路和西方經驗給予了反思，普遍不滿於固有的資本主義模式，轉而對西方新興的各種社會思潮和文化主張感興趣，有的研究社會主義，有的轉向新保守主義，有的探討新自由主義。雖然嚴復晚年表面上是宣導中國傳統文化，實際上是受到西方新人文主義、新保守主義的影響和鼓勵。而這種主張又是建立在對中國國民性估價極低的基礎之上，這與其前期的思想並不矛盾。也就是說，嚴復的自我評價不僅未改初衷，反而有了某種程度的強化。更為重要的是，嚴復晚年已隱約感到民族文化需要建立自我評價的標準，這也是他轉向傳統文化求取養料的一個重要原因。可惜的是，他的這一工作並未真正展開，這是他的遺憾，也是他給一個時代留下的思想遺業。

■ 附錄一　中國近代思想史上的《天演論》

　　中國近代思想的產生與發展主要是依循兩條路子：一條是推陳出新，即在中國傳統經學（儒學）內部，發現與時代相結合的思想生長點，從中國傳統學術的內在理路出發，提出具有時代意義的新思想、新理論、新學說，從龔自珍、魏源到康有為為代表的今文學派和自稱「返本開新」的現代新儒家走的即是這條路子；一條是援西入中，即通過傳播、譯介外來思想理論，為中國近代思想的發展輸入新的血液，在此基礎上提出自己的維新、變革理論和建構新的思想系統，嚴復可謂這條路子的第一個典型代表。這兩條路子並非判然有別，而是互為表裡，相互滲透，思想家們往往以追求中西交融為其思想的極致。

　　近人論及中國近代思想歷程時，無不交口稱讚嚴復在譯介西方思想理論方面的貢獻。梁啟超在評及晚清思想界的狀況時如是論斷：「時獨有侯官嚴復，先後譯赫胥黎《天演論》，斯圖亞丹《原富》，穆勒約翰《名學》、《群己權界論》，孟德斯鳩《法意》，斯賓塞《群學肄言》等數種，皆名著也。雖半屬舊籍，去時勢頗遠，然西洋留學生與本國思想界發生關係者，復其首也。」[1]1923年12月蔡元培論及近五十年來中國哲學發展歷程時，給嚴復的定位是：「五十年來，介紹西洋哲學的，要推侯官嚴復為第一。」[2]胡適述及晚清翻譯史時，對嚴復亦有高評：「嚴復是介紹西洋近世思想的第一人，林紓是介紹西洋近世文學的第一人。」[3]毛澤東論及近代中國思想時，將嚴復置於「先進的中國人」這一行列：「自從1840年鴉

1　梁啟超：《清代學術概論》，收入朱維錚校注：《梁啟超論清學史二種》，上海：復旦大學出版社，1985年8月版，第80頁。

2　蔡元培：《五十年來中國之哲學》，收入中國現代學術經典叢書《蔡元培卷》，石家莊：河北教育出版社，1996年8月版，第329頁。

3　胡適：《五十年來中國之文學》，收入歐陽哲生編：《胡適文集》第3冊，北京：北京大學出版社，1998年11月版，第211頁。

片戰爭失敗那時起，先進的中國人，經過千辛萬苦，向西方國家尋找真理。洪秀全、康有為、嚴復和孫中山，代表了在中國共產黨出世以前向西方尋找真理的一派人物。」[4]這些不同政見、不同黨派的代表人物對嚴復歷史定位所形成的共識，表明嚴復在介紹西方思想理論方面所發揮的歷史作用已為舉世公認。嚴復翻譯的《天演論》位居嚴譯名著之首，因其所產生的巨大影響，自然也就成為百餘年來人們不斷解讀、詮釋的經典文本。

一、赫胥黎的《進化論與倫理學》與嚴復的《天演論》

嚴復翻譯的《天演論》，英文原作為英國生物學家、哲學家托·亨·赫胥黎（Thomas Henry Huxley, 1825—1895年）1893年5月18日在英國牛津大學謝爾德蘭劇院（Sheldonian Theatre）為羅馬尼斯講座（The Romanes Lecture）的第二次講座所做的通俗演講時散發的小冊子，英文原名 Evolution and Ethics, 直譯應為《進化論與倫理學》，此書1893年分別在英國倫敦Macmilan and Co和紐約初版，共57頁，其中正文在前37頁（未分段），注釋在第38—57頁。按照羅馬尼斯基金會的條例，「講演者應避免涉及宗教上或政治上的問題」。[5]故赫胥黎的講演內容主要是討論進化論以及進化論與倫理學之間的關係。1894年此書在英國倫敦Macmillan and Co再版，改名為Evolution and Ethics and the other Essays（《進化論與倫理學及其他論文》），篇幅大為增加，書前有一序言（1894年7月所作），正文包括五部分：第一部分《進化論與倫理學：導言，1894》（Evolution and Ethics.Prolegomena，1894）、第二部分《進化論與倫理學，1893》

4　毛澤東：《論人民民主專政》，收入《毛澤東選集》第4卷，北京：人民出版社，1968年12月版，第1358頁。
5　參見（英）赫胥黎著、《進化論與倫理學》翻譯組譯：《進化論與倫理學》，北京：科學出版社，1971年7月版，頁ii。

（Evolution and Ethics ,1893）、第三部分《科學與道德，1890》（Science and Morals,1890）、第四部分《資本——勞動之母，1896》（Capital The Mother of Labour,1896）、第五部分《社會疾病與更壞治療，1891》（Social Diseases and Worse Remedise,1891）。

　　嚴復翻譯的《天演論》是選譯1894年版的第一、二部分。中文書名譯為《天演論》，僅取原作的前半部分，學術界有兩種截然不同的意見：史華茲和李澤厚以為嚴復不同意赫胥黎原作把自然規律（進化論）與人類關係（倫理學）分割、對立起來的觀點，意在表現其崇斯賓塞絀赫氏的傾向；[6]汪榮祖則別有見解，以為此舉「正見嚴氏刻意師古，精譯『天演論』，略去『人倫』」。[7]

　　赫胥黎是達爾文進化論學說的崇信者，對「自然選擇原理」在達爾文理論中的重要地位瞭若指掌，他著述《進化論與倫理學》的本意是表達他對斯賓塞的「社會達爾文主義」的不滿，他認為人類的生存鬥爭與倫理原則有矛盾，批評對殖民地的開拓是對自然狀態的破壞，強調人類社會與動物社會的差別是「天然人格與人為人格」的差別，社會進化過程不同於生物進化過程，強調倫理在人類社會中的調節作用。一句話，《進化論與倫理學》本身是一部批判「社會達爾文主義」的代表作。馮友蘭先生把握到赫胥黎此著的精意，他說，赫胥黎「把達爾文主義和社會聯繫起來，因此有人稱赫胥黎所講的是社會達爾文主義，認為是把達爾文主義應用到人類社會，為帝國主義侵略殖民地的人民提供理論的根據。其實，把達爾文主

6　參見李澤厚：《論嚴復》，收入氏著《中國近代思想史論》，北京：人民出版社，1986年11月版，第261頁。本傑明·史華茲著、葉鳳美譯：《尋求富強：嚴復與西方》，南京：江蘇人民出版社，1995年2月版，第93頁。

7　參見汪榮祖：《嚴復的翻譯》，收入氏著《從傳統中求變》，南昌：百花洲文藝出版社，2002年4月版，第148頁。

義同人類社會聯繫起來是一回事，而把達爾文主義應用到人類社會又是一回事。赫胥黎並不是要把達爾文主義應用到人類社會，而是認為達爾文主義不能應用於人類社會」。[8]

　　據嚴復在《天演論》自序中交代，「夏日如年，聊為迻譯」八字，序末落款為「光緒丙申重九」，此書譯於1896年夏，在重陽節作序（10月15日）。[9]1897年12月至1898年2月以《天演論懸疏》為題在《國聞彙編》第2、4、5、6冊刊載，1898年4月由湖北沔陽盧氏慎始基齋木刻出版。同年10月天津出版嗜奇精舍石印本。現將孫應祥先生所考《天演論》版本，列表如下：[10]

8　　馮友蘭：《中國哲學史新編》第六冊，北京：人民出版社，1989年1月版，第162頁。

9　　關於《天演論》翻譯的時間，意見頗為分歧，嚴復之子嚴璩將嚴復翻譯《天演論》時間定為1895年，參見嚴璩：《侯官嚴先生年譜》，《嚴復集》第5冊，第1548頁。王栻則因陝西味經本《天演論》題有「光緒乙未春三月」字樣，推測《天演論》的初稿「至遲於1895年譯成，可能還在1894年」，參見《嚴復傳》，上海：上海人民出版社，1976年版，第41頁。現在學界一般傾向于用嚴復本人在《天演論》自序中的說法。

10　　此表見孫應祥：《嚴復年譜》，福州：福建人民出版社，2003年8月版，第133—134頁。另參見孫應祥：《〈天演論〉版本考異》，收入黃瑞霖主編：《中國近代啟蒙思想家—嚴復誕辰150周年紀念論文集》，北京：方志出版社，2003年12月版，第320—332頁。此文對《天演論》版本亦有詳考。

表五：《天演論》版本簡表[11]

書名	刊行時間	出版者	備註
天演論懸疏	1897—1898	《國聞彙編》	1897—1898載《國聞彙編》第2、4、5、6冊，未完
天演論	1898	陝西味經售書處	封面題為「光緒乙未春三月（1895年4月）重刊」，但其下卷已有「丙申」複案字樣，怎麼會在此前「重刊」？當刊於1896年以後，[12]非定本，無自序，無譯例言
天演論	1897—1898	沔陽盧氏慎始基齋刻	校樣本，同於《國聞彙編》本，「導言」還刻作「懸疏」，無譯例言，無吳（汝綸）序
天演論	1898	沔陽盧氏慎始基齋刻	正式版本，前有吳序、自序和譯例言
天演論	1898	侯官嗜奇精舍石印出版	「譯例言」中刪去「新會梁任公」五字。印有第二版

11　此表未列盜版《天演論》。

12　查此刊本《天演論》是葉爾愷接任陝西學政後送交味經售書處印行的。現有其《與汪康年書》（十七）為證：「弟前發味經刻《天演論》一書，所校各節，極可發噱……」〔《汪康年師友書箚》（三），上海古籍出版社1987年版，第2476頁〕此函末署「十一月二十一日」，未署年份，但有汪康年注：「己新正二十四收」。已是己亥，則此函當書於光緒二十四年戊戌「十一月二十一日」。可知，此前味經售書處本《天演論》尚未發行。又據葉《與汪康年書》（十四）云：「弟于（光緒二十三年）九月二十八日自京動身，初四抵三原，初七接篆。」〔《汪康年師友書箚》（三），第2473頁〕由此判斷，他「發味經刻《天演論》」應在光緒二十三年十月初七日以後，或次年初，印成發行則應在光緒二十四年夏秋間，而不可能在「光緒乙未春三月」。

赫胥黎			
天演論	1901	富文書局石印出版	大字版本，刪去譯例言末段文字

據孫應祥先生考證，《天演論》問世後至1931年，曾被刊印30多種版本，風行海內。這些版本大致說來，可分兩類：一是通行本，這是經過嚴復反覆修改後的定本，如慎始基齋本、嗜奇精舍本、富文書局本和後來的商務印書館鉛印本；一是在作者譯述修改過程中，陸續傳播刻印的本子，如陝西味經售書處重刊本、《國聞彙編》中的《天演論懸疏》和《天演論》稿本等。不同的版本不僅在文字上有所差異，而且微妙地透射出譯述者的思想變化。[13]

《進化論與倫理學》原文分導言和正文兩部分，導論標明十五節，正文則未標明分節，只是根據文意中間以空行區隔為九節（現在科學出版社的《進化論與倫理學》中譯本只分為七節）。嚴復的《天演論》可以說是《進化論與倫理學》的節譯和意譯（不譯的段落《導論》部分有四節，《講演》部分有十一節），每節分譯文和按語兩部分。卷上導言共十八篇，卷下論十七篇。在譯文的結構上，嚴復做了很大的改造；譯文內容也與原文有很大出入，嚴復或增加文字以表達自己的思想，或取中國典故以迎合中國讀者的口味。按語則全為嚴復自己的文字。嚴復自稱：「譯文取明深義，故詞句之間，時有所顛到附益，不斤斤於字比句次，而意義則不倍本文。題曰達恉，不云筆譯，取便發揮，實非正法。」[14]馮友蘭先生則說：「嚴復翻譯《天演論》，其實並不是翻譯，而是根據原書的意思重寫一過。

13　參見孫應祥：《〈天演論〉版本考異》，收入黃瑞霖主編：《中國近代啟蒙思想家—嚴復誕辰150周年紀念論文集》，第320頁。
14　《天演論・譯例言》，《嚴復集》第5冊，第1321頁。

文字的詳略輕重之間大有不同，而且嚴復還有他自己的按語，發揮他自己的看法。所以嚴復的《天演論》，並不就是赫胥黎的《進化論和倫理》。」[15]
俞政將嚴復意譯的《天演論》與1971年科學出版社出版直譯的《進化論與倫理學》比較對照，《天演論》的意譯的具體情形可分為：一、基本相符的意譯，二、大體相符的意譯，三、大略相符的意譯，四、根據赫氏大意自撰文字，五、添加詞句，六、展開和發揮，七、換例，八、精譯，九、簡譯，十、不譯，十一、漏譯，十二、曲譯，十三、篡改。[16]這是目前對《天演論》翻譯情形所作的最具體、最詳細的分析，儘管它並不是與原作進行直接對照，但所依比較版本是可靠的直譯本，故其結論可以說是比較準確的。經過嚴復的創造性翻譯工作，譯著與原著發出的資訊出現了較大的變化。在內容上，赫胥黎對人類社會與生物界的區隔和對強調人類社會的倫理觀的一面被忽略了，「物競天擇，適者生存」這一生物進化原則被作為普遍原理適用於人類社會，可以說譯著實際上對原著作了根本性的顛覆。在風格上，薩鎮冰批評嚴復說：「《天演論》作者赫胥黎寫文章和作報告，有科學家所應持的態度。他明白一切科學上的假設都需要進一步證實和不斷補充修正，所以他的口氣絕不是武斷的，這樣，反而具有說服力。嚴先生的譯筆有板起面孔陳述教義的味道，勢欲強加於人，無異反赫胥黎的行文方式而變得相當嚴肅。赫胥黎的文稿原來是在大學做的報告，用的是演講的體裁，話起話落，節奏自然成章。嚴先生愛用的是古文家紙上的筆調。」[17]

15　馮友蘭：《從赫胥黎到嚴復》，收入商務印書館編輯部編：《論嚴復與嚴譯名著》，北京：商務印書館，1982年6月版，第101頁。
16　俞政：《嚴復著譯研究》，蘇州：蘇州大學出版社，2003年5月版，第21—63頁。
17　戴鎦齡：《薩鎮冰談嚴復的翻譯》，載《翻譯通訊》1985年第6期。

二、在赫胥黎與斯賓塞之間

在評析《天演論》時，研究者們最為關注的首要問題是：嚴復為什麼要翻譯《天演論》？他翻譯此著想要向世人傳達的資訊到底是什麼？這是一直為人們所爭論的問題。作為一部西方學術著作，赫胥黎原作的意旨應該說是非常明確，涉及西學的問題亦不少，但因嚴復在翻譯過程中所作的調整和所加按語，使原作與譯作的意義產生了差異，其中嚴復翻譯的赫胥黎的《天演論》與他在按語中同時介紹的斯賓塞的「社會達爾文主義」之間的關係，是研究者們討論《天演論》時最關切的問題。

史華茲認為：「《進化論與倫理學》一書為嚴復介紹他所理解的斯賓塞的進化論哲學提供了一個出發點，而赫胥黎則幾乎成了斯賓塞的一個陪襯角色。在探討過程中，嚴復自己所作的宗教的、形而上學的和倫理的按語已使這一點很明確了。最重要的是，正是在《天演論》中，他十分清楚地表達了自己的社會達爾文主義和它所包含的倫理的深深信仰。他清醒地知道這一倫理暗示了在中國將有一場觀念的革命，現在他的注意力之所向正是這場革命。」[18]史氏的這一觀點遭到了汪榮祖先生的反駁，汪認為：「嚴氏固然不完全贊同赫說，亦非全盤否定，自非只因其簡短而譯之。」「我們不必視嚴氏按語盡是在發表他本人的意見，引入按語，不僅訂正赫說，而且補充說明，以獲致他認為較為平衡的觀點。」「我們實在無須採取非楊即墨的觀點，把嚴氏定位於斯賓塞。嚴復一心要把他所理解的天演論說清楚，是十分顯而易見的，實在沒有必要囿於一家之說，吳汝綸序言中所謂『天行人治，同歸天演』，實已道出譯者匯合赫、斯二說的微意。」[19]近又有論者提出新見，以為「Evolution and Ethics 絕不是講解生物

18　（美）本傑明‧史華茲著、葉美鳳譯：《尋求富強：嚴復與西方》，第104頁。
19　汪榮祖：《嚴復的翻譯》，收入氏著《從傳統中求變》，南昌：百花洲文藝出版

進化論的科普讀物，而是提倡美德、調和人際關係的倫理學著作。儘管書中列舉了不少生物界的事例，但它們只是一些通俗的比方，是為了讓讀者容易理解並接受自己的社會倫理思想。由此推論，嚴復之所以翻譯赫胥黎的著作而不去翻譯達爾文的《物種起源》，其用意就是為了引進這種新型的倫理思想。只是由於赫胥黎的社會倫理思想建立在進化論的基礎之上，因此在引進這種倫理思想的同時，必然要做普及進化論的工作」。[20]

細讀《天演論》，提到斯賓塞名者有《自序》，正文中有導言一（此處為嚴復所加），按語中有卷上導言一、二、五、十三、十四、十五、十七、十八，卷下有論五、十五等處。直接提到赫胥黎名者有《自序》，按語中有卷上導言一、三、四、五、十二、十三、十四、十五、十六、十七、十八，卷下有論一、九、十三、十五、十六等處。應當說明的是，書中其他處雖未提及赫氏之名，實為討論《天演論》本身者則幾乎貫穿全書的按語。而涉及比較斯、赫兩氏學說的地方有《自序》，按語中有卷上導言五、十三、十四、十五、十七、十八，卷下中的論十五等處。從赫胥黎、斯賓塞的名字出現在《天演論》中的頻率之高，可見對他倆的思想評介確是嚴復譯著此書的重點所在。這裡我們試將《天演論》中涉及赫胥黎、斯賓塞的文字分作三類處理。

第一類是嚴復讚揚斯賓塞的文字：

> 有斯賓塞爾者，以天演自然言化，著書造論，貫天地人而一理之，此亦晚近之絕作也。其為天演界說曰：「翕以合質，辟以出力，始簡易而終雜糅。」（《自序》）

社，2002年4月出版，第148—149頁。

20　俞政：《嚴復著譯研究》，蘇州：蘇州大學出版社，2003年5月版，第1—2頁。

斯賓塞爾者，與達同時，亦本天演著《天人會通論》，舉天、地、人、形氣、心性、動植之事而一貫之，其說尤為精闢宏富。其第一書開宗明義，集格致之大成，以發明天演之旨；第二書以天演言生學；第三書以天演言性靈；第四書以天演言群理；最後第五書，乃考道德之本源，明政教之條貫，而以保種進化之公例要術終焉。嗚呼！歐洲自有生民以來，無此作也。斯賓氏迄今尚存，年七十有六矣。其全書於客歲始蕆事，所謂體大思精，殫畢生之力者也。（《導言一 察變》按語）

天演之義，所苞如此，斯賓塞氏至推之農商工兵、語言文學之間，皆可以天演明其消息所以然之故。苟善悟者深思而自得之，亦一樂也。（《導言二 廣義》按語）

人道始群之際，其理至為要妙。群學家言之最晰者，有斯賓塞氏之《群誼篇》，拍捷特《格致治平相關論》二書，皆余所已譯者。（《導言十三 制私》按語）

斯賓塞爾著天演公例，謂教、學二宗，皆以不可思議為起點，即竺乾所謂不二法門者也。其言至為奧博，可與前論參觀。（《論五 天刑》按語）

第二類是嚴復讚揚赫胥黎的文字：

赫胥黎氏此書之恉，本以救斯賓塞任天為治之末流，其中所論，與吾古人有甚合者。且于自強保種之事，反覆三致意焉。（《自序》）

本篇有雲：物不假人力而自生，便為其地最宜之種。此說固

也。然不知分別觀之則誤人，是不可以不論也。赫胥黎氏於此所指為最宜者，僅就本土所前有諸種中，標其最宜耳。如是而言，其說自不可易，何則？非最宜不能獨存獨盛故也。（《導言四　人為》按語）

此篇所論，如「聖人知治人之人，賦于治於人者也」以下十餘語最精闢。（《導言八　烏托邦》按語）

至於種胤之事，其理至為奧博難窮，誠有如赫胥氏之說者。（《導言十六　進微》按語）

赫胥黎氏是篇，所謂去其所傳者，最為有國者所難能。能則其國無不強，其群無不進者。（《導言十七　善群》按語）

此篇及前篇所詮觀物之理，最為精微。（《論九　真幻》按語）

此篇之說，與宋儒之言性同。……赫胥黎氏以理屬人治，以氣屬天行，此亦自顯諸用者言之。若自本體而言，亦不能外天而言理也，與宋儒言性諸說參觀可矣。（《論十三　論性》按語）

第三類是嚴復比較赫、斯二氏的文字：

於上二篇，斯賓塞、赫胥黎二家言治之殊，可以見矣。斯賓塞之言治也，大旨存于任天，而人事為之輔，猶黃老之明自然，而不忘在宥是已。赫胥黎氏他所著錄，亦什九主任天之說者，獨於此書，非之如此，蓋為持前說而過者設也。（《導言五　互爭》按語）

赫胥黎保群之論，可謂辨矣。然其謂群道由人心善相感而

立，則有倒果為因之病，又不可不知也。……赫胥黎執其末以齊其本，此其言群理，所以不若斯賓塞氏之密也。且以感通為人道之本，其說發于計學家亞丹斯密，亦非赫胥黎氏所獨標之新理也。(《導言十三 制私》按語)

赫胥黎氏之為此言，意欲明保群自存之道，不宜盡去自營也。然而其義隘矣。且其所舉泰東西建言，皆非群學太平最大公例也。太平公例曰：「人得自由，而以他人之自由為界。用此則無前弊矣。斯賓塞《群誼》一篇，為釋此例而作也。」(《導言十四 恕敗》按語)

赫胥黎氏是書大指，以物競為亂源，而人治終窮於過庶。此其持論，所以與斯賓塞氏大相徑庭，而謂太平為無是物也。斯賓塞則謂事遲速不可知，而人道必成於郅治。……斯賓塞之言如此。自其說出，論化之士十八九宗之。計學家柏捷特著《格致治平相關論》，多取其說。夫種下者多子而子夭，種貴者少子而子壽，此天演公例。自草木蟲魚，以至人類，所隨地可察者，斯賓氏之說，豈不然哉！(《導言十五 最旨》按語)

有國者安危利菑則亦已耳，誠欲自存，赫、斯二氏之言，殆無以易也。赫所謂去其所傳，與斯所謂功食相准者，言有正負之殊，而其理則一而已矣。(《導言十七 善群》按語)

則赫胥氏是篇所稱屈己為群為無可樂，而其效之美，不止可樂之語，於理荒矣。且語不知可樂之外，所謂美者果何狀也。然其謂郅治如遠切線，可近不可交，則至精之譬。又謂世間不能有善無惡，有樂無憂，二語亦無以易。……曰：然則郅治極休，如斯賓塞所云云者，固無可乎？曰：難言也。大抵宇宙究竟，與

其元始，同於不可思議。（《導言十八 新反》按語）

　　通觀前後論十七篇，此為最下。蓋意求勝斯賓塞，遂未嘗深考斯賓塞氏之所據耳。夫斯賓塞所謂民群任天演之自然，則必日進善，不日趨惡，而郅治必有時而臻者，其豎義至堅，殆難破也。（《論十五 演惡》按語）

　　從上述所列嚴復在按語中對赫胥黎、斯賓塞的評價和對他倆的比較中，我們可以看出：在第一類文字中，嚴復讚揚斯賓塞的「貫天地人而一理之」的天演論，推崇他的群學，這是他繼而翻譯斯賓塞的《群學肄言》的主要動機；在第二類文字中，嚴復準確地把握到《天演論》的精意在於「救斯賓塞任天為治之末流」，對於赫氏的「兩害相權，己輕群重」或「群己並重，則舍己為群」的「善群」思想推崇備至；在第三類文字中，嚴復一方面試圖拉近赫、斯兩人的思想差距，指出兩人均有「任天而治」的思想，赫胥黎在《進化論與倫理學》一書中之所以特別強調「人治」，是「蓋為持前說而過者設也」，一方面也點出赫、斯兩人的思想區別所在，在這種情形中，嚴復確實也表現了對斯賓塞思想的偏好，對其「所謂民群任天演之自然」的理論尤確信不疑，但嚴復的這種「偏好」應視為他對赫胥黎思想的補正，而不是推翻。史華茲先生以為「說《天演論》是將赫胥黎原著和嚴復為反赫胥黎而對斯賓塞主要觀點進行的闡述相結合的意譯本，是一點也不過分的」這一結論[21]，顯然有誇大嚴復偏向斯賓塞之嫌，只要看一看嚴復對赫胥黎的讚揚和細細體味一下他比較赫、斯兩氏的思想，就不難理解這一點。當然，如要全面理解嚴復對斯賓塞思想的把握，則僅取

21　（美）本傑明・史華茲著、葉美鳳譯：《尋求富強：嚴復與西方》，第96頁。

《天演論》顯然是不夠的，還應聯繫嚴復其他的論著（如《原強》）和譯作（如《群學肄言》），這非本文討論的範圍，在此不作贅述。[22]

三、《天演論》與嚴復的維新思想

《天演論》的轟動效應，很大程度上來自於他把赫胥黎、斯賓塞等人的理論與中國的現實結合起來，或者說，嚴復對赫、斯兩氏理論的譯述，使國人產生對自己境遇的聯想，並迸發出自強、維新的思想。從這個意義上說，《天演論》與其說是嚴復翻譯的西方學術著作，不如說是他為維新運動鍛造的思想利器，它的現實意義遠遠高於它的學術意義，事實上受到這部書感染的國人大都未必能真正理解赫胥黎與斯賓塞之間的理論差異，但他們為書中所使用的「天演」、「物競」、「天擇」、「進化」、「保種」等詞語所震撼，這些在同時代人的回憶中可以找到印證。

吳汝綸作為《天演論》的第一讀者，最早敏感地覺察到《天演論》對中國自強的現實功用。1896年8月26日他致信嚴復道：「尊譯《天演論》，計已脫稿，所示外國格致家謂順乎天演，則郅治終成。赫胥黎又謂不講治功，則人道不立，此其資益于自強之治者，誠深誠邃。」[23]1897年3月9日他再次致信嚴復，對嚴復的用心表示「欽佩」，「抑執事之譯此書，蓋傷吾土之不競，懼炎黃數千年之種族，將遂無以自存，而惕惕焉欲進之以人治也。本執事忠憤所發，特借赫胥黎之書，用為主文譎諫之資而已」。[24]

---

22 有關嚴復與斯賓塞思想的關係的研究，參見蔡樂蘇：《嚴復啟蒙思想與斯賓塞》，收入劉桂生、林啟彥、王憲明編：《嚴復思想新論》，北京：清華大學出版社，1999年12月版，第287—314頁。
23 《吳汝綸致嚴復》（一），〈嚴復集〉第5冊，第1560頁。
24 《吳汝綸致嚴復》（二），《嚴復集》第5冊，第1560頁。

吳氏「手錄副本，秘之枕中」。[25]《天演論》正式出版時，吳氏在序中稱：「今議者謂西人之學，多吾所未聞，欲淪民智，莫善於譯書。」「抑嚴子之譯是書，不惟自傳其文而已，蓋謂赫胥黎氏以人持天，以人治之日新，衛其種族之說，其義富，其辭危，使讀焉者怵焉知變，于國論殆有助乎？是旨也，予又惑焉。」[26]如此反覆地說明《天演論》對中國「自強」、「保種」的指導作用，可見吳汝綸對它的現實功用的高度重視。

如果我們將赫胥黎的原作與嚴復的譯作加以對比，可以發現閱讀原作本身很難與中國的現實聯繫起來，但是經過嚴復的迻譯和按語（其實是闡釋和發揮），確有了截然不同的效果，《天演論》彷彿變成了一部指導中國現實改革的理論著作。嚴復究竟在哪些方面做了改造，使之產生了這樣讓國人心靈感到呼應的效果？

首先，嚴復所加適合中國讀者口味的標題，對是書的宗旨作了新的誘導。如卷上的「察變」、「趨異」、「人為」、「互爭」、「人擇」、「善敗」、「汰蕃」、「擇難」、「制私」、「恕敗」、「進微」、「善群」、「新反」，卷下的「能實」、「憂患」、「教源」、「嚴意」、「天刑」、「佛釋」、「種業」、「佛法」、「學派」、「天難」、「論性」、「矯性」、「演惡」、「群治」、「進化」諸篇篇名，乍一看這些標題，彷彿它們都是討論一些與中國現實有關的話題，其實這些新加的篇名，完全是嚴復據自己對原文的理解所做的歸納，有些篇名甚至是對原作的結構做了調整後所做的新歸納。

其次，嚴復在翻譯過程中，考慮到中國讀者的閱讀、接受習慣，對原

25　現存吳汝綸所錄副本，參見《桐城吳先生日記》（上），石家莊：河北教育出版社，1999年12月版，第475—512頁。據編者按語「此編較之原本刪節過半，亦頗有更定，非僅錄副也」。
26　吳汝綸：《天演論》序，收入《天演論》(嚴譯名著叢刊)，北京：商務印書館，1981年10月版，頁vii。

作的內容或有所增加，或有所減少，或有所捨棄，或有所改寫，使之強化和突顯嚴復所欲表達的立意。如《導言一　察變》中的結尾處所加「斯賓塞爾曰：『天擇者，存其最宜者也。』夫物既爭存矣，而天又從其爭之後而擇之，一爭一擇，而變化之事出矣」。這段話為嚴復所加，意在點明「物競天擇」之理，這也是全書的宗旨所在。又如《導言八　烏托邦》中的「故欲郅治之隆，必於民力、民智、民德三者之中，求其本也。故又為之學校庠序焉。學校庠序之制善，而後智仁勇之民興，智仁勇之民興，而有以為群力群策之資，而後其國乃一富而不可貧，一強而不可弱也。嗟夫！治國至於如是，是亦足矣」[27]一段，亦非原作所有，而是嚴復「借」赫胥黎的口發出自己的改革呼喊，它與嚴復在此前發表的《原強》一文所表達的「鼓民力，開民智，新民德」，強調發展教育的維新思想如出一轍，是嚴復認定的拯救中國之路。

　　赫胥黎的《進化論與倫理學》原作中並沒有中國人名、地名，更沒有引證中國典故，但嚴復在翻譯時，卻改變原文採用中文典故和中國人名、地名表達，以增加《天演論》的可讀性。如卷上《察變第一》篇中「即假吾人彭、聃之壽，而亦由暫觀久，潛移弗知」，此處的彭、聃，即彭祖、老聃，相傳為中國古代的長壽者。卷上《制私第十三》篇中「李將軍必取霸陵尉而殺之，可謂過矣。然以飛將威名，二千石之重，尉何物，乃以等閒視之？」此處的李廣為漢武帝時抗擊匈奴的名將。卷下《能實第一》篇中「又如江流然，始濫觴於昆侖，出梁、益，下荊、揚」，這裡的昆侖山為中國名山，梁、益、荊、揚則為中國古代地名。為了尋求與英文對應的中文概念，嚴復可謂煞費苦心，如selection（天擇）、evolution（天演）、

27　《天演論・導言八 烏托邦》，《天演論》（嚴譯名著叢刊），第21—22頁。

state of nature of the world of plants（天運）、the state of nature（當境之適遇）、obvious change（革）等，這些都是頗具創意的譯文。嚴復自謂：「他如物競、天擇、儲能、效實諸名，皆由我始。」[28]

再次，嚴復以按語的形式，加入了自己的思想闡釋或對原作的補充，為讀者沿著他指引的思想方向留下了廣闊的空間。《進化論與倫理學》原作本是赫胥黎闡述達爾文的進化論學說和自己的倫理學之間關係的一部著作。但嚴復翻譯該著時，加進了大量的按語（《天演論》卷上18篇，卷下17篇，共35篇。嚴復為其中29篇寫了按語，其中有4篇按語與正文篇幅約略相當，有5篇按語的篇幅超過正文），新加按語大大豐富了全書的內容，更便於中文讀者對原作的理解。嚴復的按語就其內容來說，主要包括三個方面的內容。一是如前所述，借按語介紹斯賓塞的思想理論，並以之與赫胥黎的理論進行對比，使讀者對達爾文主義的兩支—赫胥黎與斯賓塞的思想理論，有比較清晰的瞭解。二是在按語中介紹與正文內容相關的西學背景知識，包括一些人物、地名的注釋，如在卷上《趨異第三》篇的按語中介紹瑪律達（即馬爾薩斯）的經濟學說，在卷下《教源第三》篇中提到古代希臘哲學家德黎（即泰勒斯，前624—前547年）、亞諾芝曼德（即阿那克西曼德，前611—前547年）、芝諾芬尼（即色諾芬尼，前565—前473年）、巴彌匿智（即巴門尼德，約前6世紀末—前5世紀中）、般剌密謗（約前500年—？）、安那薩可拉（即阿那克薩哥拉，前500—前428年）、德摩頡利圖（即德謨克裡特，前460—前370年）、蘇格拉第（即蘇格拉底，前469—前399年）、亞裡斯大德（即亞里斯多德，前384—前322年）、阿塞西烈（即阿塞西勞斯，前315—前241年）等，在卷下《真幻第九》篇

28　《天演論‧譯例言》，《天演論》（嚴譯名著叢刊），頁xii。

中介紹法國哲學家特嘉爾（即笛卡爾，1596—1650年）等，以增進中文讀者對原作的理解。三是與中學、中國的現實結合起來，借題發揮自己的見解，以使中國讀者從《天演論》感受到嚴復本人的思想見解。故對這類按語的解讀，也有助於理解嚴復的維新思想。

在按語中，嚴復多次將西方學理與中土學術聯繫起來加以比較，如把斯賓塞的「大旨存于任天，而人事為之輔」的思想比附為「黃老之明自然」，[29]以為赫胥黎的「以理屬人治，以氣屬天行」與宋儒言性之說相同，[30]把先秦的孔、墨、老、莊、孟、荀諸子與古代希臘的「諸智」相對應，[31]把卷下《天刑第五》篇與《易傳》、《老子》作「同一理解」。[32]凡此例證，說明嚴復有會通中西、中西互釋的意向。應當說明的是，嚴復這種將西方學理納入中土學術的框架來處理，並不符合赫胥黎、斯賓塞的原意，甚至有傷原作的本意，但在國人缺乏西學知識的背景下，有助於中國士人對《天演論》的理解。

為喚醒國人，刺激國人麻木的心靈，《天演論》中的按語多處表現了嚴復「保種」救亡的憂患意識。如以墨（美）、澳兩洲「土人日益蕭條」的事實，向國人發出強烈的呼籲，「此洞識知微之士，所為驚心動魄，于保群進化之圖，而知徒高睨大談于夷夏軒輊之間者，為深無益於事實也」。[33]以美、澳土著「歲有耗減」的慘痛結果提醒國人不要再做「決決大國」的美夢，「區區人滿，烏足恃也哉！烏足恃也哉！」[34]感歎「中國廿餘口之租界，英人處其中者，多不愈千，少不及百，而制度厘然，隱若

29　參見《天演論・導言五 互爭》按語，《天演論》（嚴譯名著叢刊），第16頁。
30　參見《天演論・論十三 論性》按語，《天演論》（嚴譯名著叢刊），第85頁。
31　參見《天演論・論三 教源》按語，《天演論》（嚴譯名著叢刊），第55頁。
32　參見《天演論・論五 天刑》按語，《天演論》（嚴譯名著叢刊），第61頁。
33　《天演論・導言三 趨異》按語，《天演論》（嚴譯名著叢刊），第12頁。
34　《天演論・導言四 人為》按語，《天演論》（嚴譯名著叢刊），第14頁。

敵國然」，而「吾閩粵民走南洋非洲者，所在以億計，然終不免為人臧獲，被驅斥也。悲夫！」[35]從古代印度、希臘和近代歐洲的「風教」與「國種盛衰」中，嚴復看到當時的世界「若僅以教化而論，則歐洲、中國優劣尚未易言。然彼其民，好然諾，貴信果，重少輕老，喜壯健無所屈服之風。即東海之倭，亦輕生尚勇，死黨好名，與震旦之名大有異。嗚呼！隱憂之大，可勝言哉！」[36]諸如此類的事例，生動、具體地說明瞭「物競天擇，適者生存」的進化原則。

嚴復在翻譯和按語中所做的「中國化」工作，大大加強了譯作的現實感，在經歷了中日甲午戰敗的巨大創痛之後，《天演論》所傳輸的「物競天擇，適者生存」的原則對中國讀者的衝擊作用，是不言而喻的，許多讀者閱讀該書時不知不覺地產生共鳴，順其思路思考民族和國家的前途，或投身維新熱潮，或走上革命之路，一場波瀾壯闊的變法維新運動終於在這裡找到了自己最有力的理論依據。

四、對《天演論》譯文的評價

近代以來，西學流入中土，如何在語言上解決譯介西學的問題？這是中國士人頗為頭痛的一道難題。西學的新名詞甚多，中文不易找到對應的語詞；西文在句法結構上與中文有明顯出入，中文表達有一定難度；西文詞義多歧，中文難以反映西文詞義的內涵。傅蘭雅在《江南製造總局翻譯西書事略》對這一問題有所探討。[37]

嚴復當時覺察到這些問題，在《譯例言》中他備舉譯事之難，「西文

---

35 《天演論·導言七 善敗》按語，《天演論》（嚴譯名著叢刊），第20頁。
36 《天演論·論十四 矯性第》按語，《天演論》（嚴譯名著叢刊），第87頁。
37 參見傅蘭雅：《江南製造總局翻譯西書事略》，收入黎難秋主編：《中國科學翻譯史料》，合肥：中國科技大學出版社，1996年9月版，第417—420頁。

句中名物字，多隨舉隨釋，如中文之旁支，後乃遙接前文，足意成句。故西文句法，少者二三字，多者數十百言。假令仿此為譯，則恐必不可通，而刪削取徑，又恐意義有漏。此在譯者將全文神理，融會於心，則下筆抒詞，自然互備。至原文詞理本深，難於共喻，則當前後引襯，以顯其意。凡此經營，皆以為達，為達即所以為信也」。[38]嚴復表達了一種既反對「直譯」又不贊成「節譯」，而提倡「達譯」的理由。「新理踵出，名目繁多，索之中文，渺不可得，即有牽合，終嫌參差，譯事遇此，獨有自具衡量，即義定名。」嚴復以Prolegomena為例，他先譯「卮言」，夏曾佑據內典改譯為「懸談」，嚴復最後定為「導言」。「一名之立，旬月踟躕。我罪我知，是存明哲。」[39]嚴復在譯書文字上，取先秦諸子散文為模範，是為「雅」。在桐城派佔據文壇統治地位的當時，嚴復的譯筆風格顯示了他與桐城派文學取向的一致，這顯然有助於《天演論》取得高級士大夫群體的承認。

《天演論》的成功，尤其是得到士人的激賞，在於嚴復使用了當時的古典漢語（即先秦古文）來譯介西方經典。吳汝綸在序中即肯定，「自吾國之譯西書，未有能及嚴子者也」；「文如幾道，可與言譯書矣」；「嚴子一文之，而其書乃駸駸與晚周諸子相上下」，[40]對嚴譯的語言功底給予了高度評價。以吳氏在晚清文壇的地位，在序中作如此隆重的推許，對《天演論》的流傳和嚴復聲名的傳揚，自然會產生極大的作用。

《天演論》問世以後，在中國知識界圍繞《天演論》的評論著重於其翻譯方式和譯文的正誤，眾多名家各抒其見。

38　《天演論・譯例言》，收入《嚴復集》第5冊，第1321頁。
39　《天演論・譯例言》，收入《嚴復集》第5冊，第1322頁。
40　吳汝綸：《天演論》序，收入《嚴復集》第5冊，第1317—1318頁。

吳汝綸是《天演論》的作序者，他一方面讚揚該著：「匪直天演之學，在中國為初鑿鴻蒙，亦緣自來譯手，無似此高文雄筆也。」[41]「文如其道，始可言譯書矣。」[42]表達了對嚴譯文字傾向於古雅一面的「桐城派」文學風格的認同。一方面也委婉地批評「往者釋氏之入中國，中學未衰也，能者筆受，前後相望，顧其文自為一類，不與中國同」。[43]「若以譯赫氏之書為名，則篇中所引古書古事，皆宜以元書所稱西方者為當，似不必改用中國人語。以中事中人，固非赫氏所及知，法宜如晉宋名流所譯佛書，與中儒著述，顯分體制，似為入式。此在大著雖為小節，又已見之例言，然究不若純用元書之為尤美。」[44]對嚴譯《天演論》不分中、西文制式而將二者熔於一爐的做法表示了不同的看法，以為譯西書宜取法古人譯佛經的模式。

梁啟超1897年春致信嚴復說：「南海先生讀大著後，亦謂眼中未見此等人。」[45]但他對嚴譯的古雅風格不以為然，以為「文筆太高，非多讀古書之人，殆難讀解」。[46]梁氏對嚴復的批評，反映了其「夙不喜桐城派古文」的立場。

蔡元培肯定嚴復的西學成就。「五十年來，介紹西洋哲學的，要推侯

41　《吳汝綸致嚴復書》（二），《嚴復集》第5冊，第1560頁。
42　吳汝綸：《天演論》序，《嚴復集》第5冊，第1318頁。
43　吳汝綸：《天演論》序，《嚴復集》第5冊，第1318頁。
44　《吳汝綸致嚴復書》（二），《嚴復集》第5冊，第1560頁。嚴復對吳汝綸的意見似有保留，從他1897年10月15日致吳氏的信中可見一斑：「雖未能悉用晉唐名流翻譯義例，而似較前為優」，嚴復對自己的譯法頗為自信。參見嚴復：《與吳汝綸書（一）》，收入《嚴復集》第3冊，第520頁。
45　梁啟超：《與嚴幼陵先生書》，收入《梁啟超選集》，第42頁。嚴復對梁啟超的批評並不接受，他向梁氏委婉地表示其反對「文界革命」的立場：「僕之于文，非務淵雅也，務其是耳。」「若徒為近俗之辭，以取便市井鄉僻之不學，此于文界，乃所謂陵遲，非革命也。」《與梁啟超書》（二），《嚴復集》第3冊，第516頁。
46　參見胡適：《五十年來中國之文學》，收入《胡適文集》第3冊，第217—218頁。

官嚴復為第一。」「他的譯文，又都是很雅訓，給那時候的學者，都很讀得下去。所以他所譯的書，在今日看起來，或嫌稍舊；他的譯筆，也或者不是普通人所易解。」[47]

胡適早年深受梁啟超、嚴復的思想影響。他評價嚴譯：「嚴復的英文與古中文的程度都很高，他又很用心不肯苟且，故雖用一種死文字，還能勉強做到一個『達』字。他對於譯書的用心與鄭重，真可佩服。」[48]但也承認：「嚴先生的文字太古雅，所以少年人受他的影響沒有梁啟超的影響大。」[49]

魯迅對嚴譯《天演論》則頗有好感，他說：「最好懂的自然是《天演論》，桐城氣息十足，連字的平仄也都留心。搖頭晃腦的讀起來，真是音調鏗鏘，使人不自覺其頭暈。這一點竟感動了桐城派老子吳汝綸，不禁說是『足與周秦諸子相上下』了。」「他的翻譯，實在是漢唐譯經歷史的縮圖。中國之譯佛經，漢末質直，他沒有取法。六朝真是『達』而『雅』了，他的《天演論》的模範就在此。唐則以『信』為主，粗粗一看，簡直是不能懂的，這就彷彿他後來的譯書。」[50]魯迅強調嚴譯《天演論》主要是「達」和「雅」，於「信」較弱。

批評的聲音以傅斯年為最嚴厲，他在評論「五四」以前中國譯界的情形時說：「論到翻譯的書籍，最好的還是幾部從日本轉販進來的科學書，其次便是嚴譯的幾種，最下流的是小說。論到翻譯的文詞，最好的是直譯的筆法，其次便是雖不直譯，也還不大離宗的筆法，又其次便是嚴譯的子

47　蔡元培：《五十年來中國之哲學》，收入中國現代學術經典《蔡元培卷》，石家莊：河北教育出版社，1996年8月版，第329頁。
48　胡適：《五十年來中國之文學》，收入《胡適文集》第3冊，第212頁。
49　胡適《四十自述》，收入《胡適文集》第1冊，第71頁。
50　瞿秋白、魯迅：《關於翻譯的通信》，收入《魯迅全集》第4冊，第380—381頁。

238　嚴復評傳

家八股合調，最下流的是林琴南和他的同調。」「嚴幾道先生譯的書中，《天演論》和《法意》最糟」，「這都是因為他不曾對於原作者負責任，他只對自己負責任」。「嚴先生那種達旨的辦法，實在不可為訓，勢必至於改旨而後已。」[51]傅斯年是「直譯」和用白話文翻譯的極力提倡者，他對嚴譯的批評，實際上是為了貫徹他的這一主張。

瞿秋白對嚴譯也有類似的批評。他致信魯迅說，嚴復「是用一個『雅』字打消了『信』和『達』。最近商務還翻印『嚴譯名著』，我不知道這『是何居心』！這簡直是拿中國的民眾和青年開玩笑。古文的文言怎麼能夠譯得『信』，對於現在的將來的大眾讀者，怎麼能夠『達』！」[52]

賀麟則批評說：「平心而論，嚴氏初期所譯各書如《天演論》(1898)、《法意》(1902)、《穆勒名學》(1902)等書，一則因為他欲力求舊文人看懂，不能多造新名詞，使人費解，故免不了用中國舊觀念譯西洋新科學名詞的毛病；二則恐因他譯術尚未成熟，且無意直譯，只求達旨，故於信字，似略有虧。」[53]

范存忠以為嚴譯《天演論》只能算是「編纂」。他說：嚴復的漢譯在我國發生過啟蒙作用，這是不容否認的，但是他的譯法有問題，上面已經提到過了。這裡舉一個具體的例子，你翻開《天演論》，一開頭就看到這麼幾句：

赫胥黎獨處一室之中，在英倫之南，背山而面野，檻外諸境，歷歷如在幾下。乃懸想二千年前，當羅馬大將凱撒未到時，

51　傅斯年：《譯書感言》，收入歐陽哲生主編：《傅斯年全集》，長沙：湖南教育出版社，2003年9月版，第1卷，第189—190頁。
52　瞿秋白、魯迅：《關於翻譯的通信》，收入《魯迅全集》第4冊，第372頁。
53　賀麟：《嚴復的翻譯》，收入《論嚴復與嚴譯名著》，第34頁。

此間有何景物。計惟有天造草昧，人功未施，其借征人境者，不過幾處荒墳，散見坡陀起伏間。而灌木叢林，蒙茸山麓，未經刪治如今日者，則無疑也。

這段文字，通順、能懂，專讀線裝書的人一定還覺得相當古雅。但是，毫無疑問，這不是翻譯，而是編纂。嚴復的《天演論》，前有導言，後有按語。全書按語29條，除了講解原文主要論點和西方學術發展情況而外，還針對當時中國政情闡述自己的見解。嚴氏自己也說：

　　譯文取明深義，故詞句之間，時有所顛倒附益，不斤斤於字比句次，而意義則不倍本文，題曰達恉，不云筆譯，取便發揮，實非正法。

嚴氏所謂『達旨』，所謂『發揮』，一般理解為意譯，實際上是編纂，完全超出了翻譯的範圍」。[54]

錢鍾書對嚴譯也略加評點：「幾道本乏深湛之思，治西學求卑之無甚高論者，如斯賓塞、穆勒、赫胥黎輩，所譯之書，理不勝詞，斯乃識趣所囿也。」[55]錢先生原有意在寫完《林紓的翻譯》後，有意再作一姊妹篇《嚴復的翻譯》，惜未成文。後雖有汪榮祖先生補作此文，畢竟與錢氏無與焉。

圍繞嚴譯《天演論》的討論，實際上也是對我國翻譯西方經典翻譯標準取向的爭論。首先是關於意譯與直譯這兩者何為優先的問題。嚴復在

54　範存忠：《漫談翻譯》，載《南京大學學報》（哲學社會科學版）1978年第3期。
55　錢鍾書：《談藝錄》，北京：中華書局，1986年10月版，第24頁。

《天演論·譯例言》中提出「信、達、雅」的譯事標準，但他在翻譯《天演論》時明顯以「達、雅」為主，甚至有刻意追求「雅」的傾向，以致有為「達、雅」而傷害「信」的偏弊，所以《天演論》雖歸類為意譯，實則只能以嚴復自己的話來說「達旨」而已。對嚴譯的過於「中化」，吳汝綸已有所不滿，表示翻譯西典宜別立制式，但吳氏對嚴譯的古「雅」傾向仍給予鼓勵。[56]「五四」以後，譯界多以直譯為上，故對嚴譯的這種「達旨」的意譯方式更是批評甚多。嚴復本人在自己的翻譯實踐中，似也感受到自己「達旨」的意譯方式的侷限，中期的譯作如《原富》等，越來越重視譯文的「信」，幾乎是取直譯的方式，這一點已為論者所注意。[57]其次是關於文言文與白話文譯文語言的選擇何者為宜的問題。嚴復崇信典雅，自信只有古文能得「達、雅」的效果，故其以上古文字為譯文語言。但其譯文因過於「雅訓」，很難為一般青年學子所接受，梁啟超當時即對此有所批評。隨著新文學運動的開展，白話文逐漸為學術界普遍使用，故對嚴譯以古文為「達」的做法更為不滿，嚴譯作品遂成為時代的陳跡，只能作為古

56　1898年3月20日吳汝綸致信嚴復，表明中學「以古為貴」的取向，他說：「鄙意西學以新為貴，中學以古為貴，此兩者判若水火之不相入，其能熔中西為一冶者，獨執事一人而已。」收入《嚴復集》第5冊，第1561頁。1898年4月3日吳汝綸給嚴復的信中更是道明「與其傷潔，毋寧失真」的求「雅」傾向，他說：「歐洲文字，與吾國絕殊，譯之似宜別創體制，如六朝人之譯佛書，其體全是特創。今不但不宜襲用中文，並亦不宜襲用佛書，竊謂以執事雄筆，必可自我作古。又妄意彼書固自有體制，或易見其辭而仍其體似亦可也。不通西文，不敢意定，獨中國諸書無可仿效耳。來示謂行文欲就爾雅，有不可闌入之字，改竄則失真，因仍則傷潔，此誠難事。鄙意與其傷潔，毋寧失真。凡瑣屑不足道之事，不記何傷。若名之為文，而俚俗鄙淺，薦紳所不道，此則昔之知言者無不懸為戒律。」吳汝綸的這兩段意見，為嚴復所接受。

57　賀麟：《嚴復的翻譯》，收入《論嚴復與嚴譯名著》，第34頁。賀氏將嚴復的翻譯分為初、中、後三期，初期譯作為《天演論》、《法意》、《穆勒名學》，中期譯作為《群學肄言》、《群己權界論》、《原富》、《社會通詮》，後期作品為《名學淺說》（1908年）、《中國教育議》（1914年）。魯迅也注意到這一點，他提到嚴復「後來的譯本，看得『信』比『達雅』都重一些。」參見魯迅：《關於翻譯的通信》，收入《魯迅全集》第4冊，第381頁。

董供人們欣賞了。

五、《天演論》的歷史作用評估

嚴復翻譯《天演論》，對自己有不同於一般譯品和翻譯家的要求，表現了超乎尋常的雄心，他既想將這本「新得之學」、「晚出之書」介紹給國人，借此顯示自己超前的思想，又想將西學與中學熔於一爐，把赫胥黎所表達的思想以一種最能為當時高級士大夫所接受的方式表達出來。他既要作一種學理的探討，以《天演論》為中心展現自己淵博的西學學識，又欲借外來的學理來剖析中國的現實和世界的大勢，尋求中國維新、自強之道。他既提出了一種新的翻譯標準，為中國譯界譯介西方學術著作提供一種不同於傳統翻譯佛典的新模式，又逢迎「桐城派」的文學審美趣味，以一種古奧、典雅的譯文進行創作。嚴復翻譯的《天演論》定位如此之高，以至它長久被人們奉為典範，故其在近代中國的諸多方面有著劃時代的意義。

在近代中國，對士人心理產生震撼性效應的第一本西書當是嚴復譯述的赫胥黎的《天演論》。在此書之前，近代譯書事業始於江南製造總局的譯書局和一些來華傳教士，當時的譯書範圍，第一類是宗教書，主要是《聖經》的各種譯本；第二類是自然科學和技術方面的書，時人稱之為「格致」；第三類是歷史、政治、法制方面的書，如《泰西新史攬要》、《萬國公法》等，而文學、哲學社會科學類的書則付諸闕如。對這一現象，胡適的解釋是「當日的中國學者總想西洋的槍炮固然屬害，但文藝哲理自然還不如我們這五千年的文明古國了」。[58]中國人翻譯西方社會科學方面的書當從嚴復的《天演論》始，而翻譯西方文學作品則從林紓始，康有為所

58　胡適：《五十年來中國之文學》，收入《胡適文集》第3冊，第211頁。

謂「譯才並世數嚴林」，說的就是嚴、林兩人在當時譯界的這種地位。

《進化論與倫理學》初版於1893年，增訂本出版於1894年，嚴復的翻譯工作始於1896年，最早的譯作發表於1897年，中譯本與原作的出版時間相差不過二三年，幾乎是同步進行，可以說《天演論》是將西方最新的學術研究成果介紹給國人的創試，從此中西文化學術交流工作在新的平臺上同步進行，改變了以往中譯本作品以陳舊的西方宗教經典（如《聖經》）和較低層次的自然科學作品為主的局面。

《天演論》是嚴復獨立翻譯的中文譯本，也可以說是國人獨立從事翻譯西方學術經典著作的開始。在此之前，譯書方法主要是採取西譯中述的辦法，此辦法如傅蘭雅所述：「必將所欲譯者，西人先熟覽胸中而書理已明，則與華士同譯，乃以西書之義，逐句讀成華語，華士以筆述之；若有難言處，則與華士斟酌何法可明；若華士有不明處，則講明之。譯後，華士將初稿改正潤色，令合于中國文法。」[59]這種中西合作的辦法相對來說有較大的侷限性，它實際上是針對當時外國人不精通中文、中國人不熟諳外文所採取的一種權宜的、便通的翻譯辦法。嚴復以其兼通中、英文之長從事翻譯，對兩種語言的會通之處了然於胸，這是國人在近代翻譯史上的一大突破。

嚴復在《天演論‧譯例言》中提出翻譯的標準為信、達、雅，[60]並躬行實踐，其譯文雖因效法周秦諸子，過於古雅；譯文本身因只求「達旨」，

59　傅蘭雅：《江南製造總局翻譯西書事略》，收入黎難秋主編：《中國科學翻譯史料》，合肥：中國科技大學出版社，1996年9月版，第419頁。

60　據錢鍾書考證，嚴復提出的「信、達、雅」出自佛典的「信、達、嚴（釋為飾，即雅）」。另錢氏也提到周越然在20世紀30年代商務印書館出版的英語讀本中提到嚴復的「信、達、雅」三字訣係受到英人泰勒（Alexander Tytler）《翻譯原理論集》(Essays on the Principlesof Translation ）一書的啟示。參見錢鍾書：《管錐篇》，北京：中華書局，1991年6月版，第3冊，第1101頁。

過於隨意，但畢竟已為中國近代翻譯提出了新的可供操作的規範，而嚴譯所取的意譯方式，實際也在譯界風行一時，成為近代中國繼第一階段「西譯中述」之後第二階段的主要翻譯方式。對此，賀麟曾評價道：「他這三個標準，雖少有人辦到。但影響卻很大。在翻譯西籍史上的意義，尤為重大；因為在他以前，翻譯西書的人都沒有討論到這個問題。嚴復既首先提出三個標準，後來譯書的人，總難免不受他這三個標準支配。」[61]「五四」以後，譯界雖多取直譯方式，對嚴譯所用的古文基本摒棄，對嚴譯的意譯方式多有批評，對直譯意譯的優長亦各有所見，對嚴復提出的信、達、雅標準也意見分歧，但嚴復作為一翻譯典範人物在近代翻譯史上的地位則為人公認。

在19世紀末20世紀初的十多年間，《天演論》可以說是中國最為流行的西學譯著。據曹聚仁回憶：「近二十年中，我讀過的回憶錄，總在五百種以上，他們很少不受赫胥黎《天演論》的影響，那是嚴氏的譯介本。」「如胡適那樣皖南山谷中的孩子，他為什麼以『適』為名，即從《天演論》的『適者生存』而來。孫中山手下大將陳炯明，名『陳競存』，即從《天演論》的『物競天擇，適者生存』一語而來。魯迅說他的世界觀，就是赫胥黎替他開拓出來的。那是從『洋鬼子』一變而為『洋大人』的世代，優勝劣敗的自然律太可怕了。」[62]曹聚仁列舉的胡適、陳炯明、魯迅這三個人都是在20世紀初讀到《天演論》這本書，並受其影響。而比這些人更長的一輩吳汝綸、康有為、梁啟超、張元濟等則是在19世紀末的讀者了。20世紀初，許多新學堂使用吳汝綸刪節的《天演論》作為教科書，[63]其普及

61　賀麟：《嚴復的翻譯》，收入《論嚴復與嚴譯名著》，第32頁。
62　曹聚仁：《中國學術思想史隨筆》，北京：三聯書店，2003年8月版，第371—372頁。
63　參見胡適：《四十自述》，收入《胡適文集》第1冊，第70頁。胡適在上海澄衷

率自然大大延伸了。

　　《天演論》問世以後，暢銷不斷，「海內人士，無不以先睹為快」，飽學碩儒和青年學子爭相追捧，迅即成為影響他們世界觀的思想教科書。最早閱讀《天演論》的讀者，如吳汝綸、康有為、梁啟超、黃遵憲等維新志士都感受到一種雷擊一般的思想震撼。如吳汝綸讀罷《天演論》稿本，即感歎：「雖劉先生之得荊州，不足為喻。比經手錄副本，秘之枕中。蓋自中土翻譯西書以來，無此宏制。匪直天演之學，在中國為初鑿鴻濛，亦緣自來譯手，無似此高文雄筆也。」[64]梁啟超在《天演論》未出版之前，已讀到《天演論》的稿本，亦對是著極為敬佩，傳呈給其師康有為，「南海先生讀大著後，亦謂眼中未見此等人。如穗卿言，傾佩至不可言喻」。[65]可見，《天演論》未出版以前，讀到此稿的維新志士已感悟到它所帶來的衝擊，並將之作為維新變法的依據。《天演論》出版以後，風行於學界士林。黃遵憲奉《天演論》為經典，反覆嚼讀，自謂「《天演論》供養案頭，今三年矣」。[66]1901年在南京礦路學堂就讀的魯迅購到《天演論》，興奮不已，他回憶起當時的情形：

　　　　看新書的風氣便流行起來，我也知道了中國有一部書叫《天演論》，星期日跑到城南去買了來，白紙石印的一厚本，價五百文正。翻開一看，是寫得很好的字，開首便道：

　　　　「赫胥黎獨處一室之中，在英倫之前，背山而面野，檻外諸境，歷歷如在機下。乃懸想二千年前，當羅馬大將凱撒未到時，

　　學堂所閱《天演論》即為教師指定的吳汝綸刪節的讀本。
64　《吳汝綸致嚴復書》，收入王栻編：《嚴復集》第五冊，第1560頁。
65　《梁啟超致嚴復書》，收入王栻編：《嚴復集》第五冊，第1570頁。
66　《黃遵憲致嚴復書》，收入王栻編：《嚴復集》第五冊，第1571頁。

此間有何景物？計惟有天造草昧……」

　　哦！原來世界上竟還有一個赫胥黎坐在書房裡那麼想，而且想得那麼新鮮？一口氣讀下去，「物競」「天擇」也出來了，蘇格拉第、柏拉圖也出來了，斯多噶也出來了。[67]

　　魯迅從此對嚴復崇拜得五體投地，他又將《天演論》贈送給自己的弟弟周作人閱讀。以後，嚴復每出一書，魯迅設法一定買來。[68]「嚴又陵究竟是『做』過赫胥黎《天演論》的，的確與眾不同，是一個19世紀末年中國感覺銳敏的人。」[69]嚴復宣傳的進化論是對青年魯迅影響最大的外來思想理論。無獨有偶，1905年在上海澄衷學堂就讀的胡適經老師推薦，買到了經吳汝綸刪節的嚴復譯本《天演論》，國文教員還以「物競天擇，適者生存，試申其義」為題命學生作文，胡適在《四十自述》中談及《天演論》對自己的影響：

　　　　讀《天演論》，做「物競天擇」的文章，都可以代表那個時代的風氣。

　　《天演論》出版之後，不上幾年，便風行全國，竟做了中學生的讀物了。讀這書的人，很少能瞭解赫胥黎在科學史和思想史上的貢獻。他們能瞭解的只是那「優勝劣敗」的公式在國際政治上的意義。在中國屢次戰敗之後，在庚子辛丑大恥辱之後，這個「優勝劣敗，適者生存」的公式，確

67　《朝花夕拾·瑣記》，收入《魯迅全集》第2卷，北京：人民文學出版社，1981年版，第295—296頁。
68　周作人：《魯迅的青年時代·關於魯迅之二》。
69　《熱風·隨感錄二十五》，收入《魯迅全集》第1卷，北京：人民文學出版社，1981年版，第295頁。

是一種當頭棒喝，給了無數人一種絕大地刺激。幾年之中，這種思想像野火一樣，延燒著許多少年的心和血。「天演」、「物競」、「淘汰」、「天擇」等等術語，都漸漸成了報紙文章的熟語，漸漸成了一班愛國志士的「口頭禪」。還有許多人愛用這種名詞做自己或兒女的名字，陳炯明不是號競存嗎？我有兩個同學，一個叫孫競存，一個叫楊天擇，我自己的名字也是這種風氣底下的紀念品。[70]

辛亥革命時期，革命志士在《民報》上撰文承認：「自嚴氏書出，而物競天擇之理，厘然當于人心，而中國民氣為之一變，即所謂言合群、言排外、言排滿者，固為風潮所激發者多，而嚴氏之功蓋亦匪細。」[71]伴隨《天演論》的風行，進化論成為戊戌運動以後二十多年間最具影響力的西方思潮。

在學術界有一種頗具影響的誤會，即以為嚴譯《天演論》是第一本宣傳達爾文進化論學說的譯著，或者進化論輸入中國，是從嚴復開始。[72]其實在19世紀70年代至1897年《天演論》問世以前，已有多種經由傳教士翻譯的格致書籍中夾雜有進化論的介紹。[73]但《天演論》確是第一本系統介紹進化論並產生巨大社會影響的譯著。自《天演論》問世後，進化論在中國知識界蔚然成為一股具有影響力的思潮，許多人步嚴復的後塵，譯介有關進化論的著作，可以說《天演論》是進化論在中國傳播過程中的一塊里

70　《四十自述·在上海（一）》，收入歐陽哲生編：《胡適文集》第1冊，北京：北京大學出版社，1998年版，第70頁。
71　胡漢民：《述侯官嚴復最近之政見》，載《民報》第二號，1905年。
72　參見王栻：《嚴復與嚴譯名著》，收入《論嚴復與嚴譯名著》，第5頁。
73　這方面的情形參見馬自毅：《進化論在中國的早期傳播與影響—19世紀70年代至1898年》，收入《中國文化研究集刊》第5輯，上海：復旦大學出版社，1987年版。

程碑。「五四」以後，隨著馬克思主義、實驗主義等新的外來思想的流行，進化論思潮的影響力逐漸退潮，《天演論》的讀者群自然隨之也大為縮小，傅斯年、瞿秋白這些「五四」時期崛起的新青年敢於以輕蔑的語氣調侃嚴譯《天演論》，這表明作為思想範本的《天演論》從此退出歷史的舞臺。

最後，對這裡收入的《天演論》、《進化論和倫理學》（Evolution and Ethics）做一簡要說明：《天演論》系按1981年10月商務印書館出版的《天演論》（該版是在1931年商務印書館出版的「嚴譯名著叢刊」基礎上改進）收入；《進化論與倫理學》曾於1971年7月由科學出版社出版，此書由該書翻譯組直譯，只譯了第一、二部分，現據原文將全書的五部分全部譯出；Evolution and Ethics是依1894年倫敦Macmillan and Co出版的Evolution and Ethics and other Essays收入，原作有五部分，現只收前兩部分。之所以將這三種收集在一起，是便於讀者對嚴譯與原作的區別進行比較，以加深讀者對嚴譯《天演論》的理解。

2009年7月7日於北京海澱藍旗營

本文為作者2005年10月30日—31日在天津參加南開大學主辦的「嚴復與天津」國際學術研討會提交的論文，原載《廣東社會科學》2006年第1期。收入（英）赫胥黎著、宋啟林等譯：《進化論與倫理學》，北京：北京大學出版社，2010年12月版。

■ 附錄二　辛亥革命時期嚴復的思想演變及其抉擇

　　進入20世紀以後，中國社會內部急劇醞釀「求變」的浪潮。外有孫中山為代表的革命黨人和康有為為首的保皇黨人，他們在清廷之外開始大張旗鼓地展開活動。內有清朝自身開始宣佈「新政」，將預備立憲提上議事日程。在這二者之間游移的士人學子，他們的政治動向雖受到內外的約制，但他們的動向卻構成風氣轉向的重要因素。特別是在內外兩種力量的搏鬥和較量中，「中間力量」的歸趨常常對時局的變化、走向起著重要的作用。在20世紀初的十年間，這些所謂「中間力量」包括地方士紳、名流、新興的社會階層（如商人、留學生、新型企業主）等，甚至對清朝忠誠度有限的漢族官吏、新軍也可囊括在內。嚴復是這股力量的思想代表，他一方面寄希望變革，但又不願意革命，因此與革命黨人和在海外活動的保皇黨人保持某種程度的關係；一方面對清朝並不抱多大希望，而是盡可能在自己力所能及的範圍內開始拓展新的生存空間，以發展自己的實力。從歷史發展的進程看，社會走向或趨向往往取決於兩頭的抉擇，而社會的平衡度則有賴於中間力量的合作和選擇。「中間力量」與內外兩種力量的互動成為清末新的政治格局的一個特點，也是本文藉以考察嚴復在清末活動的一個新的視角。

一、走出體制外的抉擇

　　1900年6月下旬，八國聯軍攻打天津，盡毀天津機器局和北洋水師學堂，嚴復遂由津轉滬，從此脫離了他在任長達二十五年之久的北洋水師學堂。在戊戌變法失敗後的近兩年間，嚴復雖未被牽連，但心情沉鬱，頗感人事兩茫。離開北洋水師學堂，實際上意味著他擺脫了現有體制對他的約制。

7月26日，嚴復參加了唐才常等人在滬上策劃召開的「中國國會」，並被舉為副會長。「中國國會」的成員成分複雜，意見不一。由容閎起草的對外英文宣言宣佈：

　　　　中國獨立協會（即自立會—引者注），鑒於端王、榮祿、剛毅之頑固守舊，煽動義和拳以敗國，是以決定不認滿洲政府有統治清國之權，將欲更始以謀中國人民及全世界之樂利，端在復起光緒帝，立二十世紀最文明之政治模範，以立憲自由之政治權，與之人民，藉以驅除排外篡奪之妄。凡租界、教堂，以及外人並教會中生命財產，均力為保護，毋或侵害，望我友邦人民，于起事時勿驚惶。[1]

　　這份宣言據說由嚴復「譯成漢文」。「中國國會」所存時間短暫，但它的成立和標榜「以立憲自由之政治權，與之人民」之主張，實際拉開了立憲運動的序幕。

　　1900年7月至8月間，嚴復在上海創辦了中國第一個「名學會」，並自任會長。此後一段時間，嚴復常往「名學會」演講，前往聽講的孫寶瑄在其《忘山廬日記》對此常有記載。[2]

　　1901年5月上旬，嚴復應開平礦務局督辦張翼之邀，赴天津任開平礦務局華部總辦一職。此職雖屬虛銜，實權操諸英人手中，但給嚴復帶來一

1　尚秉和：《辛壬春秋》卷三十三《革命源流》上，北京：中國書店，2010年版，第230頁。
2　參見孫寶瑄：《忘山廬日記》上冊，上海：上海古籍出版社，1983年版，第330—331頁。

筆不菲的收入—每月五百銀元。[3]嚴復在19世紀八九十年代為尋求個人出路，亦曾自謀開礦，沒有成功。現在他得以參與經營中國當時最大的煤礦。[4]任職期間，1904年12月他隨張翼赴倫敦，在英國、法國、瑞士、義大利等地遊覽三個月。這是嚴復繼出國留學後又一次赴歐之行，前後相距近三十年時間，嚴復借此行「重遊英、法兩都，得見兒、媳，差為可樂；至於館事，頗令人悔」。[5]因對張翼之為人深感失望，遂在1905年1月底離開張某，辭去其所任華部總辦一職。3月1日嚴復致信張元濟，告稱：「復此行毫無所得，惟浪費三千余金而已。」「一家十餘口，寄食他鄉，兒女五六，一一皆須教養，此皆非鉅款不辦，真不知如何挪展耳。若自為所能為作想，只有開報、譯書、學堂三事尚可奮其弩末，此事俟抵家時須與榭長從長計議也。」[6]從歐洲歸國後，嚴復遂將其精力主要投入學堂和譯事兩大領域，「開報」之事並未實施。

嚴復離開北洋水師學堂後，其人際關係網不僅沒有縮小，反而擴大，舉凡教育界、出版界、翻譯界、朝野上下及新舊士人圈，嚴復都有廣泛的聯繫。這一方面固然與嚴復個人知名度提高、社會聲望擴大，其活動範圍明顯亦隨之增大有關；另一方面也與新興的社會階層日益活躍的社會活動及相互之間的聯繫、互動加強亦有關聯。嚴復在清末十年間，與從前主要侷促於天津不同，其活動地域擴大到包括北京、上海、安慶、南京等在內

---

3   參見王栻主編：《嚴復集》第3冊，北京：中華書局，1986年1月版，第540、
     546頁。據嚴復《致熊純如函》（未刊稿）語：「復在北，歲入殆近萬金。」其
     在開平礦務局任職實占其收入的一半。在嚴復任職開平礦務局的期間，嚴復另
     在京師大學堂編譯局領取薪水每月300元。其他還有稿費收入，但因盜版甚
     多，版稅收入有限。
4   有關嚴復與開平礦務局的關係，參見皮後鋒：《嚴復大傳》，福州：福建人民出
     版社，2003年10月版，第242—278頁
5   王栻主編：《嚴復集》第3冊，第553頁。
6   王栻主編：《嚴復集》第3冊，第555頁。

的南北大中城市，時南時北，國內國外，奔波不已，真正成為一個集思想與活動、著述與行政於一身的大家。自戊戌變法失敗後，一批具有維新思想的士人被迫出走或憤然離開官場；庚子事變以後，許多地方漢族官員和實力派人士與清朝的關係亦若即若離、漸行漸遠，原有那種對清朝的忠誠關係實已不復存在。清朝政權真正面臨土崩瓦解、分崩離析的危機。

二、在教育轉型中獲取新的權勢

嚴復在清末十年一項引人注目的工作是參與新教育事業的創辦，這是當時許多學人士子樂於參與的一項活動，也是他們極力拓展的變革事業。在1902年5月發表的《與〈外交報〉主人書》一文中，嚴復表達了急切發展新教育的意見：「今日國家詔設之學堂，乃以求其所本無，非以急其所舊有。中國所本無者，西學也，則西學為當務之急明矣。」「今世學者，為西人之政論易，為西人之科學難。政論有驕嚚之風（如自由、平等、民權、壓力、革命皆是），科學多樸茂之意，且其人既不通科學，則其政論必多不根，而於天演消息之微，不能喻也。此未必不為吾國前途之害。故中國此後教育，在在宜著意科學，使學者之心慮沈潛，浸漬於因果實證之間，庶他日學成，有療病起弱之實力，能破舊學之拘攣，而其幹圖新也審，則真中國之幸福矣！」[7]嚴復的這一看法反映了當時具有西學背景的知識份子的意願，實為這些人拓展新教育的思想動力。

嚴復與新教育機構發生關係者主要有：京師大學堂、復旦公學、安徽高等學堂。這些學堂的建設成為一批具有革新傾向的新型知識份子心營目注的所在，也成為他們掌握的新的主要資源。

嚴復與京師大學堂的關係，始於1902年2月被聘任為京師大學堂譯局

7　王栻主編：《嚴復集》第3冊，第562、564、565頁。

總辦。嚴復初因吳汝綸不肯就任京師大學堂總教習一職，自己亦隨其後不肯赴任，3月才同意應聘。對此梁啟超曾有所評論：「回鑾後所辦新政，惟京師大學堂差強人意，自管學以下諸職司，皆稱得人。……總教習吳君摯甫、譯書處總辦嚴君又陵，聞皆力辭。雖然，今日足系中外之望者，只此一局，吾深望兩君稍自貶抑，翻然出山，以副多士之望也。」[8]可見當時海內外士人對吳、嚴期望甚殷。而吳、嚴不肯就任，表現了當時懷負革新之志的士人與清朝的關係由過去的忠誠合作演變為若即若離地保持距離。6月京師大學堂譯書局「開局」，嚴復正式上任，手訂《京師大學堂譯書局章程》。章程分局章、薪俸、領譯合約三項，其中《局章》第一條規定「現在所譯各書，以教科為當務之急，由總譯擇取外國通行本，察譯者學問所長，分派淺深專科，立限付譯」。《薪俸》規定「總譯一員，月薪京平足銀三百兩」。[9]《章程條說》對譯書局的譯書範圍也作了相應規定：「原奏譯書事宜，與兩江、湖廣會同辦理。但外省所譯者，多系東文，今擬即以此門歸其分任，庶京師譯局可以專意西文。間有外省翻譯西文之書，應令於擬譯之先，行知本處，免其重複。」[10]可見，譯書局以譯西文書籍為主。嚴復在譯書局任職達兩年之久，至1904年離職赴滬，他與譯書局的關係實際告一段落。[11]民國元年（1912年），嚴復被袁世凱任命為京師大學堂末任總監督，後京師大學堂改名為北京大學，嚴復遂轉任首

8　《國聞短評‧大學得人》，載《新民叢報》第八號，第65頁，光緒二十八年（1902年）四月十五日。

9　王栻主編：《嚴復集》第1冊，第127、129頁。

10　王栻主編：《嚴復集》第1冊，福州：福建人民出版社，2003年版，第131頁。

11　參見張寄謙：《嚴復與北京大學》，載《近代史研究》1993年第5期。馬勇：《嚴復與京師大學堂》，收入習近平主編：《科學與愛國—嚴復思想新探》，北京：清華大學出版社，2001年11月版，第291—301頁。兩文均認定嚴復離開譯書局約在1904年。陳平原：《遲到了十四年的任命—嚴復與北京大學》，載《開放時代》1998年第3期。

任校長，此為後話。

　　嚴復與復旦公學的關係要追溯至其1905年5月從歐洲訪問歸來以後。他甫抵上海，即與張謇、熊希齡、薩鎮冰、熊元鍔等28位社會名流被聘請為復旦公學校董。此後，他幫助馬相伯創建復旦公學，「共籌新舍」，制訂「本學教授管理法」。嚴復被推薦為總教習，堅辭未就。[12]7月23日《時報》刊登復旦公學啟事：「震旦」更名「復旦」。「本學教授管理法，由嚴幾道、馬相伯兩先生評定，並請校董熊季廉、袁觀瀾兩先生分任管理之責，一切續行刊佈。」一月以後，復旦公學首次招生，由嚴復與馬相伯兩位主持考試，報名者500餘人，僅錄取了50名。9月14日，復旦公學在吳淞正式開學。1906年11月29日復旦諸生致書嚴復懇請為之監督（校長）。而嚴復此時意在辦上海女校，對兼顧兩職頗有疑慮。12月6日他在南京面見兩江總督端方時，當面提及此兩事：「一是復旦公學須得彼提倡，肯助開頭及後此常年經費，吾乃肯為彼中校長；又力勸此老興辦上海女學有完全國粹教育者。此二事渠皆樂從，且雲為費有限，總可出力云云。」[13]嚴復擔任復旦公學監督後，因同時任安徽高等學堂監督，故時常來往於上海、安慶、南京之間。其工作之繁忙可以想像。嚴復致信朱夫人抱怨道：「吾在此間公事應酬極忙，飲食起居諸凡不便，甚以為苦。」[14]擔任復旦公學監督約一年半。1908年4月，嚴復作詩云：「桃李端須著意裁，飽聞強國視人才。而今學校多蛙蛤，憑仗何人與灑灰？」[15]對復旦公學充斥「蛙蛤」之狀頗感灰心，遂生辭意。他上書端方，告以復旦公學現狀，並堅辭監督

12　參見孫應祥：《嚴復年譜》，第236頁。
13　王栻主編：《嚴復集》第3冊，第832頁。
14　王栻主編：《嚴復集》第3冊，第735頁。
15　王栻主編：《嚴復集》第2冊，第366頁。

職，舉夏敬觀自代。[16]

嚴復與安徽高等學堂的關係始於1906年3月，此時恩銘接替誠勳為安徽巡撫，派姚永概赴滬聘請嚴復任安徽高等學堂監督一職，嚴復接受了該職。隨即嚴復到達安慶，並偕姚永概到上海物色教員。4月安徽高等學堂召開歡迎會，歡迎嚴復就職。[17]初到任的嚴復與人談及該學堂的狀況：

高等學堂起，蓋費銀六萬餘兩，雲系新任上海縣某大令所定之圖。雖未遽臻合法，然規模尚巨集敞，講堂、學舍、宿所、餐間亦頗完備其物，則吾始料所不及者也。管理皆由紳士，全省學務處即在其旁，大家尚謹慎將事。或云腐敗之尤，其言過矣。獨至內容功課，實無可言。學生西學程度極淺，此則由無教員之故。經史、國文、輿地種種，雖有人課，但用中文，學生受益，究為至微。……但教員至為難得。頗想自課，又患體力不勝，正不知如何了此債務耳。[18]

嚴復甫上任，即有「恨不能插翅回滬」之念。儘管如此，他還是對該學堂盡其所能大加整頓，包括制定教學計畫，調整教學內容；加強師資隊伍建設，裁汰不稱職的舊教員，聘請新教員；加強校務管理，規範管理機構。[19]經過一番整頓，學堂漸入正軌。嚴復對此不無自豪：「本學堂自經

16　《與端方書》（二），收入王栻主編：《嚴復集》第3冊，第583—584頁。有關嚴復與復旦公學的關係研究，參見張仲民：《嚴復與復旦公學》，載《歷史研究》2009年第2期。
17　參見羅耀九主編：《嚴復年譜新編》，福州：鷺江出版社，2004年2月版，第214、215頁。
18　馬勇整理：《嚴復未刊書信選》，載《近代史資料》總104期，北京：中國社會科學出版社，2002年12月出版，第76—77頁。
19　參見周家華：《嚴復與安徽近代高等教育》，收入李建平主編：《嚴復與中國近

我秋間整頓之後，至今日有起色，學生亦肯用功，毫無風潮，皖人同聲傾服，至今惟恐吾之舍彼而去也。」[20]但好景不長，嚴復請來的教員與當地學生產生矛盾，1907年5月24日，安徽高等學堂學生陳寄密、謝師衡作揭帖三道，聲討嚴復和他聘請的齋長周獻琛及閩籍教員，並藉故煽動罷課。嚴復雖電令學堂，將首事者牌示開除，同時自己亦致電恩銘，表示辭去該校監督職務。6月5日，安徽高等學堂有學生向嚴復投遞「公憤書」，要求他辭職。嚴復遂於當日留下辭職信，離開了安徽高等學堂。[21]關於此次學生風潮及嚴復辭職事，嚴復本人在給其外甥女何紉蘭的信中作了解釋。[22]《直隸教育雜誌》丁未年第8期所載《嚴幾道先生辭安慶高等學堂監督意見書》更是將其在安徽高等學堂的苦衷和盤托出。[23]

嚴復參與清末教育改革的另一舉動是參與回國留學生的考試，擔任考官。第一屆遊學畢業生考試于1906年10月14日舉行，由外部侍郎唐紹儀為總裁，嚴復與詹天佑、魏翰等為同考官，嚴復實主其事。此次試畢，清朝賜留學生陳錦濤、顏惠慶等31人為進士、舉人出身。[24]1907年7月3—5日嚴復應兩江總督端方之約，在江寧提學使司衙門主持甯、蘇、皖、贛官費留美學生考試。[25]考畢，他對新教育推行難見成效頗感悲歎：「程度及格者不過五六人，其餘雖送出洋，不能入大學堂肄業也。至於女生十余人中竟無一人可及半格，三名之闕不知如何取補。人才難得如此。江、皖、贛

代社會》，福州：海風出版社，2006年版，第185—191頁。

20　王栻主編：《嚴復集》第3冊，第736頁。
21　參見羅耀九主編：《嚴復年譜新編》，第240、242頁。
22　參見王栻主編：《嚴復集》第3冊，第835—836頁。
23　收入孫應祥、皮後鋒：《嚴復集補編》，福州：福建人民出版社，2004年7月版，第89—95頁。
24　朱壽朋編：《光緒朝東華錄》，北京：中華書局，1958年版，第5575頁。
25　有關考試情形，參見《考試選美留學生》，載《神州日報》1907年7月5日。又見王栻主編：《嚴復集》第3冊，第836頁。

三省講求學務六七年，年費不下半兆銀兩，而認真考校時，成效不外如此，何異輦金以投揚子乎，可歎可歎！」[26]1907年10月初第二屆遊學畢業生考試在京舉行，嚴復任同考官。1908年9月下旬，舉行第三屆遊學畢業生考試，此次應考者127名，9月24—26日三天進行考試，嚴復與羅振玉、曹汝霖任同考官。[27]清末與留學生有關的考試中，幾乎都有嚴復的身影，他儼然成了國人心中的西學「形象大使」，以至一些地方大員（如兩江總督端方）對他亦以「賓師之禮」相待，執禮甚恭。

1909年5月，嚴復被學部聘為審定名詞館總纂，11月「開館」，「自此供職三年，直至國體改革，始不視事」。[28]對此工作，嚴復在家信中告知：「我在此間責任頗重，且趕數月成書，故甚忙迫。」[29]「名詞館開辦後，尚為得手，分纂調聘亦無濫竽；惟部中諸老頗欲早觀成效，不得不日夜催趕耳。」[30]可見其對此工作頗為投入。1911年2月28日，他在《普通百科新大辭典》序中稱：「自歐美學科東漸亞陸，其所揚榷而舉似者，不獨名物異古已也，即其理想往往為古人之所無。將欲廢之乎？則於今日之事，必有所之。將欲倡之乎？則其勢且將以蔑古。……今夫名詞者，譯事之權輿也，而亦為之歸宿。」[31]表達了他對審定名詞在中西文化交流中重要性的高度重視。

與此同時，嚴復被派在學部丞參上行走。他當時所擔任的一項重要工作是審定《國民必讀》。據其日記載：1909年12月3日，「看圖書公司所編

26　王栻主編：《嚴復集》第3冊，第837頁。
27　參見劉真主編：王煥琛編著：《留學教育》第2冊，臺北：國立編譯館，1975年版，第808—809頁。
28　嚴璩：《侯官嚴先生年譜》，收入王栻主編：《嚴復集》第5冊，第1550頁。
29　王栻主編：《嚴復集》第3冊，第752頁。
30　王栻主編：《嚴復集》第3冊，第841頁。
31　王栻主編：《嚴復集》第2冊，第276頁。

國文教科書，紕謬百出」。[32]12月12日，「評《國民必讀》」。12月17日，「到部，見嚴、寶兩侍郎，言《國民必讀》事」。12月21日，「嚴、寶兩侍郎以《國民必讀》相托」。[33]以後嚴復日記頻繁地出現有關他與《國民必讀》的記錄。12月24日，「會議《國民必讀》事」。12月27日，「到館，理《國民必讀》」。12月31日，「在家改《國民必讀》，悶損之極」。1910年1月5日，《國民必讀》第二集上卷完」。1月8日，「到館，交《國民必讀》七本」。1月24日，「到部。交《國民必讀》與朗溪」。2月5日，「繳《國民必讀》卷，到部。」可見，為此事，嚴復忙碌了一陣，至1910年2月5日才將《國民必讀》各卷定稿，呈學部審定。

不過，嚴復在學部兼差，薪水似不太高。1908年9月嚴復初到學部，即告家人：「學部系是苦部，薪水恐難從豐，所以與汝商量省費之法，務須體會此意。」[34]1910年9月8日嚴復致信朱夫人訴苦道：「現在學部經費極支拙，吾月薪三百銀恐難敷衍，另行想法，尚無頭路，奈何！」9月12日再次致信提及收入有入不敷出之感：「我薪水不過在京三百兩，江南一百，終久是靠不住的，所以甚見憂煩。處處裁減經費，即會運動亦難，況我不會運動耶！」[35]9月底嚴復又致信毓朗，乞其推薦任遊美學務公所副職，內中也提到自己的收入問題：「前在京，南北洋皆有津貼，略足敷衍，比者因計部裁減一切經費，皆已坐撤，僅剩學部月三百金，一家三十餘口，遂有納履決踵之憂。」[36]在清廷財政日蹙的情勢下，嚴復日感收入困難，以致為稻粱謀，他也不得不憑己之長，伸手要待遇。1911年3月18

32　王栻主編：《嚴復集》第5冊，第1499頁。
33　參見《宣統元年己酉日記》，收入王栻主編：《嚴復集》第5冊，第1500—1501頁。
34　王栻主編：《嚴復集》第3冊，第744頁。
35　王栻主編：《嚴復集》第3冊，第766、767頁。
36　王栻主編：《嚴復集》第3冊，第596頁。

日記載:「下午,到學部丞參堂,領出二月薪水一百兩。」[37]可見,清朝到日暮之際,京官收入也得不到保障,稿費版稅成為嚴復補充收入的重要來源,他常去信商務印書館張元濟,請其開支稿費。

1910年1月17日嚴復與辜鴻銘、詹天佑、伍光建等十九人,被欽賜「文科進士出身」。對於一個曾數度在科場名落孫山的士人來說,這本應是一個慰藉,但在科舉制度廢除,新學堂風氣大開,這一遲到的榮譽似已不值一文,故嚴復毫無欣喜之意,淡然處之。有其當日詩作為證:「自笑衰容異壯夫,歲寒日暮且踟躕。平生獻玉常遭刖,此日聞韶本不圖。」[38]

通過創辦新學堂、參與選拔留學生考試,嚴復實際成為新教育領域的權勢人物。20世紀初的前十年新舊教育交替加速轉型,教育的主導權已漸次落入具有西學背景或傾向新學的一派學人手中。在《論教育與國家之關係》一文中,嚴復回顧了近代教育在中國興起的歷程,他從洋務派奕在京師辦同文館,曾國藩派遣留美學生,左宗棠、李鴻章興辦南北水師學堂談起,慨歎:「然除數公而外,士大夫尚篤守舊學,視前數處學堂,若異類之人,即其中不乏成材,亦不過以代喉舌供奔走而已。」他本人的早期經歷實為這一情形的縮影。甲午戰爭失敗以後,新學堂紛紛興起,「然而行之數年,無慮尚無成效,問其所以,則曰無經費也,又曰無教員也。此中小學堂之通病也。至於高等學堂,則往往具有形式,而無其實功;理化算學諸科,往往用數月速成之教習,勢必虛與委蛇,愒日玩歲,夫人之日時精力,不用於正,必用於邪。功課既松,群居終日,風潮安得以不起乎?此真中國今日學界不可醫之病痛也。鄙見此時學務,所亟求者,宜在普及。欲普及,其程度不得不取其極低,經費亦必為其極廉。而教員必用其

37　王栻主編:《嚴復集》第5冊,第1506頁。
38　王栻主編:《嚴復集》第2冊,第378頁。

最易得者」。[39]新學堂在20世紀初的前幾年裡雖遍地開花，發展甚快，但成效不著，嚴復以為其因在缺乏經費和師資，這一情形在短期內自然不易改變，故嚴復所期望的「教育救國」實在是一條漫長的路。

三、為立憲改革探尋理論

立憲思潮是20世紀初中國新興的重要政治思潮，它不僅構成清末新政的政治理論來源，而且是立憲運動的思想動力。清末立憲運動來勢猛烈，但真正瞭解國外立憲政治制度的人卻寥若晨星，嚴復真正鑽研過世界諸國的立憲政治理論，他是立憲政治的極力鼓吹者，也是立憲運動的政治指導家。

嚴復有關立憲的言論最早見於1900年4月《日本憲法義解》序一文，此書為日本伊藤博文所著的中譯本。嚴復為之作序時指出該書的價值：「而日本維新之規，凡所以體國保國，紀綱四國，經緯萬端者，具於此矣。」「日本之立憲也，伊藤氏之曹，實雜采歐洲諸國所已行者就之，間亦度其國勢民情所能行者以為損益。」嚴復在序中討論了國、民與法的關係：「今夫政學家之言國制也，雖條理萬殊，而一言蔽之，國立所以為民而已。故法之行也，亦必視民而為之高下。方其未至也，即有至美之意，大善之政，苟非其民，法不虛行；及世運之進也，民日以文明矣，昧者欲殉區區數百千人之成勢私利，執其淫束虜使之法，挾天祖之重，出死力保持，求與之終古，勢且橫潰蕩決，不可複收，而其群以散。此為治之家所必消息於二者之間，以行其窮變通久之術，則法可因民而日修，而民亦因法而日化；夫而後法與民交進，上理之治，庶幾可成。而所謂富強之效，

39　王栻主編：《嚴復集》第1冊，第166、169頁。

抑其末已。」[40]

　　嚴復在辛亥革命前的十年大力從事翻譯。其中《群己權界論》、《社會通詮》、《法意》均與其謀求立憲政治相關。《原富》雖為經濟學著作，但與政治也有密切的關係。這反映了嚴復此時對政治的強烈興趣和對立憲改革的強烈嚮往。他以譯述代言，表達他對政治的關切和立憲的意見。

　　在《群己權界論》譯凡例中，嚴復提到「立憲民主」與爭自由之間的關係。「貴族之治，則民權對貴族而爭自繇。專制之治，則民對君上而爭自繇，乃至立憲民主，其所對而爭自繇者，非貴族非君上。貴族君上，于此之時，同束於法制之中，固無從以肆虐。」「穆勒此篇，本為英民說法，故所重者，在小己國群之分界。然其所論，理通他制，使其事宜任小己之自繇，則無間君上貴族社會，皆不得干涉者也。」[41]嚴復翻譯此書，內含提倡「立憲民主」之意。嚴復在《憲法大義》一文中還明確提到他所譯《社會通詮》與「立憲」亦有密切關係：「代議之制，其詳具《社會通詮》中。」[42]

　　《政治講義》系據嚴復於1905年夏天在上海基督教青年會的演講稿整理而成。演講的內容最初在《直隸學務官報》、《政藝通報》、《廣益叢報》、《中外日報》、《日日新聞》等刊發表，1906年交由商務印書館出版。關於該著的性質有兩種看法，傳統的看法以王栻先生主編的《嚴復集》為代表，認定該著為嚴復的專著。[43]新近的看法以戚學民為代表，戚認為該書並非嚴復的撰述，而是根據英國19世紀歷史學家西萊（John.R.Seeley）的《政治學導論》（Introduction to Political Science）一書譯述而成，其性

40　王栻主編：《嚴復集》第1冊，第96頁。
41　王栻主編：《嚴復集》第1冊，第134頁。
42　王栻主編：《嚴復集》第2冊，第242頁。
43　參見王栻主編：《嚴復集》第5冊《著譯部分說明》。

質猶如嚴譯其他名著一樣。本人對這兩種說法均持保留意見，以為將《政治講義》定位為嚴復的專著似不妥，但如確定為嚴復的第九部譯著則亦不可。近代中西文化交流的過程中，由於沒有嚴格確定翻譯和著述的標準，翻譯與著述常常混雜，因而出現了一種不倫不類的文體：不是忠實原著的翻譯，也非原創意義的著作，它介於編譯與編著之間，這是近代中西文化交流中出現的一種特殊著述現象。[44]與嚴譯其他八部名著相比，《政治講義》雖有諸多取自西萊著作的內容和材料，但其著述的成分確實也超出了其他譯作。從文本內容看，其他八部嚴譯名著的正文內容基本上系據原著而譯，嚴復的意見主要是通過按語或夾註的形式來表達，而《政治講義》則無任何按語，全篇皆以演講的形式出現，著譯混雜，因此如將此作遽定為譯作，亦易讓人感到不妥和疑惑。

《政治講義》一著源於嚴復對「立憲」主題的關注，他在該著的開篇之言即對此作了明白交代：

> 不佞近徇青年會駱君之請，謂國家近日將有立憲盛舉，而海上少年，人懷國家思想，于西國政治，所與中國不同者，甚欲聞其真際。不揣寡昧，許自今日為始，分為八會，將平日所聞于師者，略為諸公演說。[45]

內中「將平日所聞于師者」一語，實為交代其所講寓含編譯，有如古代之「假託」。嚴復後來自認「言憲法制度之大體，諸公欲知其源流本

44　羅家倫最先發現嚴復的《政治講義》「譯而兼著」情形，參見羅家倫：《近代中國文學思想的變遷》，載1920年9月1日《新潮》第2卷第5號，第872頁。
45　王栻主編：《嚴復集》第5冊，第1242頁。

末，求之《社會通詮》、《政治講義》二書，十可謂八九」。[46]如是之謂也。

《政治講義》共「八會」，即八講。第一會討論政治的定義、國家的含義。第二會討論政治與歷史的關係、政治學的分類等問題。第三會討論社會與國家進化的三階段：宗法、宗教和國家。第四會討論市府、邦域兩種國家的差異以及邦域國家的由來。第五、六會著重討論「政會自由」。第七會討論「國民以眾治寡之制」，即民主制。第八會討論專制與立憲之區別，並提出「政治要例」十二條。全著除了討論政治學的一般原理，如政治的定義、國家的歷史及其分類、政治自由、政治制度的分類和政治的基本原則等基本問題外，[47]也對時人所關注的「立憲」問題結合政治學原理作了解答，他認為中國「立憲」改革之實質在於給人民以權，限制暴君，限制政府。「夫立憲義法固繁，而語其大綱，要不過參與民權而已。不過使國中人民，於政府所為之事，皆覺痛癢相關而已。」「歐洲近日政界方針，大抵國民則必享憲法中之自由，而政府則必去無責任之霸權。然此今日文明國家則然，至舊日初級社會，其事大異此。」「立憲者，立法也。非立所以治民之刑法也。何者？如是之法，即未立憲，固已有之。立憲者，即立此吾儕小人所一日可據以與群上為爭之法典耳。其無此者，皆無所謂立憲，君上仁暴，非所關於毫末也。」[48]嚴復認為「立憲」改革是歐美國家近代以來的發展趨勢，「是故自由、立憲，限制君權，議立大典，定國民應享權利等級，皆五百年來產物，非西國當日所舊有者，不可取論以前之世局」。[49]他特別表彰和推崇英國為「立憲」之楷模，因其雖

---

46   王栻主編：《嚴復集》第2冊，第242頁。
47   參見俞政：《嚴復著譯研究》，蘇州：蘇州大學出版社，2003年版，第280—323頁。
48   王栻主編：《嚴復集》第5冊，第1268、1269、1284頁。
49   王栻主編：《嚴復集》第5冊，第1269頁。

無暴力革命，而實為「時時革命」也：

> 專制之國，國主當陽，而宰相輔治，宰相之黜陟由人主。立
> 憲之國，人主仰成，宰相當國，而宰相之進退由國民。此英國至
> 今，所以可決言其無革命之事也。雖然，謂英國無革命可，謂英
> 國時時革命亦可。一政府之改立，皆革命也。專制之革命，必誅
> 殺萬人，流血萬里，大亂數十年（或）十餘年而後定。英民革
> 命，輕而易舉，不過在議院占數之從違。莊生有言，萬死方不
> 死。真立憲制，政如是耳。[50]

　　無獨有偶，後來胡適對美國政治制度的評價，與嚴復對英國「立憲」
政制的評價幾乎如出一轍。[51]嚴復特別強調國會、議會在「立憲」中所發
揮的作用，以為其為避免革命發生之所在。「機關既具，前之權力不但宣
達有從，又可測視，得以及時，為之劑泄，而亂無由作。此立憲之國所以
無革命，而代表之皇室所以不傾。」「立憲之國會，於國事無所不聞者也，
其實乃無所問，要在建造扶持，破壞其見行之政府，以此為其天職而
已。」[52]嚴復雖然主張「立憲」，放政於民，但對多數民眾的政治素質又
持懷疑態度。所以他對「少數服從多數」的政治原則並不看好：「夫以眾
治寡，實無公理可言……所庶幾可言者，不過三占從二，其事易行；又數
至極多之時，於公道為稍近……此乃歷古以來，政界中一最有關係之新
法。」「慎勿謂多數所從，斯為合理優勝；亦勿謂民之多數，無異全體之

50　王栻主編：《嚴復集》第5冊，第1314頁。
51　參見胡適：《漫遊的感想》，收入《胡適文集》第4冊，北京：北京大學出版社，
　　1998年版，第33—34頁。
52　王栻主編：《嚴復集》第5冊，第1315、1316頁。

公。苟為此說，立成謬論。」[53]他認為專制系由下扶持而成，「舊說謂專制之權，由上及下；眾治之權，由下及上。吾所發明，乃謂專制之權亦系由下而成，使不由下，不能成立」。[54]對「少數服從多數」和下層民眾素質，嚴復有一種保持警覺的「幽暗意識」。因此，嚴復認為英國式的代表制比較適宜。《政治講義》不僅在中國政治學史上占一重要地位，是為近代政治學科成立的標誌性著作，而且是清末「立憲」最重要的具有指導意義的理論著作。

1906年，是清朝「預備立憲」緊鑼密鼓的一年，嚴復連續發表《論英國憲政兩權未嘗分立》、《續論英國憲政兩權未嘗分立》、《憲法大義》三文，闡述他對「立憲」的見解。英國「憲政」制度是嚴復情有獨鍾的制度，也是他撰述前兩文的緣由之所在。嚴復認為，英國制度有三大特點。一是首相之權力實為議院所予。「今日英國，主其治者首輔也。而首輔之事權，實議院之所予，假其中過半之眾，與之背馳，則其罷廢。」二是議院為最高權力機關。「宰相之興廢，政府之反覆運算，黨派之勝負，一切以議員之向背為斷。」三是美、法為三權分立，英國立法與行政兩權「未嘗分立」。「是故英之閣部，是名行政，而立法之權，實重且大於議院之名立法者。議院之于立法也，議之而已，各示之以己意之從違而已。至閣部之於一法也，必為之發起焉，必為之計畫焉，至於至纖至悉而後已，此於法度大者，莫不然矣，非不知一法之立，無間小大，必經議院多數之所贊成，而後稱制。」[55]

《憲法大義》可謂嚴復表述其「立憲」思想的經典之作。在文中，嚴

53　王栻主編：《嚴復集》第5冊，第1301頁。
54　王栻主編：《嚴復集》第5冊，第1311頁。
55　王栻主編：《嚴復集》第1冊，第219、227頁。

復說明了西方有關世界政體分類法的源流。「最古者莫如雅理斯多德。其分世界治體，約舉三科：一曰獨治；二曰賢政；三曰民主。至見孟德斯鳩《法意》出，則又分為三：一曰民主；二曰獨治；三曰專制。而置賢政，不為另立。」「蓋專制自孟氏之意言之，直是國無常法，惟元首所欲為，一切憑其喜怒；至於獨治，乃有一王之法，不得悉由己道。」[56]嚴復以為中國為「立憲」之國。相當於孟氏所謂「獨治」。「而吾國自唐虞三代以來，人主豈儘自由？歷代法律，豈盡憑其喜怒？且至本朝祖宗家法，尤為隆重。」既然如此，對朝野上下紛紛議論的「立憲」究竟意指什麼，嚴復的回答是：

> 可知今日吾人所謂立憲，並非泛言法典，亦非如《法意》中所云，有法為君民上下共守而已。其所謂立憲者，乃自其深者、精者、特別者而言之，乃將采歐美文明諸邦所現行立國之法制，以為吾政界之改良。故今日立憲雲者，無異云以英、法、德、意之政體，變中國之政體。然而此數國之政體，其所以成於今日之形式精神，非一朝一夕之事。專歸其功於天運，固不可，專歸於人治，亦不可；天人交濟，各成專規。[57]

接著，嚴復對政治變革提出了一個頗具見解的看法：「制無美惡，其于適時；變無遲速，要在當可。」這個原則可能成為保守的遁詞，但它點出了變革之關鍵在於適合國情，這也是嚴復為什麼特別強調變革與國情的關係的根據所在。不過，嚴復以為「立憲」之根本在「三權分立」。「其

56　王栻主編：《嚴復集》第2冊，第239頁。
57　王栻主編：《嚴復集》第2冊，第240頁。

大較，則一須知國中三權之異。三權者，前已及之，立法權，行法權，司法權也。中國自古至今，與歐洲二百年以往之治，此三者，大抵不分而合為一。」嚴復以為「立憲」政制系近代政治之潮流，「立憲治體，所謂三權之異，具如此。顧所言者，乃英國之制，演成最早，而為諸國之所師。至於法、美諸國，所謂民主立憲，德、義諸國，所謂君主立憲，皆有異同，不盡相合。諸公他日治學，自然一及之，非今夕所能罄盡。但以上所言，猶是立憲之體式。至於其用，則以代表、從眾、分黨三物，經緯其間，其制乃行。夫此三者之利弊短長，政家論之審矣。顧法窮於此，舍之則憲法不行」。[58]視「代表、從眾、分黨」作為立憲政治功用的三大功能。對於中國將要實行的「立憲」改革，嚴復的期待是：「顧欲為立憲之國，必先有立憲之君，又必有立憲之民而後可。立憲之君者，知其身為天下之公僕，眼光心計，動及千年，而不計一姓一人之私利。立憲之民者，各有國家思想，知愛國為天職之最隆，又濟之以普通之知識，凡此皆非不學未受文明教育者之所能辨明矣。且僕聞之，改革之頃，破壞非難也，號召新力亦非難也，難在乎平亭古法舊俗，知何者之當革，不革則進步難圖；又知何者之當因，不因則由變得亂。一善制之立，一美俗之成，動千百年而後有，奈之何棄其所故有，而昧昧於來者之不可知耶！」[59]嚴復在《憲法大義》一文中所表述的這些思想，在今天讀來亦不為過時，面對中國百年來政治變革之進步維艱，嚴復當年所提示的那些原則，仍耐人尋味。

1910年11月5日，載澤被充為纂擬憲法大臣，嚴復即向其條陳：「竊以謂纂擬憲法，乃絕大事，此後開局辟僚，固不能純取舊學之士，然選其新矣，亦宜相其實有功侯，知法制本原，能為國家計慮深遠者。而東學小

58　王栻主編：《嚴復集》第2冊，第244頁。
59　王栻主編：《嚴復集》第2冊，第245—246頁。

生，用之尤不可不慎也。歐美遊學治法典者亦不盡佳，又多苦不能本國文字，然其中亦有數四佳者，竊欲薦列。」[60]對新開「立憲」之局使用人才持謹慎態度，對留學日本者尤存戒心。

清朝為安撫新興社會名流，在宣佈「預備立憲」的同時，給予這些人以各種名目的待遇和兼職名分，以拉攏人心，穩定政局。1908年8月嚴復被楊士驤任命為「新政顧問官」。1909年5月，嚴復被委任為憲政編查館二等諮議官，兼任度支部清理財政處諮議官、福建省顧問官。9月，又被派往學部丞參上行走。[61]1910年，海軍部新設，嚴復被授為海軍協都統（或稱一等參謀官）。同年，資政院成立，嚴復以「碩學通儒」資格被征為議員。這些虛實不等的待遇，除了給嚴復這些社會賢達以參政、議政的名分和管道外，也能帶來一些不菲的收入。嚴復在自己的家書、日記中時常提到來自各方面的收入，雖然數目不大，且不固定，但時常有之。

嚴復是清末立憲運動的積極推動者。過去人們常將其此舉視為阻撓革命、維護清朝的反動行徑。實際上，從嚴復的「立憲」言論看，其真實意圖是在爭取放權與民，限制君權，為新興社會力量參與政治組建新的平臺。早在1904年2月26日他致熊季廉的信中即已指出：「以今日之政府，撥文教，奮武衛，乃至商務、工務，無一可者。此吾國之所以不救也。」[62]這已清楚表明嚴復對清朝並不抱希望。從這個意義上說，嚴復參與的清末立憲運動實為中國近代民主運動的重要組成部分或重要環節。

清末官場禮節性的往來不減，故應酬繁多。1908年10月19日，嚴復與朱夫人書謂：「自初三日考事畢後，無日不是應酬，腦滿腸肥，極為討

---

60 王栻主編：《嚴復集》第3冊，第595—596頁。
61 參見孫應祥：《嚴復年譜》，第340、343頁。
62 馬勇整理：《嚴復未刊書信選》，載《近代史資料》總194號，北京：中國社會科學出版社，2002年12月出版，第67頁。

厭。」「京事俟回家時細談，大抵黑暗糊塗，不大異三年前，立憲變法，做面子騙人而已。」「但自學部被挽留後，心中頗不高興耳。吾看今時做官，真是心恢（灰）意懶也。」[63]看穿了清朝「立憲變法」不過是「做面子騙人」，對做官「心灰意懶」，如此的心境深深表現了嚴復對清朝政治前途的失望。清朝的預備立憲對嚴復這些人來說，只不過是一張空頭政治支票而已。

四、置身風雲詭譎的辛亥變局

　　1911年前九個月嚴復的個人生活並無波瀾，他在學部、幣制局、海軍部、名詞館四處兼職，並行走於這些部門，出席會議，與朋友應酬往來，其生活並無多少變化。這一年他的個人著述明顯減少，譯作幾無，官場公務應酬增多。但政局不穩，社會動盪帶來的風雲變幻，明顯增強了人們心中的不安全感和世事難測的不確定感。這一年，嚴復占卜算卦的次數明顯增多，日記中頻繁出現這方面的記錄。這對一個傾力西學、提倡科學的新學者來說，不無諷刺，反映了嚴復此時心境的緊張和焦慮。

　　10月10日武昌起義，是時局急轉直下的轉捩點，也是形勢變化的顯著標誌，嚴復的個人生活亦開始面臨新的抉擇。10月以後的嚴復日記打破以往的常規，多處記載形勢發展和京城動向，而對其個人行跡著筆反而不多。10月9日「夜九點，瑞澂拿革黨三十五人」。10日「武昌失守」。14日「京師頗騷亂，南下者多」。15日「起袁世凱督鄂，用岑西林督蜀」。23日「長沙失守」。26日「數日風聲甚惡」。11月7日「數日風聲極惡，江浙皆告獨立，資政院民選議員鳥獸散」。12日「報言江寧惡戰。福建松督自

63　王栻主編：《嚴復集》第3冊，第739—740頁。

盡，樓留守被害。報言武昌內訌」。[64]在大局已變的情勢下，嚴復必須做出相應的準備。他與林紓商量應對時局之策，決定搬離北京。10月18日「晤林畏盧，以或雲其盡室南行也」。26日「十一箱往天津，寄榮官處」。11月8日「家軫來電話，催出京」。第二天，離京赴津，「寓裕中洋客店」三日。12日「由津同三兒回京」。13日「領學部、海軍部、幣制局三處薪水。袁項城到京」。嚴復回京似為領取薪水，同時可能與袁世凱回京上任有關。嚴、袁兩人早在天津時即已結交，當時嚴復在北洋水師學堂任教，袁世凱在天津小站練兵。據陳寶琛所作嚴復墓誌銘稱：「袁世凱與君雅故，其督直隸，招君不至以為憾；及罷政歸，詆者蜂起，君抗言非之，則又感君。」[65]顯然，嚴復與袁世凱同時回京，給人以無限聯想，在一定程度上反映了嚴對袁主持內閣的期待和他們雙方的某種默契。果然，12月2日「四點，往袁世凱內閣，得晤」。隨後，9日「九點赴漢口」。12日「過江，到青山織呢廠見黎元洪」。17日「到滬，住滄洲旅館」。[66]嚴復在此非常時期南下武漢、上海，據《鄭孝胥日記》披露，是作為「袁世凱指派之各省代表」之一，[67]而前往漢口專見黎元洪，從這可以推測他極有可能是借其與黎的師生關係，斡旋袁世凱與黎元洪之間的關係。

在嚴復的《宣統三年辛亥日記》冊最後空白頁留有六條和北方議和人員名單。

車駕無論何等，斷斷不可離京。

須有人為內閣料理報事。禁之不能，則排解辨白。

64　王栻主編：《嚴復集》第5冊，第1511—1512頁。
65　王栻主編：《嚴復集》第5冊，第1542頁。
66　王栻主編：《嚴復集》第5冊，第1512頁。
67　參見《鄭孝胥日記》第3冊，北京：中華書局，1993年版，第1370頁。

梁啟超不可不羅致到京。

收拾人心之事，此時在皇室行之已晚，在內閣行之未□

除閹寺之制是一大事。又，去跪拜。

設法募用德、法洋將。[68]

　　這六條現有兩種解釋：一種意見認為是嚴復12月2日與袁世凱會晤時所提出的六條建議；[69]一種意見認為是嚴復從南方回京以後向袁世凱提出的建議，時間則應在12月下旬。這種意見認為「得楊士奇同意，嚴復先回北京。到北京後，嚴復告了唐紹儀一狀，後為袁世凱獻策」。這些策略即歸之為六條。[70]這兩種意見的共同之處，即均肯定這六條是嚴復往謁袁世凱時提出的策略建議，只是在時間上一前一後，說法不一。不過，兩說對於這六條的含意均沒有做進一步的解讀。從這六條的內容來看，如確系嚴復向袁世凱提出的建議，則不可小視。它至少可說明兩點：一是嚴復自袁世凱內閣成立後，嚴系袁所羅致的「幕僚」或非常親近的高參，二是嚴向袁所提建議不是一般的建議，而是關係政局的重要意見。當然這六條也有可能是嚴復個人心跡的流露或看法的記錄，如第一條「車駕無論何等，斷斷不可離京」，似乎謂嚴復心跡的流露更為合適，因對袁世凱來說，不管是前往南京就任民國大總統，還是留在北京擔任大總統，都不存在「車駕無論何等」的問題，而對嚴復來說，南下還是駐京，則可能有很大區別。此條如果系嚴復個人的選擇，對政局影響相對就會較小，只是反映嚴復的傾向而已。

68　王栻主編：《嚴復集》第5冊，第1513頁。
69　參見孫應祥：《嚴復年譜》，第383頁。皮後鋒：《嚴復大傳》，福州：福建人民出版社，2003年版，第337頁。
70　參見羅耀九主編：《嚴復年譜新編》，第289頁。

上述哪一種情形，這六條所隱含的政治密碼值得解讀。第一條如系是世凱提出的策略，則袁世凱後來不肯南下就任總統，其中有嚴復「作用」存在，甚或可能出自嚴的意見。這表明了嚴復在南北和談中所為的與南方對立立場，也不排除系嚴復個人的打算。即嚴復本人作出「不離京」決定。據鄭孝胥12月21日日記載：「幼陵讀餘近詩曰：『子生平數有奇辟之境遇以成其詩之奇，此天相也。』又曰：『經此事變，士君子之真面目可以見矣。南方學者，果不值一錢也。」[71]此中所謂「南方學者」可能是指章太炎諸人。由於學術、文風的不同，嚴、章二人早已構怨，1906年章太炎曾作《〈社會通詮〉商兌》稱：「嚴氏皮傳其說，以民族主義與宗法社會比而同之。」「少遊學於西方，震疊其種，而視貴人為畏賤，若漢若滿，則一丘之貉也。故革命、立憲，皆非其所措意者，天下有至樂，日營蒐裘以娛老耳。」「就實論之，嚴氏固略知小學，而于周秦、兩漢、唐宋儒先之文史，能得其句讀矣。然相其文質，於聲音節奏之間，猶未離於帖括，申天之態，回復之詞，載鳴載焦，情狀可見，蓋俯仰於桐城之道左，而未趨其庭廡者也。」[72]章氏此惡謔，與1900年9月康有為《與張之洞書》稱讚嚴復「譯《天演論》為中國西學第一者也」[73]以及1902年梁啟超在《新民叢報》第一號發表《紹介新著〈原富〉》盛推「嚴氏於西學、中學皆為我國第一流人物」的高評儼然形成鮮明對比。對與革命黨人有深厚淵源關係的南方學人的不滿，可能是嚴復打定「不可離京」主意的主因。第二條表示嚴復認識到報界輿論的重要性，需要有人說明「料理」。此人從後一語來看，極有可能是指梁啟超。第三條表示嚴復認識到梁啟超

71　《鄭孝胥日記》第3冊，第1373頁。
72　章太炎：《〈社會通詮〉商兌》，載《民報》第12號，光緒三十三年（1907年）。
73　《與張之洞書》，收入湯志鈞編：《康有為政論集》上冊，北京：中華書局，1981年版，第436頁。

的分量，欲將其「羅致到京」。據丁文江編撰的《梁任公先生年譜初稿》載：「從去冬起（指1911年—引者注），先生就有聯袁的趨勢，所以今年春間，先生直接間接與袁氏往來討論各種問題的信電很多，現在把袁氏就臨時大總統前後先生和他往還的幾篇材料依次抄在下面，借見先生當時聯袁情形之一斑。」[74]袁世凱與梁啟超建立聯繫應與嚴復的獻計和搭橋在其中所發生的作用有一定關係。第四條表示嚴復已對清皇室失去信心，將希望轉向袁世凱內閣。第五條為其對政制改革之設想，即廢除宦官制度和傳統的官場禮儀制度，這可能意味著嚴復甚至袁世凱已有棄清另尋它路的打算。本來12月21日、22日嚴復與鄭孝胥在上海會面時，談到何去何從時，亦表示其擁清立場不變。嚴復對鄭表示，自己「不剪辮，以示不主共和之意」（21日）。「或詢其素主新學，何為居腐敗政府之下而不去也？答曰：嘗讀柳子厚《伊尹五就桀贊》，況今日政府未必如桀，革黨未必如湯，吾何能遽去哉！」[75]（22日）在此之前，11月28日嚴復曾致信英國《泰晤士報》記者莫理循，表明自己傾向君主立憲的立場，以為中國現狀適合於「保存君主，削其權力，適度立憲以使政府比前更具活力，得因時制宜，不斷進步」。從這一則材料看，在1911年11月底以前，嚴復的「君主立憲」立場確無改變。但在與革命黨人展開的南北和談中，嚴復探得南方革命黨人的「和談」底線，這在他12月13日給陳寶琛的信有明白交代：

一、黨人雖未明認君主立憲，然察其語氣，固亦可商，惟用君主立憲而輔以項城為內閣，則極端反對。

74　丁文江、趙豐田編：《梁任公先生年譜長編初稿》，北京：中華書局，2010年4月版，第319頁。
75　《鄭孝胥日記》第3冊，第1373頁。

一、黨人以共和民主為主旨，告以國民程度不合，則極口不承；問其總統何人為各省黨人所同意者，則以項城對，蓋彼宵以共和而立項城為伯理璽得，以民主憲綱箝制之，不願以君主而用項城為內閣，後將坐大，而至於必不可制。此中之秘，極耐思索也。

一、無論如何下臺，黨人有兩要點所必爭者：一是事平日久，複成專制，此時雖有信條誓廟，彼皆不信，須有實地箝制；二是黨人有的確可以保全性命之方法，以謂朝廷累次失大信於民，此次非有實權自保，不能輕易息事。

一、若用君主，則沖人教育必從新法，海陸兵權必在漢人之手，滿人須規定一改籍之制。[76]

借革命黨人開出的條件，嚴復顯然有脅迫清室「遜位」之意，這正是袁世凱後來之所為。此舉是否為袁所托，或嚴代袁有意所為，值得進一步考證。將嚴復與鄭孝胥的談話內容與此信的內容相比照，可以看出，嚴復當時一方面向清朝方面（鄭、陳是清朝忠臣）「輸誠」表忠，一方面借革命黨人開出的嚴苛條件，隱含逼迫清室退位之意。這樣左右逢源，為自己在未來的政治舞臺謀得最大利益。嚴復的這種做法實為袁世凱當時的抉擇。當南方革命黨人在1912年正式建立中華民國時，北方一派的漢族實力派（包括嚴復）亦迎立袁世凱出面主持大局，這樣清室先遜位，孫中山再讓總統位於袁，中國重歸一統的局面得以形成。嚴復等南北漢族實力派終於在這場變局中獲取了最大利益。第六語提出募用洋人領軍。實際上是清

76　王栻主編：《嚴復集》第3冊，第502—503頁。

朝在鎮壓太平軍時「借師助剿」舊戲的重演，是嚴復為袁世凱避免兩面作戰的又一獻計。這些意見除第六語「設法募用德、法洋將」外，其他五條在後來都得以實行。有的論者以為嚴復《民國初建》詩中的「美人」系指袁世凱，[77]但這個袁世凱應是在民國建制後受到民國政綱箝制、準備出山的「袁大總統」，而不再是替清朝收拾殘局的「袁內閣」。在這一點上，嚴復實際上已經接受了民國建立這個事實。

1912年嚴復的日記空缺。這究竟是嚴復未寫，還是其本人或保存日記者在後來作了處理？我們現不能遽斷。不過，後一種的可能性較大。1912年應是嚴復與袁世凱相互合作、互動更為頻繁的一年，這一年發生的南北議和以及嚴復出任北京大學校長之事，均是嚴袁密切合作的歷史見證。在袁世凱稱帝失敗，嚴復因列名籌安會，遭到國人的詬病之後，嚴復可能不希望保存自己與袁氏合作的這些歷史紀錄，從而出現了撕去其這一年日記的一幕。

五、結　語

清末的政治舞臺主要有四大政治勢力。一是清朝以滿族為主的統治集團，他們是清朝的核心集團。二是以張之洞、袁世凱為代表的漢族新貴勢力，這股勢力可以上溯到以曾國藩和李鴻章為代表的湘、淮兩系，張之洞、袁世凱是為其繼承者。三是活躍在北京及各省的立憲派，他們是各種新興經濟、教育、文化、社會事業的推動者，構成一股新的社會力量。四是孫中山為代表的革命派，為清朝的對立面。嚴復是遊移在二、三股力量中的一員。這幾股力量的互動和人員組合，構成清末政治力量離合的關

77　王憲明：《「美人」期不來，詩人自多情—嚴復〈民國初建〉「詩人」新解》，載《近代史研究》1996年第5期。

鍵。1909年，當清朝將袁世凱罷官遣回原籍，張之洞「老臣凋謝」，當朝漢族新貴失去了他們所依託的重心所在。1911年清朝成立「皇族內閣」，堵塞了立憲派力圖借「預備立憲」之機發展自身實力和拓展新的政治空間的可能。第二股力量原有與清朝的合作關係和第三股力量與清朝那種若即若離的關係迅速向離異的方向演變，清朝滿族核心集團為加強自身對全域控制力的舉措反而成了自我孤立的敗筆。革命終於成為突破這一政治輶局的瓶頸。

在辛亥革命的浪潮中，革命黨人抓住時機，因勢利導，主導了時局向民主共和制這一方向發展的趨勢。清朝滿族統治者因失去其他兩股勢力的合作，孤立無助，只能拱手讓出皇位。革命黨人以建立共和制為滿足，以禮讓總統大位換取了袁世凱的合作和對共和制的承認，達到了其革命的初衷。袁世凱雖不具革命、共和之思想，但對清朝的忠誠度因其下野閒置早已不復從前，故在獲得革命黨人的承諾後，轉向對清朝滿族皇室「逼宮」，表面上成了這場大戲的贏家，實際上他不得不接受民國政制對他的鉗制。

嚴復本人並不是一個心懷大志的政治家，也非有意玩弄權術的政客，他缺乏傳統官僚的圓滑、練達和內斂，這是他在晚清官場頻頻失意的主觀原因。在清末十年和民國元年（1912年），他轉向發揮自己所長，憑藉自己的西學素養和背景，在教育、翻譯、出版、憲政等方面獲取重要地位，並登上北京大學首任校長這一顯赫位置，達到了自己人生的頂點，這是嚴復一生最有成就、最有影響力的歷史時期。從這個例證可以看出，辛亥革命的榮光並不僅僅屬於革命派，社會新興力量、立憲派，甚至漢族官僚、地方實力派也貢獻了他們的力量，並實際分享了辛亥革命的成果。

辛亥革命的標誌性成果雖然是在政治上推翻帝制，建立共和制。但為

達成這一最大目標，社會生活、風俗習慣、文化思想、經濟結構也發生了相應的變革，甚至這些變革為政治革命做了重要鋪墊。從這個角度考察辛亥革命時期發生的種種變化，我們不能忽視或低估革命派以外其他革新勢力和社會新興力量的歷史作用，他們與革命黨人的互動、合作最終成就了歷史上一場前所未有的革命。將革命黨人與其他新興社會力量、立憲派和袁世凱的妥協視為「軟弱」，或將袁世凱、立憲派和其他地方實力派與革命派的合作定為「投機」，都是不恰當的。革命黨人以袁世凱承認共和制為交換條件，禮讓總統大位，以避免內戰的激化和升級，這表現了他們的智慧和成功不必在我的高尚品德；袁世凱及其立憲派勢力背棄清朝，轉向選擇共和制，是其在政治上的明智之舉，雖然邁出這一步在後來有所反覆甚至倒退，袁世凱並不情願接受民國的政治規範，但民國建立已成為一個不可逆的歷史轉折。可見，辛亥革命的成功恰恰是各方妥協、合力推動的一個成果。

本文為作者2011年6月26—29日赴澳門參加「孫中山與辛亥革命」國際學術研討會提交的論文，原載《北京大學學報》（社科版）2011年第5期。收入《孫中山與辛亥革命》論文集上冊，北京：社會科學文獻出版社，2012年9月版。

■ 附錄三　嚴復看第一次世界大戰

第一次世界大戰是20世紀世界一系列重大事件的開端。它不僅在戰爭規模上涉及世界主要國家，而且在戰爭投入上第一次使用陸、海、空三軍聯合作戰，這是一場前所未有的世界大戰。戰爭以濃縮的景觀將各國的政治、軍事、經濟、文化、外交反映在戰場上。世界面貌因此發生了巨大的變化。從戰爭初始到戰爭落幕，人們對這場戰爭的評論、反省和爭議就連綿不斷，不絕於史。

一戰爆發之時，中國國內朝野上下熱切關注，各方輿論競相報導、各大政黨紛紛組織歐事研究會，追蹤戰局的發展。國人意識到這是中國可能重新返回國際舞臺的一次機遇。嚴復早年赴英留學學習海軍，供職北洋水師學堂二十載，對戰爭自然有其職業軍人的敏感；他又是同時代最具國際視野和世界眼光的思想家，國人對世界形勢的把握常常依賴於他的判斷。嚴復軍人加思想家的雙重身份，加上他身為總統外交顧問，公幹私趣集於一身，他對第一次世界大戰的觀察、評斷為我們留下了那個時代一份重要思想文獻，其見解確有超乎常人、頗具眼光的洞見。同時代思想家（如孫中山、梁啟超、陳獨秀等）對第一次世界大戰雖亦有評述，但大都是零星、片斷的，幾無像嚴復這樣對戰爭進程和當時世界變局的評判，留下了較為完整的文獻材料。過去雖有論者注意到這份文獻的寶貴思想價值，並加以論述，[1]但仍有相當值得討論的空間。本文主要是從嚴復對一戰進程

1　參見何君超：《侯官嚴先生眼中之第一次世界戰爭》，載1944年《東方雜誌》第40卷第16號。該文節抄嚴復與熊純如書信中有關第一次世界大戰的言論，分引言、戰爭之推測、論交戰國之實力財政及戰時組織、論中德絕交、論天演及公理與強權、論戰後中國及中國文化、結論七節，俾時人參考。林啟彥：《第一次世界大戰期間嚴復的國際政治觀：參戰思想分析》，收入習近平主編：《科學與愛國—嚴復思想新探》，北京：清華大學出版社，2001年版，第302—318頁。陳友良、王民：《「留心世局，睠懷宗邦」—嚴復的歐戰觀述論》，收入郭衛東、牛大勇主編：《中西通融：嚴復論集》，北京：宗教文化出版社，2009年7月版，第237—256頁。

之觀察及與中國之關聯這一側面，探討嚴復第一次世界大戰觀的思想價值和時代意義。

一、歐戰前期戰局的準確解析

時人習稱第一次世界大戰為「歐戰」。嚴復觀察歐戰前期的材料主要存留於《居仁日覽》和私人書箚中。

《居仁日覽》是進呈時任總統袁世凱日常閱讀、瞭解國內外情勢的讀物。我們現見的《居仁日覽》，輯入《袁世凱史料叢刊》（臺北：文海出版社，1966年版）。這部《居仁日覽》編輯的時間跨度從民國四年（1915年）1月1日至2月28日，內容多為取材古典史書（如《資治通鑒》）有關歷代治國方略一類的故事，與第一次世界大戰並無關涉。

第一次世界大戰爆發後，國人被這場突如其來的戰爭所震懾。嚴復以其敏銳的眼光，開始關注戰爭的進程。嚴復與《居仁日覽》之關聯，有二條線索可循：一條是1915年4月21日嚴復致熊純如一信，信內提及：「報載復與馬、伍諸公，翻譯進呈之事卻非虛語。日來正辦《歐戰緣起》，以示此老也。」[2]此處所提譯呈《歐戰緣起》，正是供袁世凱閱讀的《居仁日覽》。另一條是1915年8月5日嚴復致信熊純如，再次透露：「複自歐戰開戰以來，於各國勝負進止，最為留神，一日十二時，大抵六時看西報及新出雜誌也。」[3]信至此留有按語：「按：每摘要論述，送公府備覽，積年餘，至數萬言，取名《居仁日覽》，俱未留稿。」[4]可見，嚴復譯呈《居仁日覽》與歐戰有關，探討戰局之進程是袁世凱交代給嚴復的一項任務。此

2　《與熊純如書》（二十二），收入王栻編：《嚴復集》第三冊，北京：中華書局，1985年版，第621頁。
3　《與熊純如書》（廿五），《嚴復集》第三冊，第624頁。
4　羅耀九主編：《嚴復年譜新編》，福州：鷺江出版社，2004年版，第347頁。此條另見嚴璩：《侯官嚴先生年譜》，收入王栻編：《嚴復集》第五冊，第1551頁。

前，袁世凱任命嚴復為外交顧問，此事嚴復與熊純如信中曾提及，[5]然歐戰爆發前夕，因「無事見顧」，故已停止支薪。[6]

我們現見嚴復譯呈的《居仁日覽》共有七篇，其中《嚴復合集》第五冊[7]收入中國社會科學院近代史研究所藏三篇。北大圖書館藏有三篇。黃克武先生在上海圖書館新發現一篇。其篇目如下：

一、《泰晤士今戰史—歐戰緣起第一》（上海圖書館收藏）。[8]

二、《日爾曼開戰兵略第二》（《嚴復合集》第五冊已刊）。

三、《〈倫敦時報〉書〈布來斯審查會報告書〉後》（北大圖書館收藏）。

四、《英國軍械大臣來德佐治在滿哲沙勸諭工人演說》（北大圖書館收藏）。

五、《英人狄侖論今戰財政》（北大圖書館收藏）。

六、《希臘前相文尼芝祿上希臘王書》（《嚴復合集》第五冊已刊）。

七、《美人宣告德國近情》（《嚴復合集》第五冊已刊）。

北大圖書館保存的三篇《居仁日覽》，文前都有一行「中華民國四年

5　《與熊純如書》（廿九），收入王栻編：《嚴復集》第三冊，第629頁。信中謂：「外交顧問掛名久矣，然以無事見顧，則亦不支薪俸。」

6　1914年7月9日嚴復日記載：「問公府主計六月顧問薪水。」「本日得信，顧問薪水自六月起停支。」收入王栻編：《嚴復集》第五冊，第1517頁。

7　王慶成主編：《嚴復合集》第五冊，臺北：財團法人辜公亮文教基金會，1998年8月版。

8　1915年4月21日嚴復回復熊純如，謂：「報載複與馬、伍諸公，翻譯進呈之事卻非虛語。日來正辦《歐戰緣起》，以示此老也。」（《嚴復集》第三冊，第621頁）即指此文。

嚴復譯呈」，文後留有袁世凱手批「閱」字樣。黃克武先生通過檢索臺北中研院近代史所的電子資料庫《泰晤士報》、《紐約時報》，發現上述文章的出處：第一、二篇原作出自 The Times Illustrated History of the War（《泰晤士報戰爭圖史》），為該書的第一、二章。1914年8月25日《泰晤士報》刊出第一部分，即第一、二章。第三篇出自1915年5月13日第9版《泰晤士報》的 A Record of Infamy(《一個邪惡的紀錄》)。第四篇出自1915年6月4日《泰晤士報》的 A Workshop War,The Crying Need for Shells,Plain Words Emocracy from Mr.Lloyd George,and Compulsion。第六篇出自1915年4月21日倫敦《每日記事報》（The Daily Chronicle）的 Venizelous's Statement to King Constantine。文章原刊自英文報紙，這些文章基本上反映了英國的立場，時間範圍約在1915年4月至6月。[9]從嚴復翻譯所選材料的原始出處看，他對戰爭的觀察材料實際取材於英國，嚴復本人實際也是選擇站在協約國一邊。

　　嚴得選譯這些文章，一如過去他翻譯西方經典一樣，都有其明確的用意。《泰晤士今戰史—歐戰緣起第一》、《日爾曼開戰兵略第二》兩篇是介紹第一次世界大戰發生的歷史原因和開戰之初德軍猛烈推進的進程。《〈倫敦時報〉書〈布來斯審查會報告書〉後》一文系揭露德軍侵入比利時殘酷殺戮的暴虐行徑，明顯帶有譴責德軍之意。《英人狄侖論今戰財政》一文較長，共有十二節：德人之金戰、法人財政之見絀、俄人之倉遽、三國協助財政於巴黎、俄之酒禁、俄國禁酒之效果、巴黎三國財政協商之決議、英法之所以助俄、俄之穀麥能輸出乎、俄與瑞典之兵費、勃牙力與其政府、德人何故而助勃。這篇文章有助人們瞭解戰爭各方財力及其相互關

9　　參見黃克武：《嚴復與〈居仁日覽〉》，收入黃瑞霖主編：《嚴復思想與中國現代化》，福州：海峽文藝出版社，2008年11月版，第166—176頁。

係。嚴復分析一戰參戰各國，頗為注重各國的資源、財力比較，這是他分析戰況的重要依據，此文足資參考。《希臘前相文尼芝祿上希臘王書》一文則可能借文尼芝祿上書要求放棄中立，對德、奧盟國塞爾維亞宣戰一事，暗示中國應取法此舉。

嚴復平時保有閱讀英文報刊的習慣，他對中文報紙自有成見。對此，他並不隱諱，自謂：「復向於報章，舍英文報外，不甚寓目，北京諸報，實無一佳，必不得已，《亞細亞報》或稍勝也。」[10]他還說：「中國南北報紙，皆屬機關。《亞細亞報》自經政府利用之後，所謀失敗，信用自屬全無；而《順天時報》，又系日本機關，此時專以傾袁為目的，欲求紀載較實，議論較正者，殆絕無也。」[11]顯然，嚴復對中文報刊持不信任的態度。《居仁日覽》是供總統平時閱覽的讀物，實相當於今日《參考消息》，自然對總統決策可以發生重要影響，甚或是其制訂政策的重要理據。只是歐戰前期，因中國並沒有捲入，嚴譯《居仁日覽》只不過是「內部參考」而已。嚴譯《居仁日覽》是否還有其他未發現的篇目，仍有待查考。

除了《居仁日覽》，嚴復在私人書信往來中，也常發表對第一世界大戰觀察的意見。開戰伊始，嚴復即跟蹤戰局，1914年8月29日他致信莊蘊寬，對戰爭可能的結局作了預測：

> 此次世界戰端一起，進出口貨物交往當有隔礙。以德奧之強，初戰當能與協約國以盛勢。然彼國資源遠遠遜英法美，如戰局久持，德奧必遭敗北，可斷言也。[12]

10　《與熊純如書》（廿四），收入《嚴復集》第三冊，第624頁。
11　《與熊純如書》（三十五），收入《嚴復集》第三冊，第635頁。
12　王慶成主編：《嚴復合集》第五冊，臺北：財團法人辜公亮文教基金會，1998年8月版，第97頁。

從所控資源的角度比較戰爭雙方的實力，得出德奧終究不敵英法美的結論，這是嚴復深具眼力的遠見。

1914年9月24日，嚴復在給熊純如的信中，對戰爭雙方實力作了精闢分析，他以為此時占住優勢的德國終將不敵英國：

　　乃不幸月餘以來，歐洲大局，忽燎原，其影響之大，殆非歷史上所能夢見，以此中國舍自盡其力而外，別無可為，或亂或治，或亡或存，殆非一夕之談所能盡也。

　　德意志聯邦，自千八百七十年來，可謂放一異彩，不獨兵事船械事事見長，起奪英、法之席；而國民學術，如醫、如商、如農、如哲學、如物理、如教育，皆極精進。乃不幸居於驕王之下，輕用其民，以與四五列強為戰，而所奉之辭，又多漏義，不為人類之所通躉。……顧計所不及者，英人之助比、法也，列日之致死為抗也，奧人之節節失敗也。至於今，叢所期於半月十日之目的，乃遙遙而猶未達（謂巴黎之破），而比、法乃皆遷都矣，英人則節節為持久之畫，疏通後路，維持海權，聯合三國，不許單獨媾和……大抵德人之病，在能實力而不能虛心，故德、英皆驕國也。德人之驕，益以剽悍；英人之驕，濟以沉鷙，由是觀之，最後擅場，可預計矣。[13]

既肯定德國自1870年統一以來所取得的現代化成就，又指出其輕率發兵，與多國開戰為不智之舉；對英、法作持久戰之計樂觀以待。

13　《與熊純如書》（十七），收入《嚴復集》第三冊，第615—616頁。

1914年10月23日，嚴復致信熊純如，言及歐戰情形，斷言協約國絕不會屈服於德國，戰期可能因此拖長：

> 盤瓦爾之破，足征德人炮械之精，士卒之練。英、法逢此強對，提心吊膽，正未知何日可告急息爭也。德之君民摶心壹志者，三十餘年，決以武力與列強相見，可謂壯矣。獨惜所敵過眾，恐舉鼎者，終至絕臏。吾輩試思，國若英、法、俄者，豈能中途折服，以俯首貼耳受戰勝者之條件乎？是以德人每勝，則戰事愈以延長，此固斷然可知者耳。[14]

1915年8月5日嚴復致信熊純如，對德、英、法三國的狀況作了分析：

> 德意志國為之強，固可謂生民以來所未有，東西兩面敵三最強國矣。而比塞雖小，要非可輕，顧開戰十閱月，民命則死傷以兆計，每日戰費不在百萬鎊以下，來頭勇猛，覆比入法，累敗俄人，至今雖巴黎未破，喀來未通，東則瓦騷尚為俄守……海上無一國徽，殖民諸地十亡七八，然而一厚集兵力，則盡複奧所亡地，俄人退讓，日憂戰線之中絕，比境法北之間聯軍動必以數千傷亡，易區區數基羅之地，所謂死不得入尺寸者也。不獨直抵柏林，雖有聖者，不能計其期日，即此法北肅清，比地收復，正未易言。英人于初起時，除一二兵家，如羅勃、吉清納外，大抵以為易與，至令始舉國憂竦，念以全力注之，尚不知最後之效果為

14　《與熊純如書》（十八），收入《嚴復集》第三冊，第617頁。

何若也。於政治則變政黨之內閣,而為會同;于軍械子藥則易榴彈,以為高炸。取締工黨,向之以八時工作者,至今乃十一時,男子祇兵革,婦女職廠工,國債三舉,數逾千兆鎊,而猶若未充。……

法之政府于平日軍儲,必不弛然怠缺如去歲明矣。且由此而知,國之強弱無定形,得能者為之教訓生聚組織絪縕,百年之中,由極弱可以為巨霸。[15]

德國東西兩面受敵、殖民地盡失;英國調整內部,全力投入戰爭,實力倍增。戰爭形勢正朝著不利於德國的方向發展。

隨著戰爭的激烈進行,雙方進入相持階段。嚴復仍不看好德國之「霸權」,以為德之財力不敵英、法:

歐戰行又經年,自瓦薩之破,巴爾幹諸邦全體震動。勃、希兩國,民則向衡,君則私縱,遂演成今日之局。達智尼海峽,英法攻之,不能即下,死傷近十余萬人,此自常智觀之,未有不以德、奧為得手矣。顧以僕策之,則今日之事,其解決不在戰陳交綏之中,而必以財政兵眾之數為最後。英法之海軍未熸,而財力猶足以相持,則中央得手,徒以延長戰禍,而中心點漸以東行而已。勝利終歸何方,尚難以一言決也。冬日必無兵事可言,明歲春夏,殆其時矣。總之,今之戰事,非同昔比,英、德兩系,必有一亡,而長短在所不論。平意觀之,德之霸權,終當屈於財權

15　《與熊純如書》(廿五),《嚴復集》第三冊,第624—626頁。

之下，姑先言之，賢者留為後驗可耳！[16]

嚴復若如一位出色的球賽評論員一樣，對戰況的點評、把握，準確到位。

綜覽嚴復上述對歐戰前期的評論，他自始即對英、法終將戰勝德國抱持信心，這一看法既是他站在英國一邊的立場使然，也與他對英、法、德三國實力的認識有關。當時持嚴復這種觀點的中國學人可謂鳳毛麟角，絕大多數學人都看好德國的實力和優勢，梁啟超、陳獨秀即是這方面的代表。徐國剛先生論及「大戰的爆發與中國的反應」時注意到這方面的情形：「陳獨秀在《新青年》1916年第1期的開篇文章裡預言德國在這個新年裡有可能取勝。梁啟超最初也認為德國必勝。他在1914年寫道，德國擁有良好的社會秩序和優勢的士兵，而最重要的是德國全國上下為了戰爭能夠眾志成城。梁啟超甚至認為，『彼德國者，實今世國家之模範，使德而敗，則歷史上進化原則，自今可以摧棄矣』。德國在中國軍人當中有強大的影響，那些曾在歐洲以及日本受過訓練的軍官都深信德國的武力是不可戰勝的。」[17]顯然，梁啟超、陳獨秀對歐洲各交戰國的實力和資源缺乏真

16　《與熊純如書》（廿八），收入《嚴復集》第三冊，第628—629頁。
17　（美）徐國剛著、馬建標譯：《中國與大戰：尋求新的國家認同與國際化》，上海：上海三聯書店，2013年版，第90頁。徐文提到的陳獨秀那篇文章是指《一九一六年》（載1916年1月15日《青年雜誌》第1卷第5號），文中謂：「歐洲戰爭，延及世界，勝負之欺，日漸明瞭。德人所失，去青島及南非洲、太平洋殖民地外，寸地無損；西拒英、法，遠離國境；東入俄邊，奪地千里、出巴爾幹，滅塞爾維亞；德、土二京，軌軸相接。德雖悉銳南征，而俄之于東，英、法之於西，僅保殘喘，莫越雷池。回部之眾，傾心於德，印度、波斯、阿拉伯、埃及、摩洛哥，皆突厥舊邦，假以利器，必為前驅。則一九一六年以前英人所據歐亞往還之要道，若蘇彝士，若亞丁、若錫蘭，將否折而入於德人之手；英、法、俄所據亞洲之殖民地，是否能保一九一六年以前之狀態；一九一六年之世界地圖，是否與一九一五年者同一顏色？徵諸新舊民族相代之先例，其略可得而知矣。英國政黨政治之缺點，日益暴露，強迫兵役，勢在必

正內行的瞭解。除了譯呈《居仁日覽》，與朋友書信往來時加議論外，嚴復有關一戰的言論幾不見諸報端。用他自己的話說：「所懷萬端，不能宣露，聊為足下言之如此。」[18]這可能與嚴復當時總統外交顧問的身份容易引起外界猜測、聯想有關。在外交問題上，他對外界輿論持頗為謹慎、戒備的態度。1915年底至1916年上半年，袁世凱從醞釀帝制到公開稱帝，再到取消帝制，中國政局經歷了巨大的動盪。嚴復身陷國內政治漩渦之中，不情願地被拉進了「籌安會」，因此似轉移了他的注意力。在這半年裡，可能因身陷國內政局的困擾，嚴復除了對日本動向的觀察發表看法外，幾乎沒有留下有關對第一世界大戰和外界的觀察記錄或評論意見。

二、一戰後期世界變局的深刻透視

在全國人民的一片倒袁聲浪中，1916年6月6日袁世凱氣急病薨於新華宮，嚴復以一首《哭項城歸梓》表達自己對這位密友加上司去世的感傷情懷。中國政局隨後發生重大變動，嚴復因列名「籌安會」，一度盛傳為帝制「禍首」，後經李經羲替之說情，才從禍首名單中剔除。[19]雖未被追究，嚴復卻從此離開了政治核心圈。1916年10月25日嚴復致信熊純如，歎謂：「邇來脫身政界，生事頗苦窘乏，長此以往，行為庚癸之呼，顧亦只得聽之而已。」[20]字裡行間流露出低落之情緒。然其心未泯，對世局時借《公言報》加以評論。[21]有的學者認定1917年2月10日至5月21日《公言報》所

　　行。列國鑒於德意志強盛之大原，舉全力以為工業化學是務。審此，一九一六年歐洲之形勢，軍事、政治、學術、思想，新受此次戰爭之洗禮，必有劇變，大異於前。」此段分析歐戰文字，顯見陳獨秀看好德國之傾向。

18　《與熊純如書》（十七），收入《嚴復集》第三冊，第616頁。
19　參見陶菊隱：《籌安會「六君子」傳》，北京：中華書局，1981年版，第119頁。
20　《與熊純如書》（四十），《嚴復集》第三冊，第649頁。
21　1916年10月25日，嚴復在給熊純如的信中交代：「近日複頗有文字刊登京中新出之《公言報》。」參見《與熊純如書》（四十），《嚴復集》第三冊，第650頁。

載以「地雷」筆名發表的十四篇文章即為嚴復所寫，此說是否成立，仍待確證。[22]不過，在嚴復與熊純如等私人往來書箚中，一戰戰況和世界形勢仍是他常道及的主題。

到1917年初，第一次世界大戰實已進入後期。對中國來說，面臨兩大問題，一是如何處理對德外交。是維持與德外交關係。嚴守中立，還是對德絕交？二是俄羅斯發生革命。對這一歷史性的變化如何評價？在這兩個問題上，嚴復都給予了自己的回答。

對德外交 對德宣戰不是一個容易做出的決策，這不僅因當時德國對華政策比較友好，故許多人對德國懷有好感，而且在華的德國人大肆活動，對當政者有一定影響力。

1917年2月28日嚴復寫信給熊純如，明確主張對德斷交：「辰下京中有三大問題：一曰復辟，二曰中德斷交，三曰改組內閣。」「至其二問題，鄙人則主張加入協約，曾於《公言報》著論一首，即持此義。但政府抗議後，在中國境內德人極為恐慌，益出死力向各當路遊說，政府中人于歐洲兵事向少宣究，易為遊言所惑，恐亦不能有貫徹之主張，後此外交將至一無所得，兩不討好，甚可歎也！」「歐洲戰事日烈，德自協約國拒其和議

22　參見王憲明：《嚴復佚文十五篇考釋》，載《清華大學學報》（社會科學版）2001年第2期。孫應祥、皮後鋒對此說曾提出質疑，參見孫應祥、皮後鋒編：《嚴復集補編》，福州：福建人民出版社，2004年版，第339—340頁。故是書編者將署名「地雷」的《公言報》社論只是作為「附錄」收入，以示存疑。筆者對此說亦存保留，原因有二。一是這些文章的行文風格不太像嚴復所寫，文字比較淺顯，甚少用生僻字。二是這些用「地雷」化名發表的文字，大多與一戰和世界形勢有關。在袁世凱當政時期，嚴覆沒有在報刊公開發表過有關一戰和世界形勢的文字；袁世凱倒臺後，嚴復似不太可能頻繁刊發這方面的文字，何況當時他是「戴罪之身」。當然也不排除另一種可能，這些文字由嚴復和相同觀點的人授意，他人（記者）代寫。有人提示1922年林白水可能署名「地雷」在上海《星光報》發表作品，參見陳玉堂編著：《中國近現代人物名號大辭典》，杭州：浙江古籍出版社，1993年版，第555頁。林白水正是《公言報》的主編，此說可供參考。

後，乃以潛水艇為最後圖窮之匕首。……此時中國，如有能者把舵，乘機利用，雖不稱霸，可以長存，假其時機坐失，則受人處分之後，能否成國，正未可知。」[23]以為若坐失對德宣戰良機，甚或「一無所得，兩不討好」，將貽害無窮。

1917年3月3日嚴復致信熊純如，再談對德外交：

> 吾國近日外交，自不佞觀之，殆無第二策可行。蓋前之抗議，明言德若潛艇政策不加限制，吾國當與絕交。今德之複文，於潛艇制限一節，已置諸不論不議之列，吾國不向第二、三步進行，前言複成何語。夫中國於膠州一事，已授德國口實，今者又起抗議，故使德人而勝，即如此中止，其執辭仇我，正與得罪到底者相等也。中道而止，又何濟乎？至於協商一面，更緣中止而開罪益深，轉不若前勿抗議之為愈矣。甚矣！暗懦之人真不足與計事也。
>
> 若察歐洲戰勢，德人乃處強弩之末。潛艇雖烈，不足制英人死命……轉眼春末夏初，西面或沙朗尼加必有劇烈戰事，疆場之事，一彼一此，固不敢料德、奧之即敗，然以一盈一竭之理言，則最終勝負，皦然可睹。[24]

嚴復料定德國已是強弩之末，無限制潛艇戰不過是圖窮匕見、困獸猶鬥，力主與德絕交。

3月14日，北京段祺瑞政府宣佈與德絕交。此舉卻引發了府院之爭和

23　《與熊純如書》（四十九），收入《嚴復集》第三冊，第663—664頁。
24　《與熊純如書》（五十），收入《嚴復集》第三冊，第664頁。

國會各黨派之間的紛爭。身處邊緣的嚴復並不願袖手旁觀，4月5日他致信熊純如說：「本月二日美總統威爾遜親臨國會，與德已宣戰矣。而吾國走到第二步之後，忽然中止，頗聞國會中黨派尚有借此時機，作種種顧黨人不顧國之計畫。宣戰固為正辦，然如此之政府國會，其能有益於國不反害否？真未可知。」[25]他希望中國步美國之後，對德宣戰。4月26日他給熊純如的信中，特別提到在華德僑運動反對中國參戰情形：「加入戰團，於德本謀無關出入，而以此為大禍，而將蒙莫大損失者，乃在三四千寓華營業之德僑。此等素與吾國大賈、軍官親密，今聞有此，則其大肆運動，不問可知，其以德之勝負為喜懼，而反對加入者，皆以此耳。」[26]張勳復辟失敗後，段祺瑞重掌政權，8月14日對德宣戰。

嚴復的意見顯然被採納。朝野主張對德絕交、宣戰者並不止嚴復一人，但在此問題上始終堅持如一的立場，嚴復則可謂代表。當時其他一些重量級人物對德宣戰態度不一，如章士釗、孫中山即力持中立說，梁啟超則主張見機行事。[27]與這些意見相較，嚴復對德宣戰主張明顯計高一籌。

對德宣戰之意義對改變中國的國際地位不可低估，「中國通過參戰得以挽回部分國家主權，並廢除德奧庚子賠款，從而部分地洗涮掉中華民族的恥辱。儘管參戰所得沒有完全達到中國領導人最初的參戰期望，但是中國至少能夠出席戰後和平會議，從而使中國的命運引起世界的關注，並且在戰後和平會議上參與世界新秩序的創建。更何況，中國的參戰政策在一定程度上打破了舊的不平等條約體系：中國在第一次世界大戰結束後就與

25　《與熊純如書》（五十一），收入《嚴復集》第三冊，第666頁。
26　《與熊純如書》（五十二），收入《嚴復集》第三冊，第668頁。
27　相關討論參見林啟彥：《第一次世界大戰期間嚴復的國際政治觀：參戰思想分析》，收入習近平主編：《科學與愛國—嚴復思想新探》，北京：清華大學出版社，2001年版，第302—318頁。

冒牌的敵人德國簽署第一個平等條約。假如中國當初沒有主動參戰，那麼所有這些外交成就將無法實現」。[28]由此可見，對德宣戰，實在是一個明智而富有前瞻性的抉擇。

俄羅斯革命　第一次世界大戰後期發生的一件大事是俄羅斯革命。嚴復對此事的進展亦頗為關注。1917年3月11日，嚴復日記載：「俄國革命開始。」3月15日又載：「俄國沙皇讓位于其弟。」4月23日記道：「俄國全部戰費至1916年底共計二十三億四千五百八十萬鎊。」[29]顯然，這時他密切關注俄國事態的發展。

1917年4月5日嚴復致信熊純如，對俄羅斯革命首次表態：

> 俄之革命，有法之歷史在前，群知為戒，當不至為其已甚，使數十年禍亂相尋。其當路人比之吾國程度為高，亦不至如吾國改革後之現象。吾國現有之參、眾兩議院，率皆毫無價值之人，俄尚不然，故曰不至。但其國幅員大廣，中雜亞族，教育未遍，民多不學；皇室久為齊民所崇奉，俄皇以一身而兼教主，西人宗教觀念，比之吾國常深，此皆最難解決問題。故吾輩於其國體，一時尚難斷定。大抵獨裁新傾之際，一時輿論潮熱，自是趨向極端，而以共和為職志；數時之後，見不可行，然後折中，定為立憲之君主。此是鄙意，由其歷史國情推測如此，不敢謂便成事實也。[30]

28　（美）徐國剛著、馬建標譯：《中國與大戰：尋求新的國家認同與國際化》，第13頁。
29　《民國六年丁巳（1917年）日記》，收入《嚴復集》第五冊，第1524—1525頁。
30　《與熊純如書》（五十一），收入《嚴復集》第三冊，第665頁。

嚴復對俄國革命的初步印象並不抱成見或敵視的態度。

　　隨著事態的發展，俄國革命波及中國北部邊陲，對中國社會發生影響，嚴復注意到這一情形：「歐戰自俄國革命之後，事勢遷流，幾於不可究極。詰其影響，已及吾國北陸。」[31]「自革命以來，世界日益豪侈，軍政兩界，皆以攫利為歸，百萬之室，目為小康，問其所由，大都造業。嗟呼！無天道則亦已耳！如其有之，則往復平陂，特轉瞬耳。不見俄國今日社會黨專與資本家富官僚為仇者乎？」[32]他開始探究指導俄國革命的社會主義理論，對之前途似猶疑不決：「俄之社會主義，能否自成風氣，正未可知。而吾國居此潮流之中，受東西迫挵，當成何局，雖有聖者，莫能睹其終也。」[33]面對世界正在發生翻天覆地的變化，嚴復感到沒有持守不變的真理：「故一切學說法理，今日視為玉律金科，轉眼已為芻盧蒭狗，成不可重陳之物。」[34]對於新的思想變革，特別是俄羅斯採用共和制，嚴復則不以為然，他極力強調俄羅斯行使共和制可能產生的惡果：「俄羅斯若果用共和，後禍亦將不免，敗弱特早暮耳。」[35]嚴復對俄國革命的抵制態度與他對國內國民黨人的立場基本一致。

　　重估西方文明　在戊戌維新以後的十餘年間，嚴復譯介西方經典八部，較為系統地向國人展示西方近代思想世界，被人們譽為傳播近世西方思想第一人。然經歷第一次世界大戰，目睹戰爭的慘況，嚴復對於西方文明的認識開始發生變化，他重新估價西方文明的示範作用：「今所雲西人之學說，其廣者，曰平等，曰自由；其狹者，曰權利，曰愛國。之四者，

31　《與熊純如書》（六十六），收入《嚴復集》第三冊，第681頁。
32　《與熊純如書》（六十七），收入《嚴復集》第三冊，第682—683頁。
33　《與熊純如書》（六十八），收入《嚴復集》第三冊，第683頁。
34　《與熊純如書》（五十二），收入《嚴復集》第三冊，第667頁。
35　《與熊純如書》（五十二），收入《嚴復集》第三冊，第667頁。

豈必無幸福之可言？顧使由之趨於極端，其禍過於為我兼愛與一切古所辟者，殆可決也。歐邏巴之戰，僅三年矣，種民肝腦塗地，身葬海魚以億兆計，而猶未已。橫暴殘酷，于古無聞。茲非孟子所謂率土地以食人肉歟！則尚武愛國，各奮其私，不本忠恕之效也。」[36]嚴復以為第一次世界大戰是西方文明「尚武愛國，各奮其私」一面的後果。他借英人之語重申了自己這一觀感：「西國文明，自今番歐戰，掃地遂盡。英前首相葛黎謂：此戰若不能產出永遠相安之局，十年後必當複戰，其烈且必十倍今日，而人種約略盡矣！英國看護婦迦維勒（Miss Cavell）當正命之頃，明告左右，謂：『愛國道德為不足稱，何則？以其發源於私，而不以天地之心為心故也。』此等醒世名言，必重於後。政如羅蘭夫人臨刑時對自由神謂：『幾多罪惡假汝而行也。』往聞吾國腐儒議論謂：『孔子之道必有大行人類之時。』心竊以為妄語，乃今聽歐美通人議論，漸複同此，彼中研究中土文化之學者，亦日益加眾，學會書樓不一而足，其實貴中國美術者，蟻聚蜂屯，價值千百往時，即此可知天下潮流之所趨矣。」[37]從西人熱衷研究中國文化的暗潮中，嚴復感覺到中國文化在未來世界可能顯現新的價值：「不佞垂老，親見脂（支）那七年之民國與歐羅巴四年亘古未有之血戰，覺彼族三百年之進化，只做到『利己殺人，寡廉鮮恥』八個字。回觀孔孟之道，真量同天地，澤被寰區。此不獨吾言為然，即泰西有思想人亦漸覺其為如此矣。」[38]中華文化終將有大放光彩之日。嚴復對中西文明的重新估價，常被人們解釋為向中國傳統文化的回歸，其實不過是他謀求溝通中西文化的再一次努力。嚴復作為一個跨文化人，其傾注的思想主題始終是

36　《太保陳公七十壽序》，收入《嚴復集》第二冊，第350—351頁。
37　《與熊純如書》（七十三），收入《嚴復集》第三冊，第690頁。
38　《與熊純如書》（七十五），收入《嚴復集》第三冊，第692頁。

會通中西文化，前期著力譯介工作是如此，後期對西方文明尚武、自私一面的揭露其實仍是未離其初衷。

從譴責戰爭的罪惡走向反省西方文明的缺陷，再到重新認識中國傳統文化的價值，嚴復這些對西方文明的批評言辭，與戰時在西方出現的「西方的沒落」的聲音相似。它說明東西方的思想家通過審視第一次世界大戰的消極影響，對西方文明的弊病和侷限有了新的認識。戰後世界範圍內出現非資本主義化的浪潮，與這一認識有著深刻的內在關聯。

三、「窮苛極酷」、「求其大欲」的日本

第一次世界大戰對日本來說，同樣是一次機遇。西方列強因傾力歐戰，無暇東顧，這就打破了西方列強在華原有的利益均衡格局。日本正是想利用西方列強在歐洲相互廝殺之機，圖謀實現其侵吞中國、獨霸東亞的野心。因此，在軍事上、外交上日本對中國不斷施加各種壓力，以達其目的。

第一次世界大戰初起，日本即乘德國陷身歐戰，對德宣戰，攻佔德在山東的殖民地。如何處置此事，嚴復有他的獨特看法，他並不主張輕言對日開戰：

> 日圍青島，占及濟南，譬彼舟流，不知所屆，顧為中國計，除是于古學宋之韓侂冑，於今學清之徐桐，則舍「忍辱負痛」四字，無他政策。夫雲山東禍烈，固也，然我不授以機，使之無所借詞，則彼雖極端野蠻，終有所限，以俟歐洲戰事告息，彼時各國協商，而後訴之公會，求最後之賠償，無論如何，當較今之不忍憤憤者為勝耳。吾豈伈伈俔俔？但謀國之事，異於謀爭，通計

全盤，此時決裂，萬無一幸。第一存於財力，其次存於兵械，其次海軍，其次稍練任戰之陸旅，但有一物可以言戰者，嚴復必不忍為是言也。試問雌弱之辱，方之萬劫不復為何如，國民果有程度，則死灰之然，當尚有日，如其不然，戰而徒送國民于溝壑，誠何益乎？社會情狀，寂寂沈沈，恐此時政要其如此，無識之民，發揚蹈厲，轉害事也。[39]

　　1915年1月18日，日本為謀求獨霸中國，向袁世凱政府進一步提出「二十一條」，隨後中日雙方展開秘密談判。[40]身為袁世凱外交顧問的嚴復對當時中日秘密交涉之險惡情形十分清楚。1915年3月4日嚴復致信熊純如說：「日本于群雄戰事未解之日，要求條件，窮苛極酷，果如所請，吾國之亡，蓋無日矣！大總統于一無可恃之時，尚能善用外交，以持其弊，可謂能者。日來效果，雖秘不可知，然頗聞其不致決裂矣。」[41]以「窮苛極酷」、「吾國之亡，蓋無日矣」表示對日本所提條件的厭惡，足顯嚴復對日本侵略野心之警覺。

　　對於近代日本的崛起和它的侵華欲望，嚴復亦有深刻的分析，他認為日本在中日之爭中「未必長享勝利」，中國欲「雪恥吐氣」，非「痛除積習」不可：

　　　　倭乘群虎競命之時，將于吾國求所大欲，若競遂其畫，吾國

39　《與熊純如書》（十八），收入《嚴復集》第三冊，第617頁。
40　有關中日談判之最新研究，參見唐啟華：《被「廢除不平等條約」遮蔽的北洋修約史(1912—1928)》，北京：社會科學文獻出版社，2010年9月版，第154—173頁。
41　《與熊純如書》（二十），收入《嚴復集》第三冊，第619頁。

誠破碎。顧從其終效而觀之，倭亦未必長享勝利，如此謀國，其眼光可謂短矣。倭雖島國，卅年已來，師資西法，顧所步趨，專在獨逸。甲午以還，一戰克我，再役勝俄，民之自雄，不可複遏，國中雖有明智，然在少數，不敵眾力；又國誠貧，見我席腴履豐，廓然無備，野心乃愈勃然，此我所以為最險也。雪恥吐氣，固亦有日，然非痛除積習不能，蓋雪恥必出於戰，戰必資器，器必資學，又必資財，吾人學術既不能發達，而於公中之財，人人皆有巧偷豪奪之私，如是而增國民擔負，誰複甘之？[42]

4月21日，嚴復致信熊純如，關謠英、法、俄三國認可日本對中國勒索之條件「實無其事」：

報紙謂日本要求條件，政府逐漸承認，此亦難以過信。至謂英、法、俄三國使臣，轉勸吾政府承認要求者，則實無其事。此間洋文京津時報，半系英人機關，於中日交涉，大聲疾呼，力勸政府不宜死守秘密，又痛箴日本不宜出此侵略之策。……由此觀之，歐人偏袒日本以侮吾人者，決其必無此事也。……總之，日來外間謠諑甚多。或謂日勸袁專制，即真為帝；或又謂日將逐袁，恢復帝制。朝夕百變，不可捉摸，大抵皆難深信而已。[43]

5月6日，嚴復致信熊純如，再次提及中日交涉、英日同盟和日本之野心，提醒國人不要授日本以開戰之藉口：

42　《與熊純如書》（廿一），收入《嚴復集》第三冊，第620頁。
43　《與熊純如書》（廿二），收入《嚴復集》第三冊，第621頁。

日本此次要求中有二說：一是欲趁此時機，使日得華，猶英得印；一是懍於白種之橫，自命可為導師，欲提挈中國，用中國民命錢財，以與白橫相抗。不知二說，實無一可。舉國成狂，而後有此。假使今番之事，彼然一意徑行。……則恐歐洲列強，至竟無奈彼何，而美人籍口孟祿主義，亦必退縮。然則日本求所大欲，行且逕得之歟？曰：「必不能。」彼之所為，將徒毀中國，而無所利，而數年之後，行且與中國俱亡，徒為白人增長勢力而已！至於吾國今日政策，舍「忍辱退讓」四字，亦無他路可由。妄交一鋒，浪發一彈，政皆墜其計中者也。非不知日本之兵已有六萬在吾國境。然使我處處退讓，而不允許，則不知彼將如何開戰交鋒也。[44]

一方面指出日本「求所大欲」必不可能，「行且與中國俱亡」，此說為後來二戰的事實所驗證；一方面指出日本強兵壓境，中國除「忍辱退讓」，別無選擇，輕言戰爭實墜日本之計。

袁世凱在與日交涉中討價還價，以爭取減小損失。5月25日，中、日雙方簽訂《中日民四條約及換文》。對於袁世凱在中日交涉中的表現，嚴復大為失望，在6月19日給熊純如的信中，從外交轉向內政，稱袁世凱不過為「一才督撫」：

中國之弱，其原因不止一端，而坐國人之暗，人才之乏為最重。中倭交涉，所謂權兩禍而取其輕，無所謂當否，第五項一時

44　《與熊純如書》（廿三），收入《嚴復集》第三冊，第622—623頁。

似不至再行提議，但若政府長此終古，一二年後，正難言不與敵以間隙耳。大總統固為一時之傑，然極其能事，不過舊日帝制時，一才督撫耳！欲與列強相抗衡，則太乏科哲知識，太無世界眼光，又過欲以人從己，不欲以己從人，其用人行政，使人不滿意處甚多，望其轉移風俗，奠固邦基，嗚呼！非其選爾。顧居今之日，平情而論，於新舊兩派之中，求當元首之任，而勝項城者，誰乎？此固事之所以重可歎也。[45]

信中所提「第五項」（第五號）大概是指最為苛刻的、被袁世凱視為亡國條件的條款，如中國中央政府，須聘用日本人充任政治、財政、軍事等顧問，中日合辦員警，在福建省內籌辦鐵路、礦山如需外國資本之時，先與日本協定等內容。這一條款經中國代表交涉，日本後來撤回。嚴復在此信中對袁世凱的不滿溢於言表。嚴復後來雖被楊度等人強邀拉進「籌安會」，但在袁世凱復辟帝制時，始終消極無為，實際表現了他對袁世凱稱帝不合作的態度，這大概與其不看好袁世凱稱帝的前途有關。

四、戰後國際形勢的另一種解讀

1918年11月11日，德國正式宣佈投降，第一次世界大戰終告結束。十天以後，嚴復攜三子嚴琥、侄伯勳一行離開天津南下，從此嚴復告別了政治中心，這也象徵著他的政治生涯的結束。到達上海時，嚴復看到西人慶祝勝利的狂歡場面。 第二天他致信諸兒：「又昨晚抵滬，則遇西人慶賀得勝，舉國若狂。大馬路全不許橫穿而過，跑馬廳起個木塔，用紙帛糊成威廉帝全家，聚而焚之。數萬人群集呼噪，摩托車千餘輛，各裝奇服鬼臉，

45　《與熊純如書》（廿四），收入《嚴復集》第三冊，第623—624頁。

飲酒歌呼，由黃埔灘直往靜安寺以西。」[46]第一次世界大戰終以嚴復當初預測的結局拉下帷幕，作為一戰「觀察員」角色的嚴復，到此完成了他的歷史使命。1918年12月9日嚴復回到老家陽崎養病，在這裡度過了餘生最後三年。

第一次世界大戰結束以後，國際上，圍繞處理戰爭遺留問題，先後召開巴黎和會、華盛頓會議，中國與西方列強、日本之間就如何處理德國在中國山東的殖民地問題展開談判，這是一場新的較量。在國內，以五四運動為起點，掀起一股新的強勁的愛國浪潮。面對紛擾不安、激烈動盪的國內外局勢，回到家鄉的嚴復，病魔纏身，仍扶病關注時局。

面對波及全國的五四愛國運動，嚴復冷眼旁觀，以為學生運動與救國無濟：

> 世事紛紜已極。和會散後，又益以青島問題，集矢曹、章，縱火傷人，繼以罷學，牽率罷市，政府俯殉群情，已將三金剛罷職，似可作一停頓矣。遍迤滬市有東人行毒之謠，三人市虎，往往聚毆致命，點心食物小本營生無過問者，而小民滋苦已。蘇、浙、魯、鄂相繼回應之後，最晚繼之以閩。他所學商聯合，而閩則學商界分。……呫呫學生，救國良苦，顧中國之可救與否不可知，而他日決非此種學生所能濟事者，則可決也。[47]

他的四子嚴璿在唐山工業學校參加學生運動，嚴復致信予以斥責。[48]

46　《與諸兒書》（一），收入《嚴復集》第三冊，第822頁。
47　《與熊純如書》（七十九），收入《嚴復集》第三冊，第694—695頁。
48　參見孫應祥：《嚴復年譜》，福州：福建人民出版社，2003年版，第514頁。

嚴復自認為:「學生須勸其心勿向外為主,從古學生干預國政,自東漢太學,南宋陳東,皆無良好效果,況今日耶?」[49]他對學生運動不以為然。由此,甚至推責蔡元培,嚴復對之亦不無微詞,稱蔡:「偏喜新理,而不識其時之未至,則人雖良士,亦與汪精衛、李石曾、王儒堂、章枚叔諸公同歸於神經病一流而已,於世事不但無濟,且有害也。」[50]嚴復對五四運動的這一態度,反映了當時政治上進步與保守兩派之間的深度分化。嚴復雖已離開政治(權力)中心,但他心系北洋政府的立場並未改變。

對於上海的「三罷」,嚴復別有所解,以為背後必得歐美的「默許」,為歐美制衡日本之舉:「者(這)番上海罷市,非得歐美人默許,自無其事。而所以默許之者,亦因歐戰以還,日本勢力在遠東過於膨脹,抵制日貨,將以收回舊有商場,而暗中慫恿,以學生、康擺渡等為傀儡耳。」嚴復真正憂慮的是大正年間日本軍國主義勢力的再次抬頭:「日本維新以還,所步趨者德國,歐戰開場,群以德人為必勝,故外與協商聯盟,而內與德人密約。去年德敗,石破天驚,而近日其密約又為英、美人所發暴,故其處勢最難。而自大正繼統之後,國中革命之說,暗長潛滋,統用武力彈壓,又數年中因以軍械售與俄、華兩國,驟富者多,而民喦日起,老成凋謝,公德日隳。弟書中所言,殆昔之日本,非今之日本耳。」[51]嚴復的這一看法,後為日本進一步惡化的現實所證明。

對於國內民眾拒簽巴黎和約的強大聲浪,嚴復似持保留的態度,他以為此舉將令和約給予中國的利益因此失去:

49　《與熊純如書》(八十),收入《嚴復集》第三冊,第696頁。
50　《與熊純如書》(八十一),收入《嚴復集》第三冊,第696—697頁。
51　《與熊純如書》(七十九),收入《嚴復集》第三冊,第695頁。

和約不簽字，恐是有害無利，蓋拒絕後，於膠濟除排閣日貨外，羌無辦法，而和約中可得利益，從而拋棄（薑漢卿反對是也）。所傷實多。此事陸專使及中央政府莫不知之，然終不肯犧牲一己，受國不祥，為國家行一兩害擇輕之事。此自南宋以來，士大夫所以自為謀者，較諸秦繆醜諸人，為巧多矣。嗟乎！事真不可一端論也。[52]

　　戰後在俄羅斯出現新興的蘇維埃，東歐社會主義運動風起雲湧，中國的社會主義思潮亦隨之興起。嚴復以明末李自成、張獻忠之流比喻新興的東歐和蘇俄社會主義運動，這對國內當時匆匆做出的熱烈反應自然是潑了一盆冷水：「歐東過激黨，其宗旨行事，實與百年前革命一派絕然不同，其黨極惡平等、自由之說，以為明日黃花過時之物。所絕對把持者，破壞資產之家，與為均貧而已。殘虐暴厲，其在鄂得薩所為，報中所言，令人不忍卒讀，方之德卒入比，所為又有過矣。（其政體屬少數政治。）足下試思，如此豺狼，豈有終容於光天化日之下者耶？此如中國明季政窳，而有闖、獻，斯俄之專制末流，而結此果，真兩間劫運之所假手，其不能成事，殆可斷言。」[53]由此可見，嚴復內心深處對「自由、平等之說」仍存一份溫情。反省歐戰時，他曾譴責這一學說所造成的流弊；面對革命的無情，他又重溫「自由、平等」之不可失缺。這種思想矛盾正是一個保守的自由主義者所處的窘況。

　　嚴復的上述言論，與當時進步思想界的主張確不合拍。戰後世界形勢出現了非資本主義化的新趨向，一方面是社會主義思潮洶湧澎湃，由西向

52　《與熊純如書》（八十一），收入《嚴復集》第三冊，第697頁。
53　《與熊純如書》（九十），收入《嚴復集》第三冊，第704頁。

東，席捲而來，中國被其影響，初步的共產主義者宗奉它自不待說，國民黨、研究系也競相研究、評介、宣傳社會主義，談論社會主義在五四前後一時蔚然成風。另一方面，伴隨對西方資本主義文明的反省，國內興起一股新的文化保守主義思潮。繼梁啟超發表《歐遊心影錄》、梁漱溟出版《東西文化及其哲學》後，《學衡》雜誌創刊，該刊連篇累牘地刊登嚴復與熊純如的書箚，嚴復晚年思想遂成為滋補文化保守主義的重要思想資源。須加說明的是，嚴復重估中西文化的言論，早於梁啟超、梁漱溟發出，他可謂開戰後中國文化保守主義思想之先河。但不管是嚴復也好，還是二梁也罷，他們的聲音在當時強大的革命浪潮中的確是微弱的，不過是一種邊緣化的選擇。也許在人們理解他們的合理性和內在邏輯後，他們的思想價值可能得到某種程度的確認，被認可為一種富有價值的文化選擇或文化互補。

結　語

　　研究嚴復，人們著力闡述他作為啟蒙思想家的歷史地位，通常重視他在晚清這一段的思想影響。對民國初年的嚴復，則將目光投射到他在國內政治生活中與國民黨人相對立的那一面，故後期嚴復的形象易讓人產生保守、負面之感，這顯然是在史壇長期佔有正統地位的「革命話語」的影響所致。但從嚴復對第一次世界大戰的評述來看，他對協約國的信心，他力主對德宣戰，他對戰爭形勢的準確把握，仍有其超乎尋常的過人之見，這些對戰後提升中國的國際地位多少有所助益。嚴復的思想眼光主要來自他的西學素養和對西方的真實瞭解。與同時代的人物相比，嚴復堪稱是當時中國真正瞭解世界情勢的思想家。

　　第一次世界大戰是人類歷史上一次空前的劫難，主戰場在歐洲，故與

中國關係較少。相反，趁歐美列強捲入戰爭、無力東顧之時，中國民族資本主義獲得新的發展機會。人們在觀顧到戰爭客觀上給中國造成的機會之外，似乎很少注意到思想家們的主觀努力和外交家們的正確抉擇。事實上，如果中國沒有及時地對德宣戰，向歐洲派出大批華工，加入戰爭的行列，戰後中國就談不上享受「戰勝國」的資格，這場戰爭對中國就可能沒有多少意義，戰後國內出現新的形勢也不可能。從這個意義上說，嚴復對第一次世界大戰的觀察和決斷，自有其相當正面的價值，它實在是尋求提升中國新的國際地位的一次努力。

2013年10月3日初稿，10月24日修訂于海澱水清木華園

本文為作者2013年10月12—13日參加北京大學主辦的「嚴復：中國與世界」國際學術研討會提交的論文，載《中國高校社會科學》2014年第1期。

■ 附錄四　嚴復學術行年簡表

1854年（清咸豐四年）　1歲

1月8日（陰曆十二月初十）生於福建侯官（今閩侯）縣陽崎鄉。初名傳初，乳名體乾。

1859年（清咸豐九年）　7歲

開始進私塾讀書，先後從師數人，中曾從五叔父嚴厚甫（名煒昌）讀書習字。

1863年（清同治二年）　11歲

在家館從師宿儒黃少岩（名昌彝）讀經。

1865年（清同治四年）　13歲

黃少岩去世。改從其子黃孟脩（名增來）讀書。

1866年（清同治五年）　14歲

春間，娶王氏夫人。

8月4日，父死，家貧，不再從師讀書。

冬，參加福州馬尾船廠附設的船政學堂（原名「求是堂藝局」）入學考試，名列第一。

1867年（清同治六年）　15歲

正式進入船政學堂後學堂，學習英文、數學、物理、化學、地質、天文、航海術等。入學後改名宗光，字又陵。

1871年（清同治十年）　19歲

在福州船政學堂畢業，考列優等。被派往「建威」艦上實習。曾前往新加坡、檳榔嶼等地。

1872年（清同治十一年）　20歲

在福州船政局製成的「揚武」號軍艦上實習，曾前往日本長崎、橫濱

等地。

1874年（清同治十三年） 22歲

隨「揚武」艦去臺灣，測量台東背旂、萊蘇嶼各海口，歷時計月餘。

長子璿生，字伯玉。

1877年（清光緒三年） 25歲

被派往英國學習海軍專業。

初入朴茨茅斯學校，後入格林威治皇家海軍學院，課程學習有高等數學、物理、化學、海軍戰術、海戰公法及海軍炮堡建築術等。留學期間，研討西方哲學、社會科學著作甚勤。常與駐英公使郭嵩燾論析中西學術政制之異同，深受讚賞。

1878年（清光緒四年） 26歲

在英留學。夏間，曾往法國巴黎遊歷。

1879年（清光緒五年） 27歲

學成歸國，任教於馬江船政學堂。改名復，字幾道。

1880年（清光緒六年） 28歲

被李鴻章調往北洋水師學堂，任總教習（教務長）。

1881年（清光緒七年） 29歲

初讀英國學者斯賓塞著《群學肄言》。

1885年（清光緒十一年） 33歲

回原籍福建參加鄉試，落第。

1888年（清光緒十四年） 36歲

赴北京參加順天鄉試，又落第。

1889年（清光緒十五年） 37歲

再去北京參加順天鄉試，落第。

被李鴻章委任為北洋水師學堂會辦（副校長）。

11月12日，其母陳氏卒，享年57歲。

1890年（清光緒十六年） 38歲

任北洋水師學堂總辦（校長）。

1892年（清光緒十八年） 40歲

讀英國傳教士宓克著《支那教案論》，始譯此書。

10月23日，其夫人王氏卒。旋娶江氏。

1893年（清光緒十九年） 41歲

再回原籍福建參加鄉試，落第。

次子王瓛生，字仲弓。

1895年（清光緒二十一年） 43歲

先後在天津《直報》上發表《論世變之亟》、《原強》、《闢韓》、《救亡決論》等文，鼓吹變法維新，提倡「新學」。

1896年（清光緒二十二年） 44歲

奉李鴻章之命辦「俄文館」，任總辦。

協助張元濟在北京辦「通藝學堂」，提倡西學，培植維新人才。

贊助梁啟超在上海創辦《時務報》，《原強》、《闢韓》等文在該報重刊。

夏，翻譯英國學者赫胥黎《天演論》（即《進化論與倫理學》）一書，撰寫《天演論》自序。

1897年（清光緒二十三年） 45歲

與王修植、夏曾佑等在天津創辦《國聞報》，該報社論大都由嚴復撰寫，並發表《論中國教化之退》、《有如三保》、《道學外傳》等重要文字。

開始譯英國經濟學家亞當·斯密《原富》。

三子琥生，字叔夏。

1898年（清光緒二十四年） 46歲

1月27日—2月4日，起草《擬上皇帝書》，刊於《國聞報》。

譯亞當·斯密《原富》（未完），寄吳汝綸商榷。

所譯《天演論》由湖北沔陽盧氏慎始基齋木刻出版、天津嗜奇精舍石印出版，吳汝綸作序。

9月14日，光緒帝召見嚴復，詢問對變法的意見。

9月18日，在北京通藝學堂演講「西學門徑功用」。

戊戌政變後，作《戊戌八月感事》、《哭林晚翠》、《古意》等詩。

1899年（清光緒二十五年） 47歲。

續譯《原富》，寄請吳汝綸審定。

譯英國學者約翰·穆勒《群己權界論》（即《自由論》）。

1900年（清光緒二十六年） 48歲。

3月，又娶朱明麗。朱氏生子二：璿、玷，女三：璆、瓏、頊。

6月，離津赴滬，結束了北洋水師學堂總辦的職務。

7月，上海維新人士在英國租界張園成立「中國國會」，挽救時局，嚴復當選為副會長。

在上海「名學會」，講演名學（邏輯學）。

始譯約翰·穆勒《名學》。

1901年（清光緒二十七年） 49歲

1月，譯《原富》完

5月，應張翼（燕謀）招請赴天津主持開平礦務局工作。

9月，致書吳汝綸，請其為《原富》作序，撰《〈原富〉譯事例言》。

張元濟、鄭孝檉編《中西編年、地名、人名、物義諸表》附在《原富》譯

本後。

1902年（清光緒二十八年） 50歲

由管學大臣張百熙聘為京師大學堂編譯局總辦。

《原富》由上海南洋公學譯書院出版。

譯約翰·穆勒《名學》半部（八篇）。

5月，在張元濟主編的《外交報》上發表《致〈外交報〉主人書》，針對「中學為體，西學為用」，強調「分則兩立，合則兩亡」。

《與梁任公論所譯〈原富〉書》在《新民叢報》上發表。

1903年（清光緒二十九年） 51歲

9月，所譯《群己權界論》由商務印書館出版。

10月，譯完英國學者甄克思《社會通詮》一書。

應熊季廉之請，編寫《英文漢詁》，以漢文言述英文文法。

續譯《群學肄言》，年底完成，凡三易稿。

1904年（清光緒三十年） 52歲

辭去編譯局職，離京赴滬。

所譯《社會通詮》由商務印書館出版。

5月，所著《英文漢詁》由商務印書館出版。

1905年（清光緒三十一年） 53歲

春，張翼以開平礦務局訟事約請嚴復赴英。在倫敦會見孫中山，兩人圍繞改造中國途徑作探討，意見不合。順途遊歷法蘭西、瑞士、義大利等地。

夏，協助馬相伯創辦復旦公學。

在上海青年會發表講演，後以《政治講義》為題，由商務印書館出版。

8月，所著《評點老子道德經鈔》一書由熊季廉在日本東京出版。

本年，所譯約翰‧穆勒《名學》由蒯氏金粟齋刻成。

1906年（清光緒二十二年） 54歲

任上海復旦公學第二任校長，不久辭職。

8月，所譯孟德斯鳩著《法意》脫稿，由商務印書館出版。

10月，清政府考試留學畢業生，被派為同考官，前往北京。

被安徽巡撫恩銘聘為安徽高等學堂監督（校長）。

1907年（清光緒二十三年） 55歲

夏，離開安徽高等學堂。

1908年（清光緒二十四年） 56歲

應直隸總督楊文敬之聘赴津，途中手批王荊公（安石）詩自遣。

9—11月，為女學生呂碧城講解《名學淺說》。

被學部尚書榮慶聘為審定名詞館總纂。

1909年（清宣統元年） 57歲

被派充憲政編查館二等諮議官及清理財政處諮議官、福建省顧問官。

《名學淺說》由商務印書館出版。

受賜文科進士出身。

1910年（清宣統二年） 58歲

以「碩學通儒」資格被徵為資政院議員。

冬，海軍部成立，被授以「協都統」頭銜。

1911年（清宣統三年） 59歲

清廷特授海軍第一等參謀官。

武昌起義爆發後，特作《民國初建，政府未立，嚴子乃為此詩》，表達其對民國的渴望心情。

1912年（民國元年） 60歲

5月，被臨時大總統袁世凱任命為北京大學校長，自兼文科學長，對於北大的計畫是：「將大學經（經學）文（文學）兩科合併為一，以為完全講治舊學之區，用以保持吾國四五千載聖聖相傳之綱紀、彝倫、道德、文章於不墜。」

8月，海軍部設編譯處，被任命為總纂，負責翻譯外國海軍圖籍。

9月中旬，被袁世凱聘為公府（總統府）顧問（法律外交顧問）。

10月底，辭去北大校長職。

擬續譯約翰·穆勒《名學》未果。

1913年（民國二年） 61歲

6月，領銜發起成立孔教會。

在中央教育會演說《讀經當積極提倡》。

1914年（民國三年） 62歲

1月，被推為「約法會議」議員。

作《民約平議》刊登在梁啟超主編的《庸言報》第25、26期。

5月，被袁世凱任命為參政院參政。

譯衛西琴《中國教育議》，刊登於《庸言》第3、4期。

12月，海軍部設海軍編史處，被聘為總纂，負責編輯海軍實紀。

1915年（民國四年） 63歲

歐戰爆發後，曾將外國報刊上的消息和社論，譯成中文，刊於《居仁日覽》供袁世凱瀏覽。

7月，被袁世凱指令為中華民國憲法起草委員之一。

8月，被列名為籌安會發起人。

是年，哮喘病發作。

1916年（民國五年） 64歲

袁世凱死後，閒居家中，手批《莊子》。

哮喘病加劇。

1917年（民國六年） 65歲

冬，入北京東交民巷法國醫院診治哮喘病。

1918年（民國七年） 66歲

秋，返福州家鄉，入冬氣喘加劇。

致信學生熊純如，表示反對蘇俄十月革命；稱讚孔孟之道「真量同天地，澤被寰區」。

擬續譯穆勒《名學》，未果。

1919年（民國八年） 67歲

春末，到上海進紅十字醫院，治療喘嗽病；秋末，回北京進協和醫院。搬家住大阮府胡同新屋，號「瘉壄草堂」，自稱「瘉壄老人」。

1920年（民國九年） 68歲

8月，回福州避寒。

1921年（民國十年） 69歲

10月27日（舊曆九月二十七日）在福州去世。臨終前曾立下遺囑，內列三事：「一、中國必不亡，舊法可損益，必不可叛。二、新知無盡，真理無窮。人生一世，宜勵業益知。三、兩害相權，己輕群重。」

12月20日，與王夫人合葬於閩侯陽崎鼇頭山，曾與嚴復交誼甚篤的晚清內閣學士陳寶琛為他撰寫《清故資政大夫海軍協都統嚴君墓誌銘》。《墓誌銘》曰：「君子學無所不窺，舉中外治術有理，靡不究極原委，抉其失得，證明而會通之。六十年來治西學者，無其比也，所譯《天演論》、《原富》、《群學肄言》、《穆勒名學》、《法意》、《群己權界論》、《社會通詮》，

皆行於世。雜文散見，不自留副，僅存詩三百餘首。其為學，一主於誠，事無大小無所苟。雖小詩短箚，皆精美，為世寶貴。而其戰術、炮臺、建築諸學，則反為文學掩矣。」

■ 附錄五　主要參考書目

一、嚴復著譯資料

1. 王栻主編：《嚴復集》（五冊），北京：中華書局，1986年出版。

2. 《嚴譯名著叢刊》，包括《天演論》、《原富》、《群學肄言》、《群己權界論》、《社會通詮》、《法意》、《名學》、《名學淺說》八種，北京：商務印書館，1981年出版。

3. 馬勇編：《嚴復語萃》，北京：華夏出版社，1993年版。

二、嚴復傳記資料

1. 陳寶琛：《清故資政大夫海軍協都統嚴君墓誌銘》，收入王栻主編：《嚴復集》第5冊。

2. 王蘧常：《嚴幾道年譜》，商務印書館，1936年初版，收入牛仰山、孫鴻霓編：《嚴復研究資料》一書。

3. 嚴璩：《侯官嚴先生年譜》，收入王栻主編：《嚴復集》第5冊。

4. 錢履周遺著、何桂春整理：《嚴復年表》，載《福建師大學報》1984年第4期。

5. 王栻：《嚴復傳》，上海：上海人民出版社，1957年版、1976年版。

6. 王栻、俞政：《嚴復》，南京：江蘇古籍出版社，1984年版。

7. 吳相湘：《「天演宗哲學家」嚴復》，載氏著：《民國百人傳》第1冊，臺北：傳記文學出版社出版。

8. 郭正昭：《嚴復》（「中國歷代思想家叢書」第8冊），臺北：臺灣商務印書館，1978年6月版。

三、嚴復研究論著

1. 周振甫：《嚴復思想述評》，上海：中華書局，1940年版，臺

北：臺灣中華書局，1987年版。

2. （美國）許華茨著，滕複等譯：《嚴復與西方》，北京：職工教育出版社，1990年版。

3. （美）本傑明·史華茲著、葉鳳美譯：《尋求富強：嚴復與西方》，南京：江蘇人民出版社，1990年版。

4. 商務印書館編輯部編：《論嚴復與嚴譯名著》，北京：商務印書館，1982年版。

5. 陳越光、陳小雅：《搖籃與墓地—嚴復的思想和道路》，成都：四川人民出版社，1985年版。

6. 張志建：《嚴復思想研究》，桂林：廣西師範大學出版社，1989年版。

7. 牛仰山、孫鴻霓編：《嚴復研究資料》，福州：海峽文藝出版社，1990年版。

8. 王中江：《嚴復與福澤渝吉—中日啟蒙思想比較》，開封：河南大學出版社，1991年版。

9. 高惠群、馬傳袞：《翻譯家嚴復傳論》，上海：上海外語教育出版社，1992年版。

10.湯志鈞：《戊戌變法史》，北京：人民出版社，1984年版。

11.馮友蘭：《中國哲學史新編》第6冊，北京：人民出版社，1989年版。

12.錢基博：《現代中國文學史》，長沙：嶽麓書社，1986年版。

13.Benjamin Schwartz, In search of wealth and power:Yen Fu and the West, Cambridge, Mass.:The Belknap Press of Harvard University, 1964.

後 記

　　大約是在1992年春夏之交，尹飛舟、陳晉兩兄盛情向「國學大師叢書」執行編委錢宏君推薦，希望他能收攬我為叢書的作者之一。錢宏君隨即將叢書的體例詳告於我。當時我正忙於博士論文答辯，雜事繁多，來不及細密考慮和認真查找有關資料，隨即選定《嚴復評傳》。不久，上海人民出版社約定出版我的博士論文《胡適思想研究》，自己只得先全力以赴修改、擴充博士論文，忙了半年多時間，書稿殺青後，又趕赴香港中文大學訪學。

　　直到1993年5月，北京大學歷史系招收我為博士流動站研究人員，自己才騰出手腳來，寫作這本已拖延了近一年的書稿。

　　當初認定《嚴復評傳》的撰寫任務，主要是出於對嚴復這位啟蒙思想家的研究興趣，且以為像嚴復這樣的文化鉅子，前人應積累了相當的研究成果，也許可資利用。然而當我真正進入這一研究領域時，才感覺這是一項費力難討好的工作。首先，嚴復本人講究文辭，其文古奧，不易讀懂，近人梁啟超、胡適、魯迅諸人早已論及，文字方面的困難不少。其次，嚴復一生的文化學術成就側重在西學方面，而不是在國學方面，故可資論述的材料太少。最後，現有的嚴復研究主要集中在嚴復的政治思想、嚴復的翻譯活動和他對進化論的傳播等方

面，對嚴復的學術思想研究實在太欠缺了。在前人的研究中，值得提到的學者應有周振甫先生、王栻先生和美國學者史華茲先生。周先生與嚴復相距甚近，對研究對象的時代背景和社會環境有真切的體會，加上他勤搜材料，故其完成的《嚴復思想述評》可以說是第一部較有分量的研究著作。但周先生以嚴復的中西文化觀為討論線索，內容的偏重自然也在這一方面。

王栻先生的成績主要在於對嚴復作品的整理上，五冊《嚴復集》是迄今為止最為完備的嚴復作品集。遺憾的是，王先生的《嚴復傳》，明顯受到時代的侷限，留有太多的「左」傾思潮影響的痕跡。史華茲先生的《尋求富強，嚴復與西方》則主要探討嚴復與西方的關係，而對他與中國人文傳統的內部關係鮮有論及。在這種情況下，自己來寫作《嚴復評傳》，既有較大的挖掘餘地，也有不容忽視的研究難度。

來北大八個月，我幾乎傾全力投入這項工作。在這部書稿完畢時，自己從頭校閱一遍列印稿，深感其中不少的缺陷亟需處理，無奈身在博士後流動站，還有專項的博士後研究課題需做，故只好就此作罷。

這些年來，我一直耕耘在中國近現代文化思想史研究園地。在研究胡適時，我著意闡釋和理解胡適的自由主義思想，在評價標準上明顯以西方文化為參照系，受現代西方文化價值觀念影響甚深。

進入嚴復研究領域後，自己萌發了一些與此前稍有不同的心態。儘管研究對象嚴復是晚清知識界對西方文明刺激最敏感的學人之一，但他的思想卻包含了相當複雜的成分，尤其是他晚年對中西文化觀的評估，既受到時人的批評，也被後來的研究者貶議。

對此，我總覺得人們欠缺對嚴復思想內涵應有的理解。在嚴復的思想世界裡，本來就沒有明顯的「近代西方」與「傳統中國」分野，他對傳統文化雖有批判，但並無所謂離異，既無離異，又何所謂重婚式的「回歸」呢？他對西方近世文化雖曾大力宣傳，但也非無條件地全盤接受，而是有所選擇；他對盧梭思想的批判是其對英美近代化理論和實踐鑽研的結論，其中包含不少合理的因素。既然如此，嚴復晚年重估中西文化，與其說是一種倒退的歷史表現，不如說是在更高層面上理解和把握中西文化。問題還不在這種評價本身，而在因這種評價變化所帶來的評價模式的置換。

應當承認，現今的中國近代史研究基本上未擺脫「挑戰—應付」

的研究模式，在這種研究模式裡，凡屬近代史上對西方文明衝擊作出正面反應，特別是對西方的最新觀念或最激進的革命理論作出最積極反應的人物，都被置於歷史進步者的行列，反之則被視為保守、落後。正是在這樣一種研究模式裡，嚴復晚年的中西文化觀很難獲得人們應有的理解。類似的一些重要文化人物，如王國維、陳寅恪等，他們的歷史地位也得不到真正的確認。

現在看來，中國近代學術史上的許多問題有待重新發掘、重新認識、重新估價，其中還包含一個歷史觀念的清理問題。近代以降，中國文化學術的發展很大程度受到西方輸入的文化價值觀念的影響，甚至支配；由此自然也影響到今人對這段歷史的認識。站在今天的歷史高度，我們反省這一歷史過程，應該更多的是看到這一偏向所造成的侷限，而不應沿承歷史的慣性，將其流弊加以放大。

學術不分國界，但任何國家、任何民族的學術發展畢竟有其自身的個性和傳統，人文學科更是如此。在近代中國尚處在封閉、保守的歷史條件下，強調與西方文化交流，強調認同世界文化的主潮，這有其不可否認的歷史合理性。今天，我們回到民族文化的本位立場上來，挖掘民族文化的特殊性，對中國自身的學術—國學加以重新開掘

和發展，從而增強我們在世界文化學術對話中的分量。當然，如何處理中國文化的民族性與世界性的關係，使兩者之間保持必要的張力，這並不是一件容易的事，正因為如此，中國學人才有必要去努力探索一條屬於自己的路來。

最後，我想對《嚴復評傳》的寫作提供了幫助和指點的劉桂生先生，表示衷心的感謝。在我來北大研究期間，劉先生多次提出寶貴的指導意見，對我頗有啟發，我的學術境界由此得以拓展。責任編輯錢宏本著促進中國學術發展的態度，在市場經濟席捲神州大地之時，卻為中國學術操憂，走向國學這塊寂寞的園地。這種負責任的編輯精神，值得敬佩，也真正令參加叢書寫作的同仁感激。

歐陽哲生

1994年2月27日於北京大學中關園

增訂版
後　記

　　《嚴復評傳》之作成於1993—1994年，當時已來北京大學歷史學博士後流動站工作，本來自己有博士後課題需做，但因《嚴復評傳》已與百花洲文藝出版社有約在先，只好硬著頭皮勉力而為，故這本著作的寫作有點像急行軍一般趕寫而成。如今已過去二十年，重版此書，回過頭來再看這部「少作」，多少帶有那個年歲的痕跡，由於材料、學力、時間的限制，不免存在這樣那樣的問題。在我撰寫《嚴復評傳》時，嚴復研究可以說還是略顯荒疏，只有王栻先生等人寫作的幾本小冊子，我敢於應承接受寫作《嚴復評傳》的任務，其因也在此。在最近的二十年間，嚴復研究無論在文獻材料的發掘、整理，還是在研究的深度和廣度，都有很大的拓展。我因身負其他學術工作，這段時間在嚴復研究方面著力較少。自己一直心存修改、擴充《嚴復評傳》的願望，也遲遲未能付諸實施。借此次重版的機會，我只是將原版中的文字誤植之處作了訂正，另將新寫的三篇論文附錄於後，以便同行和讀者瞭解我在這方面的後續研究動態。

　　　　　　　　　　歐陽哲生　2014年3月3日於京西水清木華園

昌明文庫·悅讀人物 A0603030

嚴復評傳

作　　者	歐陽哲生
版權策畫	李　鋒

發 行 人	陳滿銘
總 經 理	梁錦興
總 編 輯	陳滿銘
副總編輯	張晏瑞
編 輯 所	萬卷樓圖書股份有限公司
排　　版	菩薩蠻數位文化有限公司
印　　刷	維中科技有限公司
封面設計	菩薩蠻數位文化有限公司

出　　版	昌明文化有限公司

桃園市龜山區中原街 32 號

電話 (02)23216565

發　　行	萬卷樓圖書股份有限公司

臺北市羅斯福路二段 41 號 6 樓之 3

電話 (02)23216565

傳真 (02)23218698

電郵 SERVICE@WANJUAN.COM.TW

大陸經銷

廈門外圖臺灣書店有限公司

電郵 JKB188@188.COM

ISBN 978-986-496-124-5

2019 年 9 月初版二刷

2018 年 1 月初版一刷

定價：新臺幣 460 元

如何購買本書：

1. 劃撥購書，請透過以下郵政劃撥帳號：

　 帳號：15624015

　 戶名：萬卷樓圖書股份有限公司

2. 轉帳購書，請透過以下帳戶

　 合作金庫銀行 古亭分行

　 戶名：萬卷樓圖書股份有限公司

　 帳號：0877717092596

3. 網路購書，請透過萬卷樓網站

　 網址 WWW.WANJUAN.COM.TW

大量購書，請直接聯繫我們，將有專人為您

服務。客服：(02)23216565 分機 610

國家圖書館出版品預行編目資料

嚴復評傳 / 歐陽哲生作.-- 初版.-- 桃園市：

昌明文化出版；臺北市：萬卷樓發行，

2018.01

　 面；　 公分.-- (昌明文庫. 悅讀人物)

ISBN 978-986-496-124-5(平裝)

1.嚴復 2.傳記

782.882　　　　　　　　　　107001388

本著作物經廈門墨客知識產權代理有限公司代理，由百花洲文藝出版社授權萬卷樓圖
書股份有限公司出版、發行中文繁體字版版權。